KB182392

한국적 현대무용가 김복희

춤으로 삶의 집을 짓다

한국적 현대무용가 김복희

춤으로 삶의 집을 짓다

초판인쇄 2013년 9월 30일
초판발행 2013년 9월 30일

지은이 김복희
펴낸이 채종준
기 획 권성용
편 집 정지윤
디자인 윤지은
마케팅 송대호

펴낸곳 한국학술정보(주)
주 소 경기도 파주시 문발동 파주출판문화정보산업단지 513-5
전 화 031-908-3181(대표)
팩 스 031-908-3189
홈페이지 http://ebook.kstudy.com
E-mail 출판사업부 publish@kstudy.com
등 록 제일산-115호(2000. 6. 19)

ISBN 978-89-268-4655-1 03680 (Paper Book)
     978-89-268-4656-8 05680 (e-Book)

이담
Books 한국학술정보(주)의 지식실용서 브랜드입니다.

한국적 현대무용가 김복희

춤으로 삶의 집을 짓다

김복희 지음

이담
Books

춤 집짓기의 여정

한 무용전문지의 평론 면에 "무용가라고 다 안무가는 아님을 보여 줘"라는 제목의 글이 있었다. 또 마츠 에크의 부인이자 에크 안무의 작품 〈카르멘〉에서 카르멘 역을 하며 정말 강한 인상을 심어 준 무용가 안나 라구나(Ana Laguna)가 방한 인터뷰에서 "누구나 다 안무자가 될 수 있는 것은 아니다"라고 한 말이 기억에 남는다. 1971년 겨우 스물세 살부터 지금까지 수십 년간 수십 편의 작품을 안무해 온 나는 그런 말에 큰 공감을 느낀다. 무용가라고 하여 모두가 춤을 창작하는 안무가가 될 수는 없다고 나는 평소 늘 생각하고 있기 때문이다.

나는 예술가의 '머릿속' 그 자체가 곧 그의 작품성이라고 감히 말하고 싶다. 창작가로서의 나는 내 머릿속에 한국이라는 뿌리와 그 저변에 깔려 있는 내 인생의 철학적 사고의 바탕이 되어 있는 불교/유교적 사유가 나의 모든 창작의 근원적 역할을 하고 있다고 믿기 때문이다.

1971년 내가 처음 만든 작품 〈법열의 시〉에서부터 '나는 한국인이니 한국적 현대무용을 하겠다'는 생각을 했고, 지금까지, 이제 현역에서 은퇴해야 하는 이 나이까지, 하나의 일관된 정신을 지녀 왔다. 물론 예술가가 숨을 거두지 않는 한 그에게는 '은퇴'라는 것이 없다고 생각된다. 마사 그라함은 92세에 별세하는 그해 서울 세종문화회관의 무대에 서지 않았던가. 모리스 베자르는 2007년 만 80세로 별세하기 두 해 전에도 신작을 내지 않았던가. 나도 '한국적 현대무용'이라는 멀고 끝이 없는 길을 앞으로 힘이 닿는 데까지 가볼 생각임을 이 글을 통해 밝혀 놓는다.

나의 세대는 대학 무용과에서 무용을 배운 1세대라 할 수 있다. 그러므로 우리 세대는 무용을 학문으로, 예술로 배우면서도 우리 선생님들로부터 안무법이라는 것을 뚜렷이 배우지 못했고, 이를 논한 책도 없었기에 늘 부족함을 느끼면서 배웠고, 또 수십 년간 안무가로 활동하면서도 안무론이라는 것을 집대성하지 못했었기에 그간 작품활동을 하고, 학교에서 강의를 하면서 체험한, 안무의 이론과 실제를 나의 예술적 삶의 길을 정리하는 마음으로 나 나름의 안무론, '김복희의 Dance Architecture'를 정리해 보고자 한다. 나의 경험적 이야기가 안무가가 되려는 후배들의 머리에 쏘옥 들어가고, 가슴에 와 닿는 방법이기를 바라는 마음이다. 한국적 현대춤을 만드는 현대무용가, 어떤 생각과 방법으로 춤을 만들었는지, 그것을 통해 조금이라도 무용의 저변 확대 그리고 좋은 작품안무에 도움이 되었으면 하는 것도 이 책을 쓰는 이유 중의 하나이다.

창작은 한 가지 요소로만 이루어지는 것이 아니다. 여러 요소가 서로 거미줄처럼 연결되어 함축될 때 작품이 완성된다. 그러나 또 안무자가 선택적으로 택하는 요소도 있을 수 있기에 나는 이 책의 목차를 나의 나름의 안무 방법을 이해시키기 위해 내 식으로 짜 본다.

옛말에 시작이 반이라는 말이 있다. 모든 일의 시작에는 결심이 필요하다. 그 결심을 하기가 어렵다. 왜냐하면 잘못 시작하면 이미 그 절반이 잘못되기 때문이다. 그러나 이번에는 작심을 하고, 무용을 위해, 안무가가 되려는 후배들을 위해 열심히 이 글을 써 보았다.

한 가지 밝혀 둘 것은, 이 나의 춤 집짓기는 내가 평소 타 예술을 보고, 읽고, 느끼고 응용하면서 내 나름대로 생각을 구축했던 것의 정리라는 점이다. 모든 것에 왕도가 없지만, 내가 간 길이 바른 길이었다고 확신하면서, 후배 무용가들에게 도움이 되길 바란다.

금강로에서
김복희

1장

안무가이기를
꿈꾸는 사람에게

안무를 어떻게 할 것인가?
안무는 하고 싶은 대로 하라.

●

안무가라면 누구의 간섭도 받지 않고, 하고 싶은 대로 할 자유를 갖고 있다. 물론 모든 창작이 그러하지만, 안무를 어떻게 해야 하는가에 대한 절대적인 이론은 없다. 왜 그럴까? 그건 춤이 이론에 의하여 만들어지는 것이 아니고, 작가의 감성에 의하여 만들어지기 때문이고, 또 창작은 객관적인 게 아니라 주관적 요소에 의해 이루어지기 때문이다. 그래서 춤을 만들고자 하는 사람은 우선 자신이 표현하고자 하는 이미지나 혹은 자신이 그리고자 하는 이야기가 무엇인지를 확실히 하여야 한다. 그러고 나서, 자신이 표현하고 싶은 방식대로 '자신이 하고 싶은 이야기'를 하면 되는 것이다. 장 게오르그 노베르가 안무가는 화가라고 한 이유가 바로 여기에 있다.

그런데 그렇게 만들어진 작품은 '좋다, 나쁘다'로 평가된다.

관객과 평론가들은 자신이 가진 미학적 관점에서 작품을 평가하게 된다. 그러므로 안무가도 화가처럼 상식적이면서도 예술적인 논리와 감성으로 작품을 구성하는 요소들을 적절하게 배열하고, 적절한 도구를 사용하여 표현해야 하며, 또 춤 이외의 다른 요소들, 즉 무대미술, 음악, 조명, 의상 등이 작품의 내용과 조화가 되도록 적절한 수준으로 이용하여 춤 이야기가 관객의 인식에 가까이 다가가도록 해야 한다.

나는 안무가가 되려는 사람은 소설가가 되려는 사람과 같은 과정을 거치면 체계적인 안무적 사고를 할 수 있게 된다고 믿는다. 많은 선배 예술가들이 예술을 위해서는 문학을 가까이하라는 충고를 많이 하는데 그건 막연한 아이디어의 충고일 뿐 구체적인 방법을 제시한 것은 아니다. 그래서 이 책에서는 안무를 해 가는 과정을 소설을 쓰는 과정과 조금 비교하여 설명해 보려 한다.

소설을 쓰는 공부를 하는 방법에는 보통 두 가지 방법이 있다고 한다.

하나는 소설을 읽는 방법이요, 또 다른 하나는 소설을 쓰는 연습을 하는 길이다. 어느 방법도 왕도는 아니다. "소설 쓰기를 준비하는 단계에서는 더 많이 읽으면서 쓰기 연습에 열중하는 것이 좋은 방법이긴 하지만, 이미 소설가가 된 단계에 있는 사람이라면 많이 읽는 것보다는 더 많이 쓰기에 열중해야 할 것이다"라고 전문가들은 말한다. 춤 안무도 소설 쓰기와 꼭 같다고 가정한다면 안무가 지망생은 어떻게 시작해야 할까.

춤으로 삶의 집을 짓다

춤에 미쳐라

춤을 만들려는 사람은 춤에 미쳐야 한다

우선 남의 춤을 많이 보아야 한다. 소설가 지망생이 다른 소설을 읽듯, 예비 안무가들은 선배 안무가들의 작품을 보면서 그들이 작품을 어떻게 구성하며, 무엇을 어떻게 표현했고, 어떤 상징을 사용하여 그 표현을 함축적으로 만들었는지를 읽는 노력을 통하여 춤을 읽는 힘을 길러야 한다. 또 명작춤의 테이프나 영화 DVD를 가능한 한 많이 구해 보면서, 내가 안무자라면 비슷한 소재를 어떻게 다루었을까 하는 생각/상상을 하면서 비교를 해 보는 과정도 가져 보는 것이 바람직하다.

춤을 본다고 하는 것은 예비 소설가가 여러 종류의 소설을 가급적 많이 읽는 것과 같다. 소설을 읽는 것은 소설 속의 이야기를 자신이 직접 체험하지 않으면서, 소설이라는 시공간에서의 인간살이를 강렬한 자신의 체험으로 만들 수 있는 계기가 될 것이다. 예비 안무가들이 다른 안무가들의 춤을 본다는 것도 그들의 축적된 경험들을 자신이 직접 체험하지 않고도 자신의 것으로 만들 수 있는 작업이 될 것이다. 다른 사람의 춤을 보는 것과 보지 않는 것은 바로 안무가의 체험의 깊이를 달리하는 경계가 아닐까 싶다.

'춤을 읽어 가는' 예비 안무가가 반드시 갖추어야 하는 것은 춤의 기본기이다.

한국무용가라면 한국무용의 기본기를, 현대무용가라면 현대무용의 기본기와 호흡법을 그리고 발레를 하는 사람이라면 발레의 기본기를 완벽하게 터득해야 한다. 그리고 다른 장르의 춤 동작과 호흡법이나 무술이나 요가의 움직임이나 움직임에 관련된 것들을 추가로 익히거나 관심을 갖는 것도 앞으로의 창작활동에 큰 도움이 될 것이다.

어떤 경우에도 안무가는 이 기본 중의 기초인 동작기본과 그 동작의 원리를 잘 이해해야 한다. 움직임 원리를 이해해야 한다는 것은 더할 나위 없이 중요하다. 어떤 동작에서 힘은 어디에 어떤 순서로 가해지며 그 순간의 호흡은 어떠하고, 그 동작에서는 어느 근육이 어떻게 된다는 확실한 인식을 가져야 제대로 된 움직임을 구사할 수 있고 또 무리한 근육운동을 하지 않게 되므로 부상 예방도 된다. 안무가는 그런 관점에서 보면 최전선에서 싸우는 소대의 소대장과 같다고 할 수 있다. 소대장이 지휘를 잘 해야 소대원들이 부상/사망하지 않듯이 안무가는 움직임의 기본을 잘 이해하고 있을 때 적절한 움직임을 할 수 있도록 무용수를 이끌 수 있기 때문이다.

소설을 쓰는 사람들이 읽기와 쓰기만 잘한다고 해서 좋은 소설을 쓸 수 있는 것이 아니다. 자신이 표현하고 싶은 줄거리를 잘 화장시키는 능력을 발휘해야 한다. 이런 '화장 잘 시키기'는 바로 작가의 소양과 자질, 그리고 끈질긴 노력으로써만 갖출 수 있게 된다. 안무가의 경우도 마찬가지이다. 많이 생각하고, 그 생각을 펼쳐 나갈, 약간의 생각을 넓히는 능력을 평소에 스스로 키워 가야 한다.

춤으로 삶의 길을 짓다

소설가 이호철은 『소설 창작』이라는 책에서 소설가가 되기 위해서는 몰입하라는 충고를 하고 있다. 소설을 쓰기 위해서 읽기와 쓰기가 중요하니 책 읽기와 쓰기에 몰두하라는 말이다. 그런데 나는 안무가가 되려는 사람들에게 춤에 미쳐라고 말을 하고 싶다. 사실, 우리 무용가들에게 몇 살 때부터 춤을 추었느냐고 물으면 나 자신도 마찬가지지만 네 살이나 다섯 살 때부터 배웠다고 말하는 사람들이 많다. 미친 사람이 아니면 돈도 벌이지 않을 춤에 평생을 바칠 수도 없을 것이다. 무용가가 되려면 춤을 위해 춤에 미친다는 것은 전혀 이상한 것이 아니다.

그렇다면, 춤에 어떻게 미쳐야 할까.

남의 춤 보는 데 먼저 미쳐라
분석과 모방은 나중 일이다

우선 남이 만든 춤을 보는 데 미쳐야 한다

국내에서 공연되는 내·외국인 안무가의 작품을 하나라도 더 많이 보는 것이 어떤 면에서는 명작 비디오를 구해서 보는 것만큼 중요하다. 남의 춤을 본다는 것은 소설을 읽는 것과 같다. 앞서 언급한 대로 다른 안무가의 체험을 나의 것으로 느끼고 만들 수 있는 지름길일 뿐만 아니라, 좋은 작품, 나쁜 작품을 본인 스스로 평가해 볼 수 있는 기회가 되기도 하고, 동시대 한국의 무용가들의 생각이나 외국 안무가들이 추구하는 방향을 알 수 있게 된다. 왕성한 식욕으로 무대라는 상에 올려지는 음식을 얼마나 많이 먹느냐에 미래에 어떤 안무가가 되느냐가 정해진다고 감히 말할 수 있다.

이렇게 노력한다는 것이 쉬운 일은 결코 아닐 것이다. 참 어려운 길이다. 그렇기 때문에 나는 이 길을 이기지 못할 사람이라면 안무가가 되려 하지 말고 '무용가로 남아라'라고 충고하고 싶다. 좋은 무용가로 남는 것은 어중간한 안무자로 기억되는 것보다 훨씬 더 값진 것이기 때문이다.

　법과 대학을 입학하는 학생들은 사법고시에 합격하기 위해 자신의 모든 시간을 투자하고 있고, 이 시험에 합격하는 자는 평생이 보장되는 직업을 얻는다 (물론 지금은 로스쿨이 되었지만). 그런데 사실 안무가가 된다는 것은 이 시험에 합격하는 것보다 훨씬 어려운 길이다. 변호사 시험을 통과한다면 경제 사회적으로 인생이 어느 정도 보장이 되지만, 안무가가 된다고 하여 변호사처럼 인생이나 직업에 대한 보장도 되지 않는다. 그 어려움을 무릅쓰고 안무가가 되었다고 치자. 좋은 작품을 남길 유능한 안무가가 된다는 것은 더더욱 어려운 길이다. 특히 한 시간 정도의 대작을 안무할 수 있는 안무가가 된다는 것은 노력과 재능을 겸비해야 가능한 일이다.

　안무가가 되는 길이 현실적으로 얼마나 어려운지를 한국의 무용계의 현실을 통해 설명해 보면 이러하다. 우리나라에서 활동하는 안무가가 몇 사람이나 될까.

　우선 대학교수가 모두 다 안무가라는 가정하에 보면, 전국에 200명 정도 무용과 교수가 있다. 개인적으로 안무활동을 하는 무용가들도 물론 있다. 아마도 전업 안무활동을 하는 사람은 손꼽을 정도이지만 대학교수 수의 절반 정도도 본다면, 한 3,000명 정도가 된다고 가정해 보자. 수천 명이 활동하는 판검사보다도 훨씬 더 좁은 문을 통과해야 무용교수가 되고, 안무가가 될 수 있음을 알 수 있다. 세속적으로 인정받는 판검사보다 훨씬 더 험난한 길을 걸을 수밖에 없는 현실을 감수하고도 안무가가 진정 되고 싶다면, 정말로 진정으로 춤에 미치지 않으면 되겠는가? 춤에 미친 사람만이 남보다 생각이 깊어지고 넓어질 수가 있고 쉽게 안무가로 입신할 것이다.

　외국의 미술관이나 박물관에 가 보면 중·고등학교 학생들이 노트를 들고 다니면서 작품을 보고, 그 인상과 작가에 관한 내용을 메모하는 광경을 볼 수 있는데 우리나라의 미술관에서는 그런 광경이 흔하지 않다. 나는 공연장에 춤을 보러 가는 무용수들, 예비 안무가들은 외국의 박물관에서의 정경을 본받으라고 말하고 싶다.

메모 노트를 만들어라
그래야 춤이 보인다

●

남의 작품을 보는 것만으로 충분한 것은 아니다. 인간의 기억력은 한계가 있다. 그러므로 받은 인상과 작품에 대해 기록을 하면 큰 도움이 된다. 물론 안무가는 결코 글을 쓰는 사람이 아니다. 그러나 안무가의 기록도 소설을 쓸 사람에게 소재를 메모하고, 소재에 대한 자신의 관점을 메모하고, 또 이를 토대로 소설 초안을 써 보는 것만큼 중요하다. 자신이 본 작품에 대한 인상기록은 큰 자산이 될 것이다.

그럼 무엇을 기록해야 할까? 작품의 구성과 전개방식은 어떠했는가, 움직임의 구성과 그 연결은 어떠했는가, 선곡된 음악은 그 작품의 분위기에 맞는 것이었던가, 조명이 모자라거나 지나치지는 않았던가, 춤이 무대의상에 묻혀 이미지를 잃지는 않았던가 등 무대 위에 펼쳐진 춤과 춤을 돕는 비언어적 언어들을 읽으면서 보고, 보면서 읽고 그 인상을 기록해 두는 것은 마치 소설을 쓰기 위해 자료를 준비하는 것처럼 소중한 과정이 된다. 물론 소설 쓰기를 하는 예비 소설가의 쓰기 작업과 춤 창작을 하고자 하는 예비안무가의 인상 기록은 근본적으로 틀린 작업이다. 소설 쓰는 사람은 처음부터 훈련된, 다듬어진 글이 아니라 분석된 팩트만을 기록할 뿐이다.

글쓰기 습관을 갖는 것은 예비 안무가의 연구노력으로서만 중요한 것이 아니다. 일단 안무가가 되었을 때는 글쓰기가 더더욱 중요하고 유익한 습관이 될 것이다. 안무가가 되면, 나의 다음 작품은 무엇을 어떻게 만들 것이라는 정리된 생각이 우선 글로 메모될 것이고, 갑자기 생각난 움직임도, 자동차 속에서 들은 인상적인 음악의 타이틀 등도 적어 두면서 새 작품에 대한 편린이 하나하나씩 모이는 안무 노트라는 것을 만들게 될 것이고, 또 이런 기록이 잘 되었을 때 보다 인상적인 공연 프로그램을 만들 수 있게 될 것이기 때문이다.

내가 좋아하는 스페인의 작가 페테리코 가르시아 로르카(Federico Garcia Lorca)가 쓴 3대 비극 중의 하나인 『베르나르다 알바의 집』이란 희곡은 가르시아 로르카가 시골에 있는 아버지의 농장 옆집에 살던 가족의 실제 이야기를 그가 보는 대로, 들은 대로 기록했다가 만들어 낸 작품이고, 소설가 이호철의 대표작으로 되어 있는 『소시민』이라는 장편소설의 내용, 인물 등은 그가 국수 공장 직공으로 있으면서 하루하루 보고 느끼는 것, 주변 사람들의 인물과 습관, 성품 등을 일기장에 써 놓았던 것이 소설화된 것이다. 또 산만 그리는 화가인 김영재 씨는 어떤 산엘 가도 그 산의 모습을 몇 번이나 스케치하고, 사진으로 찍어 놓곤 했다. 서울에 와서도 킬리만자로의 산을 떠올릴 수 있을 정도의 기록을 스스로 해 둠으로써 김영재 하면 산을 그리는 화가로 자리매김을 하였다. 이렇듯 관찰하고 메모노트를 만든다는 것은 작가에게는 생명과 같은 소중한 자산이 되는 것이다.

춤으로 삶의 집을 짓다

습작을 만드는 마음
본 것을 내 것으로 만들어라

다음으로 중요한 것은 예비 안무가들이 실제로 작품을 만들어 보는 연습을 하는 것이다. 소설가 지망생들이 습작을 거듭하여 쓰고 고쳐 보는 것처럼 안무가 지망생들도 안무라는 집을 지어 보는 것이다. 설계를 하고(안을 짜고), 모형을 만들고(작은 움직임을 만들고), 가건물을 지어 보고(만든 움직임들을 이어 보고), 그리고 조금 멀리서 바라보는(머릿속에서 그 연결된 이미지를 상상해 보거나 비디오를 찍어 다시 보는) 창작과정을 거치면서 열 번이고 스무 번이고 고쳐 보는 것이다. 헤밍웨이가 『노인과 바다』를 써 놓고 200번이나 고쳤다는 일화는 유명하다. 그처럼 노벨 문학상을 받을 재목이 아니더라도 모든 창작가는 자신의 머릿속에서 보고 느꼈고 그리고 읽었던 그 모든 것을 소화시켜서 '새로운 아이디어-소재'로 만든다. 바로 그 '새롭게 만든 아이디어'를 춤 언어로 만들어서 리뷰하고 또 리뷰하는 정신적 과정을 거쳐서 '작품'이 태어나도록 해야 한다.

작품을 만들 때는 누가 그 작품 속 인물이 될 것인가 하는 문제가 발생한다. 무용수가 없다면 친구나 후배 무용수들을 데리고, 아니면 콩쿠르를 준비하는 학생들을 데리고 작품을 해 보는 것도 방법이다. 작품을 '어떻게' 만드나하는 방법에 대해서는 뒤에서 더 상세히 설명하겠지만 여기서 내가 꼭 강조하고 싶은 메시지는 습작을 만들어 가는 마음에 대한 것이다.

성공과 실패는 종이 한 장 차이라는 말을 많이 한다. 나는 이 말이 정말 맞는다고 믿는다. 왜냐하면 젊은 안무가들과 성공한 안무가 사이의 차이는 정말 종이 한 장이기 때문이다. 패기에 넘친 젊은 무용가가 만든 작품에는 너무 많은 얘기들이 담겨 있는 게 일반적이다. 안무자의 의욕과 젊음이 반영된 것이지만 좋은 평가를 못 받는 것이 보통이다. 그리고 중견 이상의 안무가들의 작품에는 별것이 없는 것 같은데 좋은 평가를 받는다. 이 차이를 나는 '종이 한 장의 차이'라고 규정한다. 젊은 작가들의 작품에는 표현하는 힘과 반짝이는 새로운 아이디어, 역동적인 동작 등 기성 작가들이 모방할 수 없는 요소들이 많이 가미되어 있다. 그런데 예술 표현적으로 보면 그 속의 지나치게 많은 의욕과 이야기들이 마치 유화의 덧칠과 같이 느껴질 수가 있다.

세계 현대미술의 경향의 변화를 가만히 들여다보면, 생략과 생략을 거듭하면서 단순화되어 가는 사조가 발생해 왔음을 발견하게 된다. 피카소의 예를 들어 보면 청색 시대를 지낸 피카소가 1907년 〈아비뇽의 처녀들〉을 그리는데, 그 그림 속에는 인물들의 표현이 많이 생략되어 있다. 그 뒤에 그린 〈세 명의 악사〉에서는 더더욱 생략되어 있다. 피카소 그림에서의 이런 단순화는 그림에서 덧칠한 것을 뺀 것이 결코 아니고 작가의 세계관의 변화이다. 즉 그게 피카소의 예술적 성숙이자 표현방법의 변화이지만 젊은 작가들의 작품과 비교한다면 덧칠한 것을 생략하는 것과 똑같은 것일 수도 있을 것이다. 수십 년간 창작의 길을 걸은 나도 표현의 단순화나 집약화라는 명제를 느끼고 그런 과정을 체험해 왔었다.

이런 관점에서 내가 강조하고 싶은 '예술가의 자세는 욕심이 없는 표현, 솔직한 표현, 덧칠이 되지 않는 작품을 만드는 것'이다. 젊은 작가들은 내가 많은 작품을 보았고, 내가 아는 것이 많다는 것을 과시하려는 마음으로 이것도, 저것도 생략하지 못한 채 작품을 만드는 경향을 많이 보인다. 바로 이것이 중견 작가들과의 차이, '종이 한 장'인 것이다.

이제 안무가가 되려는 사람들에게 춤 만들기를 소설의 읽기와 쓰기에 비유한 나의 이야기의 결론을 내 보자면, 춤 작품을 보고 작가가 의도한 것을 느낀다는 것은 어려운 작업이다. 그런데 그 작품을 보면서 받는 느낌을 하나의 배움으로 연결 짓는다는 것은 더 어렵고 쉽게 달성할 수 없는 일이다. 왜냐하면 우선 작품을 보는 눈을 더 넓게 깊게 가져야 하기 때문이다.

작품을 보는 눈을 키우기 위한 방법으로 자신이 볼 작품에 대해 사전에 공부를 한 후 공연장을 찾아가는 방법을 택할 수도 있다. 또 작품을 보면서 인상을 기록하고, 그 작품의 소재와 표현에 대해 사후에 자료를 찾아보면서 자기 나름대로의 분석을 해 보는 것도 방법이다.

마사 그라함의 작품 〈클리템네스트라〉를 비디오를 통해서나마 감상한다는 가정을 해 보자. 그러면 이 작품제목은 무슨 뜻인지, 그 제목이 어디서 나왔는지, 무슨 내용을 다루고 있는지를 파악하는 게 먼저 할 일이다. 자료를 찾다 보면 클리템네스트라는 그리스 신화의 이야기이고, 기원전 7세기경에 제작된 클리템네스트라의 청동 조각도 존재함을 알 수 있게 된다. 또 마사 그라함의 춤 작품의 무대미술은 일본계 조각가인 이사무 노구치가 했다는 사실을 알게 되고, 노구치가 어떤 사람인가를 찾다 보면 서울의 올림픽 공원에도 그의 조각 작품이 있다는 사실을 알게 되면서, 우린 마사 그라함의 작품에 대해 왠지 모를 친근감을 느끼게 될 것이다. 관객의 입장에서 자신이 볼 작품에 대해 분석적 개념을 가지고 보고 연구한다면 보다 쉽게 작품을 이해하게 될 것이다.

이러한 방법으로 남의 작품에 대한 조사연구를 병행한다면 작품을 보며 해석하는 눈을 빨리 기를 수 있게 될 것이고, 이렇게 준비된 관객이 되어 느끼는 작품에 대한 인상과 분석을 기록해 둔다면 그건 더없이 좋은 안무가로의 길 닦기를 하는 것이다. 춤에 미치고자 하는 열정에 들떠 노력을 할 때 예비 안무가는 열린 눈을 가진 관객이 되고, 정확한 관람평을 할 수 있는 열린 생각을 가진 평자가 되고, 그리고 가슴에서 우러나오는 생각을 춤으로 표현할 수 있는 안무가가 되어 갈 것이다.

2장

춤 집짓기에
영혼을 팔아라

안무를 어떻게 할 것인가?
안무는 하고 싶은 대로 하라.

●

　　프로그램상 작품을 소개하는 내용에 가끔 소품 혹은 대작이라는 용어가 보인다. 소설의 경우에는 원고지의 매수에 따라 콩트, 단편, 중편, 장편으로 구분하는데, 무용에서도 작품의 길이에 따라 그 크기의 구분이 있다.

　　작품의 길이로 소품과 대작을 구분한다는 이론적 원칙이 정해져 있는 것은 아니나 우린 이미 그렇게 편의적 구분을 해 오고 있다. 공연시간이 15분에서 20분 정도의 작품을 보통 소품이라고 부르며, 30분 이상의 작품을 대작이라고 부른다. 그렇다면 춤에는 소설의 중편에 해당하는 중품은 없는 것일까.

　　무용에서는 중품이라는 용어를 거의 사용하지 않는다. 굳이 소설의 구분처럼 소품, 중품, 대작이라는 구분을 말하자면 공연시간이 30분 정도 되는 것을 중품이라고 부를 수 있고, 이 경우에 대작은 공연시간이 40분 이상 되는 작품이라고 세분할 수가 있을 것이다. 상업 방송에서 한 시간 작품을 만들 때 작품의 길이가 44~45분 정도이어야 한다는 것에 비유하면 춤 작품 40분 크기 이상 되면 방송의 한 시간 프로그램이 될 수 있다는 계산이 나온다. 아무튼, 나는 무용 창작의 특수성을 생각하면서 30분 작품을 대작으로 구분한다. 사실 춤 작품은 비언어적인 언어로 함축적인 표현을 하는 것이고, 또 한 동작이나 동작구 혹은 하나의 상징이 긴 언어적인 표현을 함축하는 것이므로 30분품을 만드는 작업 그 자체가 대단히 큰 작업이므로 이를 대작으로 구분하는 것이 타당하다.

그러나 소품과 대작이 반드시 공연시간의 크기만으로 구분되는 것은 아니다. 근래에 현대 춤의 흐름은 굉장히 긴 시간의 이미지춤을 만들기도 한다. 그 작품에 담고 있는 내용도 소품이냐 대작이냐에 따라서 달라진다. 이러다 보니 안무자의 입장에서 소품을 만드느냐, 대작을 만드느냐에 따라 작품의 제작 의도가 달라지고, 안무 기법도 달라진다.

작품을 어떻게 안무할 것인가 하는 실제 이론에 대하여 나는 그동안 내가 만든 안무 작품들 중에서 이론적 틀에 맞출 수 있는 몇 개의 작품을 통해서 작품의 구상에서부터 안무까지를 충분히 이해할 수 있도록 설명해 나가려 한다. 이 책의 집필은 나의 경험을 분절하여 하나하나 설명되도록 기획된 것이다. 그 전에 우선 소품과 대작을 어떤 생각을 갖고 만들어야 하는 것인지에 관해 조금 언급하고자 한다.

소꿉장난하기

●

　　　소설이 길이에 따라서 단편, 중편, 장편으로 나눈 것
처럼 춤을 짓는 사람은 무엇을 어떻게 만들고, 그가 만든 것이 무엇일까 했을
때 나는 소꿉장난을 하듯 하라고 말하고 싶다.

　어릴 때 소꿉장난을 하는 여자아이나 혹은 구슬/딱지치기를 하는 남자아이
가 되어 본다고 가정하면 그들은 무엇을 어떻게 하며 놀까? 여자아이는 미니어
처(Miniature) 같은 소꿉을 가지고, 남자아이는 구슬이나 종이딱지를 갖고 놀
것이다. 그렇게 자신이 가진 것 혹은 주위에 널린 것, 그리고 함께 있는 아이들
과 자신이 생각하는 방식으로 혹은 자신이 의도하는 놀이를 하게 된다. 바로
그런 놀이를 한다는 상상을 하면서 일단 있는 것으로 소꿉장난을 놀아 보라.
말하자면 어릴 때 기억이나 경험을 춤으로 만들고 싶다든가, 소설에서 읽고 받
은 인상을 춤으로 만들고 싶다는 욕망을 가질 때 바로 소꿉장난, 안무가 시작
된다.

춤 표현은 대체로 크게 두 가지 유형으로 구별된다

표현적 구성을 이미지만으로 하는 이미지춤과 무용극의 형식을 취하면서 스토리텔링을 하는 극성이 담긴 춤, 두 유형으로 대별되는데, 일반적으로 소품은 스토리텔링을 하는 무용극 형식을 취하기가 어렵다.

그렇다고 하여 소품에 이야기가 담기지 않는다거나 주제가 없다는 뜻은 아니다. 이미지춤은 순수하게 움직임의 이미지만 연결한 작품이거나 혹은 한 주제가 주는 이미지를 푸는 작품일 수가 있다는 것이다.

대표적인 순수 이미지춤이라고 생각되는 것은 기춤과 선춤 같은 것이다.

기(氣)이라거나 선(禪)춤이라는 것은 물론 어떤 정신적 상태에 도달하기 위한 과정과 그 과정을 통해서 도달하는 정신적 경지가 주제이므로 주제가 없는 춤이라고 할 수는 없지만, 극적 요소를 담은 스토리는 없다 보니 이미지만 담은 춤으로 분류할 수 있다. 1996년 나의 안무작 〈장승과 그림자〉라는 18분품은 동네 어귀에 서 있는 장승처럼 말 없고 우직한 인간상과 세태에 따라 움직이는 간교한 인간이 있는 이 사회를 풍자하려는 의도의 작품이고, 그런 분명한 주제가 있었으나 극성을 띤 주제는 아니었다. 그래서 대본 역시 그런 인간상을 지닌 인물에 대한 세세한 스토리를 담고 있지 않아 나는 이를 이미지춤 소품으로 만들었고, 결과적으로 위에서 언급한 이미지춤 유형의 후자에 속하는 것이라고 분류된다. 이처럼 세밀한 스토리가 없는 창작적 아이디어를 소품으로, 이미지춤으로 만드는 것이 바람직하다.

소설의 이론을 빌려서, 춤 소품을 조금 더 설명해 보면 미국의 단편소설가 제임스 부랜더 매튜스(Jams Brander Matthews, 1852~1929)는 『단편소설의 철학』이라는 책에서, "참된 단편소설은 결코 길이가 짧다는 데만 있지 않다. 단편은 길이 그 이외의 것이고 그 이상의 것이며, 장편이 단편과 다른 점은 인사의 통일성에 있다. 단편소설에는 단일한 성격, 단일한 사건, 단일한 정서, 그리고 단일한 국면에 의해 이루어진 연속적 정서가 있다. 또 단편을 짧기 때문에 소설의 3요소인 구성, 인물, 배경 등 요소 중에서 어느 하나를 택해 작가 자신이 그 요소에 집중하고 한정하게 된다. 그렇게 되면 강조되는 어떤 요소를 제외한 나머지 두 요소들은 강조되는 요소에 종속하게 된다"라고 기술하고 있다.

앞에서 "소품은 주제를 설명하는 이미지춤이다"라고 규정했던 나의 주장에 매튜스의 소설적인 이론을 대입하여 춤 소품이 무엇인가를 다시 설명해 보면 "양적으로는 길이가 20분 미만이고, 질적으로는 단일한 사건, 단일한 성격, 단일한 정서, 단일한 국면만이 있는, 통일된 인상을 주는 것이 춤 소품"이라고 말할 수 있다. 매튜스가 말한 '통일된 인상'을 더 쉬운 말로 설명하자면 작품의 테마가 대작에서처럼 극적으로 표현되는 것이 아니라 표현의 효과가 주제의 이미지만 표현하는 것이라고 할 수 있다.

아름다움을 만들려 하지 마라
작품은 혼(魂)의 문제이다

아름답다는 말과 '추하다'라는 단어의 뜻을 잘 새겨야 한다

일반적으로 추(醜)와 미(美)는 외부 자극에 대한 개인적이고 주관적인 반응일 뿐이다. 주관적이라고 함은 사람마다 관점이나 반응이 다를 수 있다는 것을 의미한다. 자신의 경험에 따라는 인식되는 미와 추가 다르다는 뜻이다. 인간이라면 결혼을 한다. 가장 사랑했다고 믿었던 상대가 혹은 가장 아름다워 보이던 행위가 시간이 지난 후 매력을 상실하고 또 다른 종류의 미적 자극으로 대체되기도 함을 경험할 것이다.

이런 관점에서 볼 때 우리는 반드시 '아름다움'만 창작하려는 것이 아닐 것이다. 아름답지 않은 것도 대상이 되고 우리에게 가장 절실한 현상도 절실하지 않은 현상도 작품에 담아 본다면, 그 창작자는 "아름다움이라는 단어가 단지 인습적으로 인정된 이미지와 미적 질서를 연상시킬 뿐일 것이다"라는 말을 이해하게 될 것이다. 창작자는 그렇게 획일적인 아름다움의 개념이나 전통적인 예술 개념에 묶이지 않고, 단지 창작하는 사람으로서 자신의 색깔을 작품에 담아야 한다.

이것을 나는 혼(魂)의 문제라고 부른다.

흔히들 작품은 안무자의 삶과 경험이 투영된 것이라고 말하고, 그것이 투영되었을 때 우리는 혼이 담겼다고 말한다. 그러나 안무를 시작하는 사람의 입장에서 보면 그건 너무도 상투적인 말이고, 이 글을 읽는 안무가 지망생들도 그 말의 뜻을 쉽게 가슴에 와 닿게 느끼지는 못할 것이다. 혼을 담는다는 것은 안무자가 살아오면서 형성된 '자신'을 작품에 담는다는 것을 뜻한다.

그렇다면 '자신의 삶과 경험을 담는다'는 게 구체적으로 무엇일까 하는 점이 또 의문으로 남을 수 있다.

나의 짧은 경험을 짧은 대답으로 만들어 보기 위해 인생은 무엇인가 하는 질문을 해 보기로 하자.

많은 사람의 가슴에 참으로 쉽게 와 닿을 수 있는 대답은 최희준이 부른 〈하숙생〉이라는 노래 가사에서 찾을 수가 있을 것이다. "인생은 나그네 길 빈손으로 왔다가 빈손으로 가는 것"이라는 노랫말에서 우리는 인생의 허무함을 본다. 엄청난 부자로 태어난 사람도 세월을 거스르고 천년만년 살 수가 없다. 많은 돈을 들이며 성형수술을 하고 아무리 좋은 옷으로 포장을 해도 젊음이 주던 아름다움을 유지할 수가 없고, 자신이 가진 부를 무덤까지 가져갈 수가 없는 것 아니겠는가. 하늘을 나는 새도 떨어뜨리는 권력자도 마찬가지이다. 일정한 시간이 지나면 그도 빈손으로 그 자리를 떠나야 할 것이다.

그런데 내가 생각하는 인생은 좀 더 철학적이다. 나는 어머니에게서 받은 불교적인 영향 탓인지 인생이 무엇인가 하는 질문을 던지면서 참선을 생각하고 삶의 윤회를 생각한다. 나는 나 자신을 찾는 질문을 항상 나에게 던지면서 산다. 성철 스님의 "물은 물이요 산은 산이다"라고 하신 말씀을 되씹어 보기도

아홉 개의 의문, 그리고… 1992.ⓒ송인호

한다.

　나는 인생을 선(禪)의 단계로 곧잘 생각을 한다.

　태각(太覺, 깨달음)에 이르는 10단계를 생각했고, 깨우침 바로 직전인 아홉째의 의문 뒤에는 과연 깨우침이 있을까, 그때 느끼는 인생이 무엇인가 하는 의문과 해답을 젊어서부터 생각해 왔다. 이런 생각의 과정이 나의 춤 작품에도 반영되었다. 나의 처녀작 1971년 〈법열의 시〉, 또 그것이 더 확대된 작품이 〈아홉 개의 의문, 그리고…〉(1992)이 그것들이다. 인생이란 무엇인가, 삶이란 무엇인가 하는 물음에 대한 한 무용가의 해답이 바로 그렇게 작품 속에 표현된다고 믿는다.

　물론 나의 이런 설명이 100% 옳다고 주장할 수도 없다. 또 나의 설명이 너

춤으로 삶의 집을 짓다

무 논리적일 수도 있다. 그러나 나는 예비 안무가들이 '작품은 작가의 삶과 경험이 투영된 것'이라는 막연한 이론적 주장을 내가 설명한 내용으로 이해한다면 자신의 주관적인 해석 방법을 찾을 수 있게 됨을 설명하려는 것이다.

단편소설에서는 현장감과 생동감이 열쇠라고 말한다. 이때 소설가가 그리는 현장성이라는 것은 사건이 생생하도록 각색·표현하라는 뜻인데, 그건 그 사건을 작가의 경험과 감각으로 해석한 현장감이 있어야 함을 의미한다.

소품이라고 해서, 또 표현하는 요소가 단순하다고 해서 작품에 안무자의 혼이 담기지 않아야 한다는 뜻은 결코 아니라는 점도 강조하고 싶다.

우리 무용가들이 작품을 창작하여 공연하는 궁극적인 목적은 자신이 한 표현이 관객의 혼에 도달하고, 그 혼을 감동시키려는 것이다. 반대로 작가의 혼이 담기지 않은 작품이 관객의 혼을 감동시킬 것인지를 생각해 보면 안무자가 어떤 열의를 갖고 작품을 만들어야 하는지를 짐작할 수 있을 것이다.

소품은 짭짤해야

그렇다면 소품은 어떻게 만들어야 할까. 소품일수록 작가의 의도와 정신이 표현으로 집약되기 위해 더 고도의 창의성이 요구된다. 그래서 나는 이렇게 말하고 싶다. "소품은 짭짤하게 만들어야 한다고."

사실 작품을 작법에 따라서 만든다면 정말 무미건조한 것이 될 것이다. 특히 이야기가 없는 소품을 작법에 따라서 기승전결을 만든다면 너무 무미건조할 것이다. 왜냐하면 소품에는 작가적 진솔함과 미적 감각이 대작에서보다도 더 농축되어 있어야 하며, 작가가 전달하고자 하는 주제가 이해되도록 담길 수가 있다. 내가 말하는 '짭짤한 작품'은 이렇게 농축된 이미지와 미가 담길 때 만들어지는 것이다. 소품이 대작을 만드는 것보다 쉬운 것이 아님은 바로 이런 점에서 기인된다.

삶꽃 바람꽃 | 1997.ⓒ송인호

　자기 자신 속에 쌓여 있는 진부한 생각이나 상식적인 작법에 따라 기계적으로 맞추어서는 결코 안 된다. 앞에서 언급된 인생이 무엇인가 하는 질문에 대한 해답을 찾는다고 생각해 보면 내가 한 것처럼 삶에 대한 불교적인 설명 구조를 찾고, 그리고 아홉 개의 의문 뒤에 느껴지는 인생은 과연 어떤 것일까 하는 작가로서의 질문하기와 대답 찾기가 이루어져야 한다. 내가 만든 소품 〈삶꽃, 바람꽃〉도 그런 질문 끝에 만들어진 것이다. 삶이 꽃이 피듯 활짝 펴질 때가 있다면 그 꽃이 시들고 꽃잎이 바람에 날려 흩날리듯 삶이 사라지는 단계가 있다는 것을 흙과 천이라는 상징을 사용하여 표현했던 작품이다. 소품에도 그런 과정을 통해서 작가의 혼이 담기는 것이다.

아무라도 대작을 만들 수 있다

아무라도 대작을 쓸 수 있을까?

모든 안무가는 대작을 만들 수 있다. 지레 겁을 먹을 필요는 없다. 단편부터 써온 소설가가 장편소설을 쓰듯 안무가라면 대작을 만들지 못할 법은 없다. 역시 소설 쓰기를 통해서 춤 작품 대작 만들기와 연결해 보자면, 단편소설은 작품에서 성격과 사건의 배경 전체를 다루지 않는다.

단편이 인생의 한 단면을 그리는 반면 중편이나 장편은 인생의 전체를 그린다. 단편소설이 단일한 효과를 노리기 위해 매우 경제적인 수법을 사용한다면 장편소설은 복잡다기한 수단을 사용하면서 여러 개의 에피소드를 연결시켜가면서 이야기를 발전시키고, 전체적으로 통일성만 기한다.

그렇다면 어떤 소설을 쓰는 것이 쉬울까. 쉬운 것은 아무것도 없다. 다만 소설가의 자질에 따라 어느 것을 더 잘하거나 쉽게 할 수는 있을 것이다. 또 이렇게 말을 할 수도 있다. "단편소설가보다는 장편소설가기 더 면밀한 사고를 할 수 있는 사람이어야 한다"고. 왜냐하면 장편소설가는 부분부분들이 연관성이 있도록 구성적으로 연결해야 하며, 인생의 전체적인 삶을 다루기 위해서는 인생살이에 대한 체험도 더 많이 한 사람이어야 하고 사회적 현실, 현상을 볼 줄 아는 눈도 가져야 하기 때문이다.

춤 작가의 경우에도 마찬가지이다

한 인간의 삶을 춤으로 만든다고 했을 때 단일한 성격, 단일한 사건, 단일한 정서, 그리고 단일한 국면만을 다루는 작품은 대작보다는 젊은 안무가들에게는 접근·시도하기 쉽다고 할 수 있다. 특히 사회현상에서 느끼는 특별한 인상을 춤으로 표현하는 데에는 나이 든 안무가보다도 젊은 안무가들이 훨씬 예민함을 가지고 할 수 있을 것이다. 요즘 우리 사회가 보수니 진보니 하면서 이념적 대립이 있는 이런 현실에서 보면 사물과 현상을 보는 세대 간의 시각은 크게 다를 수 있기 때문에 더욱 그러할 것이다.

반면에 인생 전체를 여러 개의 에피소드로 연결 지어 그리면서 단일한 정서보다는 인물과 사건과 배경의 3요소를 충분히 조화시킨 작업인 대작에는 아무래도 삶의 깊은 경험과 그 경험에서 얻은 자신만의 철학을 가진 사람이 더 적합할 수가 있을 것이다. 세계적으로 위대한 걸작 소설을 쓴 소설가들, 좋은 음악을 남긴 음악가, 이름 있는 그림을 그린 화가의 경우를 보면 대부분 중년기 이후에 그런 걸작을 낸 경우가 많음을 볼 수 있다. 이에서 우리는 인생에 대한 경험이 예술 창작에 어느 정도 비중 있게 영향 줌을 짐작하게 된다. 물론 특별한 경우가 있을 수 있다. 29세에 무용을 영원히 그만두는 니진스키를 우리는 무용천재라고 부르고 있지 않은가. 니진스키는 과연 무용수로서 천재였다. 그러나 그 천재는 대작 창작과 연관이 있진 않다. 천재 무용수 니진스키가 스테판 말라르메의 시로, 드비시의 음악으로 안무하여 1927년 5월 파리에서 공연한, 화제의 작품 〈목신의 오후〉는 12분짜리였다. 반면에 마린스키 극장에서 31년간 발레 마스터로 있으면서 불후의 명작들을 남긴 마리우스 프티파(Marius Petipa)는 발레 마스터가 되기 전에 근 20년간 쥘 페로과 상트 레옹 아래서 무용수로, 또 조안무로 연륜을 쌓은 후 독자적인 세계를 만들었다. 천재보다는 공부하고 체험한, 삶의 깊이와 넓이가 깊고 넓은 사람이 명작과 대작을 만들 가능성을 더 가지게 되는 예이기도 하다. 오랜 세월을 춤을 추고 창작을 해 온 나는 바로 이 요소, 삶과 작품의 깊이가 비례한다는 점에 대해서는 아주 확신을 하고 있다.

대작을 하든 소품을 만들든, 어떤 경우에도 창작자는 순수한 마음, 이성적인 논리, 그리고 상상하는 기술을 가져야 할 것이다. 또 대작을 하려면 수많은 춤 단어가 만들어져야 한다. 많은 부분이 일반적으로 알려진 언어로 조합

될 것이다. 그러나 한 무용가가 만드는 작품에는 그만의 언어, 그만의 감정이 실려야 한다는 측면에서 보면 자신의 색깔이 배인 움직임 언어로 만들어야 한다. 발레에서 양손을 가슴에 가져다 대면 '당신을 사랑해요'라는 뜻의 마임인데, 한 안무가가 현대 무용작품을 만들면서 똑같은 마임을 사용한다면 어떨까? 자신만의 표현 방식을 찾는 데 게을리 했다는 인상을 줄 뿐이라는 생각을 해 본다.

3장
춤 집짓기

안무를 어떻게 할 것인가?
　　안무는 하고 싶은 대로 하라.

Dance Architecture,
어떻게 기초를 세우나

춤은 왜 인간에게 필요할까?

춤이 어떻게 발생했을까를 유추하는 네 가지 발생설이 있다. 즉 원시시대 춤을 신과의 소통통로로 생각했던 종교적 이유의 발생설, 갓난아이의 탄생부터 성장 과정을 보면서 본능적으로 추게 되었다는 본능적 발생설, 원시시대에 자연과 동물을 모방해서 추게 되었다는 모방성에 기초한 발생설, 그리고 인간이 본능적으로 즐거움을 느끼기 위한 유희성에 기초한 발생설 등 네 가지이다.

그리고 춤의 필요성을 따져 본다면, 숭고하고 아름다운 미를 추구하는 예술적 의미와 춤을 통해 정서 함양을 교육할 수 있는 교육적 의미 그리고 오늘날 즐거움을 위해 춤추는 모든 것들, 즉 오락적 의미와 심리 정신적인 치료와 육체적인 교정 등 사회적·치료적 의미 등 네 가지 의미가 있다고 할 수 있다.

이들 발생설에서부터 필요성까지 따져 보면 원시시대부터 인간의 삶은 늘 춤과 함께해 왔음이 유추된다. 그 긴 춤의 역사에도 불구하고 춤의 역사가 기록으로 남아 오지 않은 것은 바로 그것이 생활과 함께했기 때문에 어쩌면 역사 기록의 소재가 아니었다고 여겼을 수도 있을 것이다.

사실 우리들은 언제든지 어디서든 춤을 출 수 있다. 전세 버스를 타고 소풍을 가는 학생들이 버스 기사가 음악을 틀어 주면 그 좁은 버스 속에서 몸을 흔들듯이. 그렇게 언제든지 몸만 있으면 춤을 출 수 있지만, 우리 무용가들이 추는 춤은 차원이 다르게 된다.

어떤 목적의 춤을 추든 가장 기본적으로 춤을 위해 요구되는 몸, 그 몸이 움직여 만드는 형태는 시간성과 공간성을 담고 있고, 그것이 원시적·의식적 춤이 아니라 예술적 목적으로 추어지는 춤이라면 (정리된) 음악이나 미술이나, 타 예술과의 접목을 통해 표현되는 예술적 요소가 필요하게 된다. 즉 춤이 만들어지고 추어지는 데에는 신체성, 시간성, 공간성, 예술성이 가미/발생하게 되는데, 바로 이런 요인들이 '춤은 종합예술이다'라는 주장을 뒷받침하고 있다.

안무가는 종합예술가가 되는 셈이다. '춤은 종합예술이다'라는 것을 근사하게 충족시키려면 그 춤을 만드는 안무자는 다양한 지식을 가지고 창작에 뛰어들어야 한다. 왜냐하면 그렇게 만들어진 춤이 단순히 움직임의 연결만을 의미하는 것이 아니라 한 작품의 완성을 의미하기 때문이고, 그 완성된 작품에 도달하기 위해서는 창조적인 과정을 완성해 가야 하기 때문이다.

예술창조과정으로서 안무(Choreograph)라는 단어는 그리스어의 Chorea(합창무용)와 Graphia(기술)라는 단어가 합성된 것으로 '집단무용을 기술한다'는 의미의 것이다.[1] 그러던 것이 역사적 변천 속에서 어느 정도의 환상이나 운동적 Image를 활용할 수 있는 '춤을 만드는 작업'이라는 의미를 갖게끔 되었다. 그러나 춤을 만드는 작업이라는 의미도 사실은 음악의 시각화에 어느 정도의 자유스러운 해석을 가미했을 뿐 주가 되는 것은 음악이며 따라서 음악 그 자체에 동작을 맞춘 것이라 해도 지나친 말은 아니다.[2]

그러나 오늘날의 안무란 예술작품 자체를 창작하는 것으로, 무용이 지닌 더 근본적인 표현방식으로 가장 인간적인 것을 표현하는 과정이며, 존재론적 의미에서 보면 자유의 행위로 받아들여지고 있다. 즉 안무는 자유로운 창조적 과정이고, 무용 외적 요소와 무용이 지니고 있는 동작적 틀을 활용하여 인간 이야기를 이미지화하면서 미학적 조화를 추구하는 과정이기도 하다.

1. 안무를 시작하려면 구상(構想)을 해야 한다

그 구상에는 안무의 동기, 창작적 욕구, 안무가의 상상력, 그리고 연관예술, 즉 보조예술이 수반되어야 한다.

창작적 욕구, 즉 동기가 따르는 충동은 작품 구성이라는 보다 표면화되는 것으로 옮겨지는데 이것이 바로 동기(motivation)가 된다. 이 동기는 예술가의 개성, 즉 작가정신으로 나타난다. 그러므로 예술가는 이 동기를 찾기 위해 그가 속해 있는 사회 환경 그리고 움직임의 원천이 될 수 있는 모든 것에 관심을 가져야 한다. 관심은 곧 상상력을 이끌어 낸다. 일반적으로 예술가는 남다른 상상력을 내적으로 지니고 있다. 바로 그런 상상력 때문에 창작 충동이 일어나는 것이다. 그 충동을, 상상력을 이끌어 내어 작품을 형상화하여야 한다.

무용적 상상력은 외부의 현상을 내부의 감각과 경험을 통해 표현되는 하나의 영상이라고 할 수 있다. 특히, 무용가는 자신의 '동기가 따르는 충동'이 있는 내부에서부터 끓어오르는 것을 움직임으로 바꿔 가야 하며, 이 점이 다른 예술과 다른 점이다. 창작행위와 그 과정에서는 반드시 어떤 형태로든 상상력이 존재한다고 하겠다.

예술의 본질은 실제적인 욕구를 채워 주는 대상 生産이라든가 종교적 또는 철학적 제 관념을 나타내는 데 있는 것이 아니라 하나의 종합적 및 일관성 있는 세계를 창조하는 능력 속에서 발견되는 것이다. 즉 예술은 우주, 자연, 인간 그리고 자신에 대한 그 어떤 것을 이야기하는 것이다. 예술가가 개인적으로 정신대 할머니들에 대해 사회활동을 하는 것은 자신이 살아온 삶의 철학을 외치는 행위와 같은 것이지만, 그것을 주제로 한 작품을 만드는 것은 자신의 삶에 대한 철학만이 아니라 현실의 해명까지 하는 것이다. 말하자면, 상상력을 동원하여 현실세계와 무용이 외적 관계가 아닌 내부의 관계가 되게 하고, 그것을 통해서 안무가의 내적 동기가 상상적으로 외현되는 것이다.

춤을 보조하는 장르로 또 춤을 더 높이는 요소로서 음악, 조명, 무대 미술이 필수적이고, 반드시 이런 장르와 함께해야 한다. 특히 음악은 춤과 불가분의 관계에 있다. 음악은 무용과 인간의 율동적 행동으로부터 나타났으며 율동적 형식과 구조로부터 일어났다고 말하고 있다. 음악과 무용의 역사에서 음악, 무용의 구성은 흔히 그 시대의 실습적인 무용의 Step, 예를 들면 Saraband, Pavane, Gavotte 등을 조성하기 위해 음악이 쓰였을 정도로 불가분의 관계가 있다.

2. 무용가는 음악에 대한 이해를 철저히 해야 한다

과거 Ballet가 전적으로 음악에 의한 작품이었다면 1900년 초 Ballet의 형식에 반기를 든 현대무용이 생기면서 마리 뷔그만(Mary Wigman, 1886~1973)은 무반주 음악을 주장했었고, 무음악무용은 1920~30년에 크게 유행했었다.[3] 이 과정은 무용이 하나의 독립된 예술로서 존재할 수 있다는 근거를 입증하는 계기가 되기도 했고, 또 이런 과정이 있었기에 무음 작품에서 음악은 작품에 대한 집중력을 단일화시키고, 관객의 귀를 쉽게 해 주는 가치를 입증받았다고 할 수 있다. 또 소리의 효과를 사용하는 방법도 곧잘 활용되는데, 소리 역시 매우 효과적인 반주음이 될 수 있다. 예를 들면 손뼉 치는 소리, 발 구르는 소리, 숨 쉬는 소리 등 리듬적으로 혹은 반리듬적으로 내는 소리의 효과는 다양한 방법으로 독창적인 안무가의 작품에 자주 사용되고 있다.

보통 우리가 문학이라 할 때의 문학이란 시, 소설, 서곡, 수필, 비평, 시나리오를 가리킨다. 문학은 그 시대의 정치, 경제, 문화, 사회 등을 일반적으로 묘사한다. 그러나 어떤 시(詩)가 어느 시대를 노래했다고 해서 우리가 그 시대를 다 이해하게 되지는 않는다. 바로 그것처럼 무용도 기본적인 어려움을 안고 있다.[4]

시나 소설 등 문학 원전은 춤 작가들에게 풍부한 상상의 근원이 된다. 소설이나 시에서 받은 느낌을 제재화하여 즉흥적으로 춤을 추거나 혹은 무용 언어화하는 작업을 하기도 한다. 사실 Romantic Ballet나 Classic Ballet의 주제와 소재는 J. G. Noverre의 Ballet D'action 이후 문학적 Story에 전적으로 의지해 왔으며 이로써 Ballet는 단순히 여흥을 위한 기하학적인 Step의 움직임으로써가 아니라 무용극시대의 막을 연 종합예술로 부상하기에 이르렀다.

오늘날에 있어서도 시나 문학은 무용작품의 원전으로 매우 자주 사용된다. 즉 안무자의 선택에 의해 문학은 무용과의 관계를 가지게 되는 것이다. 작품 속에서 발견되는 모든 종류의 이야기, 설명 등 내용의 주제를 주는 것이 곧 문학적 요소이다. 그러나 문학적 얘기를 모티브(Motive)로 가져온다고 해서 그 플롯(Plot)을 꼭 따라야 하는 것은 아니다.

3. 서술적·추상적 표현방법을 선택하라

안무자는 자신이 선택한 문학적 소재를 서술적으로 표현할 것이냐 아니면 이 작품에서 느낀 바를 추상적으로 표현할 것이냐 하는 문제를 결정할 사람이다.

1960년부터 무용예술은 문학적 구조를 가지고 있는 무용예술과 비문학적 구조를 가지고 있는 무용예술로 명백히 분리되어 발전하여 왔다. 문학적 구조의 범주에 속하는 것 중에는 그라함(Matha Graham, 1893~1991)의 근대무용극을 들 수 있겠고, 비문학적 구조의 범주에 속하는 것으로는 해프닝이라 불리는 것, 즉 이미지와 관계된 형태들이다.

시나 소설이 무용가에 의해 무용작품으로 표출되듯이 타 예술도 무용 표현의 확대를 위해 접목이 이루어지고, 그것을 통해서 새로운 이야기, 새로운 이미지로 재탄생된다.

무용공연에서 무대장치나 소품은 작품을 선명하게 해 주는 힘이 있다. 무대 공간은 곧 작품에서의 감정을 표출하는 공간이고, 또 그 공간적 위치는 그 자체가 이미 '감정을 가진 공간'이다. 이해를 돕기 위해 무대구분에 대해 살펴보면 다음과 같다.

5 Up Left	2 Up Center	6 U Right
3 Down Left	1 Down Center	4 Down Right

무대 구분

1구역 ▶ 이 구역은 관객이 가장 잘 보이는 장소로서 중요한 동작이나 발언을 하는 공간이다.

2구역 ▶ 이 구역은 위엄이 있는, 강한 인상을 주는 공간이다(등장 시에 잘 사용되는 공간이다).

3구역 ▶ 친근감을 주는 공간으로 '사랑 표현'에 적합한 공간이다.

4구역 ▶ 배타적인 감정을 나타내는 공간, 은밀한 이야기, 음모 등 무대에서 일어나고 있는 것과는 관계가 안 되는 독립된 지역이다.

5구역 ▶ Romantic하고 서정적인 공간으로 환상이나 사색에 잠기는 장소로 사용된다.

6구역 ▶ 가장 약한 부분으로 초자연적인 것을 표현한다.

나는 이 무대공간 구분을 사실 철저히 사용하는 편이다. 내가 2010년 안무한 〈흙의 울음〉은 공간 3에 하얀 가마, 그 가마 앞에 하얀 고무신이 놓이고 그 속에서 한 여인의 손이 나와 다소곳이 고무신을 당겨 신고 무대로 나와 춤을 추는 장면으로 시작된다. 죽은 남편에 대한 애타는 사랑과 슬픔을 표현하였는데, 그렇게 무대구분은 극성이 있는 작품에서는 효과적이며 무용을 구성할 때에 위의 원리를 적용시키면 짜임새 있는 무대가 될 수 있다. 다만 추상적인 이미지춤에서는 이 원리가 맞지 않을 수도 있을 것이다.

미국의 현대무용가 도리스 험프리(Doris Humphrey, 1895~1958)는 또 다르

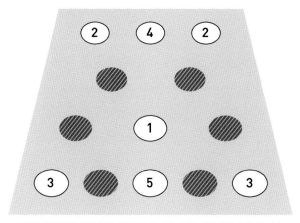

*빗금 친 구역은 약한 영역이며 숫자가 쓰인 지역은 강한 영역이다(번호 순).

게 무대공간을 무대장치적인 관점에서 구분했다.

그러면 어떤 장치를 설치해야 할 것인가?

① 중립적인 배경 ▶ 아무런 특징이 없는 형태나 모양은 무용수들의 초점에서 부터 시야를 분산시켜 놓지 않는다. 이것은 분산되지 않은 배경이 불필요한 암시를 배제시켜 주기 때문이다.

실제로 검은 천의 배경은 가장 단순한 것으로 훌륭한 장치구실을 하며 흰 천은 주로 발레에서 많이 사용된다.

② 장식적인 도구설비 ▶ 이 방법은 무용에서 암시하는 장소와 분위기에 유사성을 지니고 있으므로 시각적인 흥미와 관객의 상상력에 영감을 불러일으킨다.

③ 묘사적인 도구설비 ▶ 안무하는 데 있어서 이야기식 배경을 고려해야 하므로 배경막에 그림을 그리거나 옆막을 덧붙이고 Slide 사진을 비추기도 한다.

④ 분위기를 조성하는 도구설비

⑤ 활동적인 배경 ▶ 하늘을 찌를 듯한 탑이 무너져 내리고 한 무리의 새 떼가 관객을 향해 날아드는 등 어떤 물체들이 소용돌이를 일으킬 때 무용과는 거리가 멀다고 생각할 수도 있겠으나 안무의 세계에서는 흥미로운 작품 감상이 될 수 있다.

이러한 안무자의 비결은 조금씩 관객들에게 비정상적인 작은 클라이맥스로 선보여 관객들을 훈련시켜 놓은 후 결정적인 최종순간에 가서 한 광경을 폭발시킬 수 있다.

이 밖에 현대무용에서는 우리가 소위 소도구라고 부르는 것들을 충분히 활용하고 있다. 그러나 이러한 소도구들은 장식적인 것이 아니라 작품의 내용과 동작을 돋보이게 하고 또 그 표현성을 높이고 전달력이 있어야 한다.

춤에서 조명(Light)은 아주 중요하다

　19세기 말 에디슨의 전기 발명으로 극장에 조명기가 등장하게 되어 조명은 무대예술의 보조기구로 발전하였다. 무대조명가가 제작 스태프로 참여하게 되며 조명은 무대장치와 형태를 살려 주는 보조수단인 동시에 연극과 무용에 있어서 표정이나 동작의 선의 표출을 강조하고 의상을 돋보이게 하는 역할을 해 왔다.[5] 또한 오늘의 극장(Theatre)은 프로시니엄(Procinium) 무대에서 원형무대나 돌출무대 등이 생김으로써 장치가 거의 없이 조명이 그것을 대행하게 되기도 했다. 이렇게 공간미를 주축으로 하는 새로운 시각예술의 창조를 위해 조명의 기능은 점점 확대되어 가고 있다.

　그러므로 오늘의 조명기교는 종전과 같이 단순한 무대장치나 의상의 보조수단이 아니라 무대예술에 있어서 연출의 중요 조건이 되어 가고 있다. 특히 이러한 연출기능은 현대무용에 있어서 두드러지는데 일례로 얼윈 니콜라이(Alwin Nocolais, 1912~)는 처음에 조명디자인에 참여하다가 안무가가 된 사람으로서 그의 작품은 조명을 중심으로 한 연출법으로 평론가들에 의해 '시각예술에 있어서 진정한 철학자'라고 절찬을 받을 정도였다. 또한 전위예술가 머스 커닝햄(Merce Cunningham, 1919~2009)은 특수렌즈에 광도를 줌으로써 무용수들의 움직임이 확대되거나 축소되는 등 무용수의 움직임을 특수렌즈를 통해서 변화시키는 방법을 취하기도 했다. 이와 같이 오늘의 무용은 시각적인 측면에서 보다 큰 합일체가 되기 위해서 무용가는 움직임뿐 아니라 조명의 설계자가 되어야 한다.

　작품에서의 조명의 기능을 간단히 살펴보면,

　첫째, 시각작용인데 이것은 빛을 잘 분포시키고 혹은 색광을 잘 비춤으로써 한결 연출 의도를 살린다.

　둘째, 사실적인 의미를 강조한다. 즉 무대를 현실처럼 관객에게 보여 주는 기능을 한다. 무용작품에서는 눈, 비, 새, 나비 등 조명으로 효과를 낼 순 있으나 반드시 사실을 보여 줄 필요가 있는 것은 아니다. 그러므로 조명을 통해 표현의 시화(詩化)를 달성하면 된다.

셋째, 심미(深味)이다. 아무리 아름답고 훌륭한 장치나 의상이 있어도 조명이 아니면 최고의 효과를 기대하기 어렵다. 빛이 분명히 효과를 내지만 반면에 색광을 남용해서는 안 된다. '예술적인 아름다움'을 창조해 내려다가 자칫 저속한 무대가 될 수도 있고, 때로는 무용이 갖는 본래의 순수성을 손상할 위험이 있기 때문이다.

나는 대체로 빛의 변화나 색채의 변화를 통해 감정을 표현하는 방식을 선호하는 편이다.

무대에서 표현을 확대시키는 또 다른 요소로는 의상이 있다.

무용작품에서 무용의상의 중요성은 매우 크다. 왜냐하면 의상은 신체구조를 돋보이게도 하고, 위장하기도 하고, 정적(Static 靜的)이거나 활성적(Dynamic)인 자세의 어떤 면을 강조하는가 하면 동작양식의 구성인자를 증가시키거나 대조시키는 기능을 하고 있다. 특히 의상은 작품의 시대적 배경, 상하의상의 조화, 무용수 개인의 신체특성과의 조화, 그리고 조명과의 조화를 고려하는 것이 바람직하다. 그러기 위해서는 다음의 몇 가지 방법이 참고되어야 한다.

첫째, 무용의 핵심을 파악하여 무용에 적합한 의상을 제작하여야 한다.

둘째, 무용을 위한 의상이어야 한다. 즉 무용의상은 무용의 일부분으로서 도울 수 있어야지 방해가 되면 안 된다.

셋째, 예술성과 창의성을 고려하여 제작하여야 한다. 무용이 예술이므로 무용의상 역시 예술적이어야 한다. 즉 아름다움 그 자체만 가지고는 곤란하며 예술적인 아름다움이 있어야 한다는 뜻이다. 그런 의미에서 무용의상을 제작할 때에는 예술적 표현은 의지활동이어야 하며 의지의 전달이어야 한다.

넷째, 무용수의 신체적 결함을 감출 수 있도록 제작하는 것이 바람직하다. 예를 들면 색채의 흑백 대비 등을 통한 신체결점의 보완까지를 의미한다. 같은 형태의 의상이라 할지라도 색깔에 따라 신체적 결함을 보완할 수 있을 것이다.

다섯째, 색채의 조화를 고려해야 한다. 똑같은 분위기의 의상에서도 상·하의 색의 대비와 전체의 색의 조화를 고려하여 제작한다면 전체의 분위기를 잘 살릴 수 있다. 또 중요한 것은 색의 감정을 잘 조화시켜야 한다. 즉 침울한 분위기의 의상과 밝고 경쾌한 분위기의 의상은 색깔의 선택을 통해 더 효과를 낼 수 있다. 그 밖에도 옷감의 질에 대한 언급이 있어야겠다.

이런 원칙이 있지만 현대에 와서는 다르지만 평상복을 입는다든지 다양한 여러 의상들이 등장하게 된다. 그러나 의상이 표현을 넓히는 요소가 되도록 하려면 아무리 일상복 같은 것이라도 무용을 위해 제작된 일상복을 입을 때 그 기능이 발휘된다고 나는 확신한다.

춤의 구성은 어떻게 해야 하나

무용은 신체로 이루어지는 예술이라는 점에서 시각적 예술이며 또한 공간예술이기도 하다. 그러므로 구성의 정확한 법칙을 연구하는 일은 매우 중요하다. 안무자는 이 구성에 대해 완전히 이해해야 소재와 표현방법을 선택할 수 있게 되며, 구성에 대해 잘 이해하지 못하는 안무가는 자기의 감정과 아이디어를 자유롭고 강렬하게 표현하지 못한다.

공간과 인체 간의 균형 또는 움직이는 인체의 균형 등은 구성이라는 작업을 통해서 조화를 이루게 된다. 또 연속적인 전개가 필요한 장면에서의 움직임은 이전의 동작으로부터 자연스럽게 이어져야 유기적인 표현이 발생한다.

안무자는 대체로 직관에 의하여 동작의 형태를 만들 것이고 전개방법도 모색한다. 움직임의 자연적인 발생과 의도적인 전개는 동작들을 이어 나가는 방법이다.

움직임은 말로 표현할 수 없는 느낌을 몸으로 발산하는 것이다. 그런데 구성은 그 움직임을 적당히 짜 맞추고 연결시키는 단순한 것이 아니라 더 높은 차원의 것이다. 안무자는 몸으로 발산하는 내적 느낌이 그대로 표현되도록 생각하고, 조절하고, 재나열하고, 즉흥적으로 해 보고, 실험하고, 또 연결하고, 재나열하는 과정을 거치면서 원하는 구성을 발견하게 되며, 그렇게 '구성되는 일정 동작'에는 특별한 의미가 부여되는 것이다. 즉흥처럼 자연스럽게 구성이 이루어질 때 더욱 완전하고도 유기적인 춤을 얻게 될 수도 있다.

예술에는 반드시 어떤 형식과 법칙이 있다

마가렛 드벌러(Magaret H. Doubler, 1899~1984)는 『A Creative Art Experience(1940)』라는 책에서 춤 구성의 미학적 법칙의 요소를 밝히고 있다.

① 변화(Variety) ▶ 흥미는 변화로 인해 생기지만, 변화가 너무 많으면 무대/표현이 산만해질 수 있고, 반대로 변화가 너무 적으면 지루한 감을 줄 수 있다. 변화가 있음으로써 대비적·균형적·조화적 성격으로 표출된다.

② 대조(Contrast) ▶ 이질적인 요소끼리 서로를 돋보이게 하는 상호 강약적 작용이다. 대조로 인하여 서로 반대된 입장이 오히려 강조도 되며 또 그 의의를 추구하기도 한다.

③ 절정(Climax) ▶ 무용작품에서 절정은 성공의 열쇠이다. 절정이 없으면 관객은 지루함을 느낄 수 있고, 결국 미완성상태를 보여 주는 것 같은 느낌의 결과가 된다.

④ 연속(Sequence) ▶ 이행과 비슷하나 그보다 조금 더 광범위한 것으로 부분과 부분의 이행이 잘 되어 논리적으로 연결시키는 것이다. 말하자면 매조

지가 잘 되는 것이다.

⑤ 이행(Transition) ▶ 전환을 한다거나 또는 한 동작에서 다른 동작으로 옮겨 가는 것을 뜻한다.

⑥ 반복(Repetition) ▶ 반복은 그 작품을 관객에게 투명하게 해 주고 미학적 경험을 풍부하게 전해 주며 심리적인 만족과 통쾌감을 준다. 또한 반복은 작품에서 표현을 강조하는 수단이 되기도 한다.

⑦ 균형(Balance) ▶ 서로 반대되는 힘의 평형상태를 말한다. 균형은 두 가지 의미에서 해석될 수도 있다. 움직임 측면에서의 균형과 표현적 측면에서의 균형이다. 작품에서 기승전결의 길이나 표현도 균형적이어야 할 것이다.

⑧ 조화(Harmony) ▶ 움직임이 균형적으로 융합되고 또 전체적 조화의 미를 이루는 요인이다.

⑨ 통일(Unity) ▶ 위의 요소들이 마치 하나이듯 일체감을 느끼도록 엮어야 한다.[7]

이 구성의 원칙은 공간감, 시간감, 모두에 적용됨으로써 작품의 표현확대를 더욱 높일 것이다. 드벌러 교수가 ①~⑧까지의 요소가 ⑨에서 통일되는 것을 논하고 있지만 나는 오히려 Unity가 아니라 표현적 Integrity를 이루는 것이 중요하다고 생각한다. 마치 그런 요소들이 다 들어간 작품이 하나의 만들어진 작품이 아니라 본래 있던 것 같은, 흠이 없는 상태-표현이 되는 것이 안무가가 바라는 작품의 상태이기 때문이라고 믿기 때문이다.

또한 표현하려는 작품이 특정한 사조를 반영하는 경우, 예를 들면 정지된 에너지를 로봇 같은 움직임의 제자리 반복으로 표현할 수도 있는데, 이 경우 과연 그 아홉 개의 요소가 다 적용될 수 있는가 하는 것은 의문으로 남을 수 있다. 전적으로 표현의 선택은 작가 자신의 몫이고, 결정이다. 그만큼 창작가는 표현에서만은 배타적인 큰 권리를 가진다고 할 수 있다.

독무와 군무

춤에는 독무와 군무가 있다.

독무는 춤의 시작에서 끝까지 단조롭지 않게 무대를 이끌기 위해 흥미의 계속적 유발을 유지시켜야 하며, 군무에서보다는 다양한 동작을 필요로 하며 동작의 중요한 순간을 잘 선택해야 한다. 또한 거울을 많이 사용하면 안 된다. 왜냐하면 거울에 의해 생성된 춤은 동작, 속도, 공간을 무시한 채로 신체의 형태만 생각하게 만들기 때문이다. 독무는 섬세하게 꾸며질 수 있다. 전체적인 효과는 그리 복잡하지 않으면서 그들의 명료성이나 초점 역시 선명해야 한다.

군무는 셋 이상의 무용수가 추는 춤이다. 무용수의 숫자가 많을수록 동작이나 구성은 간단해야 한다. 그리고 숫자에 비례하여 동작은 더욱 강조되어야 한다. 우베 숄츠의 〈봄의 제전〉에 보면 50명 정도의 군무수가 무대를 채우는 장면이 있다. 이 장면의 움직임들이 다 다르다면, 관객의 눈은 매우 혼란스러울 것이다. 관객은 어디를 바라봐야 할 것인지, 어떤 것이 중심적인 표현인지 모를 수가 있을 것이고, 결국 안무자의 그 장면에서의 의도를 잘 이해할 수 없게 될 수가 있다. 무용수의 숫자가 많을수록 동작이나 구성이 단조로워야 할 이유가 바로 여기에 있다. 물론 다양한 표현이 요구되는 경우도 있지만 다양한 표현을 해야 할 군무 시간은 매우 짧아야 한다. 독무에서보다 군무에서 안무자는 더욱 객관적인 눈을 가짐이 필요하다. 왜냐하면 공간관계의 복잡성과 신체 상호 간의 조형성의 관계를 상당히 면밀히 파악하고 검토해야 하기 때문이다.

2인무에 있어서는 대칭적인 구성을 제외하고는 둘 중 하나를 지배적인 것으로 하고 다른 하나를 보조적인 것으로 하며, 대칭적이거나 비대칭적이거나 두 사람이 함께 하나의 명확한 전체 디자인을 이루어야 한다. 그리고 2인 이상의

춤으로 삶의 집을 짓다

군무에 있어서는 평면적인 구성보다 3차원적인, 즉 입체구성이 효과적이다.

앞에서 나는 소설쓰기와 춤 창작을 비교하면서 설명을 했었다.

문학에서 가장 피해야 할 표현은 췌사(贅辭)이다. 군더더기 같은 말을 많이 넣어서 주제나 표현을 피곤하게 만드는 것보다는 하고 싶은 얘기를 명료하게 혹은 간결하게 하면서 감정을 부추기는 것이 필요할 것이다. 춤에서도 마찬가지이다. 아무리 많은 얘기를 해도 그 얘기가 전달되지 않으면 소용이 없다.

4. 과감히 줄여라

창작가는 생략을 과감히 할 수 있어야 한다는 것이 안무자로서의 나의 절대적인 충고이다.

안무의 과정을 도면으로 보면 다음과 같다.

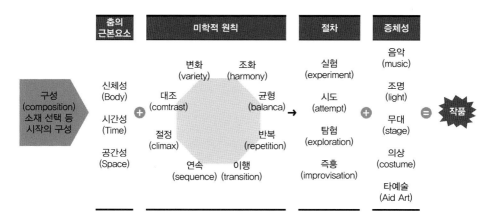

끝으로 안무에의 접근은 경험으로부터 시작하여 경험을 완성시키고 지금까지 제기된 움직임의 문제를 이상적으로 해결하는 데 있다. 안무에는 정해진 규

칙이나 순서는 없다. 안무의 수준은 안무가 개인의 사물을 보는 감성과 직관 그리고 그가 가진 가치관에 좌우된다.

5. 스스로에게 수없이 질문을 던져라

어떤 사물, 현상, 예술작품을 볼 때도 내가 그 작가라면 어떻게 보고, 어떻게 형상화했을까 하는 질문을 수없이 던져 보는 습관도 창작가에게는 참 필요한 습관이며, 그 습관을 통해서 생각의 가지를 펼치는, 말하자면 상상을 하는 시도는 매우 바람직하다.

그런데 춤 움직임을 만들어 내는 창작력 외에도 그 창작과정에서 안무가의 음악, 미술, 조명 등 타 장르에 대한 시각과 장악력은 표현의 깊이와 폭에 큰 영향을 준다. 평소에 문학과 음악에 관심을 키우고 가까이 가는 생활화를 하고, 그 과정에서 인상적인 것이나 아이디어는 메모를 해 두는 습관을 가진다면 안무가로서 성공의 열쇠를 가지는 것과 같을 것이다.

주제가 독창적인 표현으로 승화되기 위해서는 위의 과정과 요소의 조합을 통해 극적인 Image, 우리가 일반적으로 말하는 '잔상' 혹은 여운으로 남을 이미지를 만들어 내어야 한다는 말이다. 작품은 시작과 전개, 절정, 그리고 결론 이라는 구조를 어떻게 배열하며, 어느 이미지를 어디에 넣고, 클라이맥스에서의 인상을 계산하는 것 등의 배열은 순전히 안무가의 정서적·감성적 재치의 산물 일 것이다. '한 송이의 국화꽃을 피우기 위해 봄부터 소쩍새가 그렇게 울고, 천 둥은 먹구름 속에서 또 그렇게 울'듯이, 그 고뇌의 창작과정을 거칠 때 '내 누님 같이 생긴 노랗게 핀 국화' 같은 작품이 탄생될 것이다.

춤으로 삶의 집을 짓다

상징은
춤의 생명

●

우리는 거리에 붉은 띠를 머리에 두른 노동자들이 있
다면 그들이 항의 투쟁을 하거나 파업 중이라는 것, 소복한 사람이나 삼베로
만든 두건을 쓴 사람을 보면 상중에 있다고 알아차린다. 어떻게 구어적 언어의
매개가 없이도 우리는 붉은 띠와 소복이나 삼베 두건의 의미를 알아차릴 수가
있을까? 이는 그런 소품에 이미 사회적으로 모든 사람이 공감할 수 있는 의미
가 담겨 있고, 그것을 그런 의미의 상징물로 인식하기 때문이다.

우리 예술가들은, 특히 언어적인 수단을 사용하지 않는 무용예술가들은 이
런 상징물의 사용을 통해서 함축적인 표현을 곧잘 하게 된다. 그럼 예술가들
은 언제부터 상징이라는 것을 사용했을까? 상징주의라는 예술적 사조가 발생
한 이후에야 비로소 예술가들이 상징이라는 것에 눈을 뜨고, 상징을 예술 표
현에 사용하게 되었을까? 그렇지 아니하다. 상징은 어느 시대에나 존재했었고,
그리고 그 시대에 맞게 사용되어 왔다.

미술이나 문학에는 상징주의라는 사조가 존재했었지만 무용에는 상징주의 무용이라고 분류된 것은 없다. 그런데 나는 왜 이런 글을 쓰고 있을까? 상징이 왜 가치를 지니는가 하는 것을 검토해 보기 위해서 예술에 있어서의 상징(象徵)과 '상징주의'에 대해 살펴봐야 한다고 생각하기 때문이다.

상징에 대한 가장 비근한 예를 중세의 예술에서 찾아볼 수 있다.

중세인들에게 기독교는 가장 지배적이고 중심적인 정신이었다. 우상 숭배를 금지한 기독교에서는 '말씀'의 형상화를 부정했다. 이런 이즘은 문화 예술의 성격에 큰 영향을 끼쳤다. 즉 보이는 것보다는 보이지 않는 것, 만져서 느낌을 가질 수 있는 것보다도 감정으로부터 절연된 것이 더 중요한 의미를 지니기 때문에 (중세의) 예술은 감각적 직접성보다도 상징성을 우위에 놓았었다. 육체보다 영혼을, 현세보다도 내세를 우위에 두면서 예술이 최소한의 의미만을 전달하는 데 만족하도록 요구했으며 새로운 의미의 창조나 상징적 의미 이상의 의미를 지니는 것을 억압했었다.[8] 중세의 예술가들은 관습적인 상징과 함께 성인들을 그렸고 그것을 통해 그 그림 속의 인물이 어느 성인이며 어떤 의미를 지녔는지를 동시대 사람들이 이해하도록 의도했었다.[9]

그런데 르네상스 운동이 일어나고, 고전주의, 낭만주의, 사실주의, 자연주의 등의 사조가 팽배해져 가면서 상징에 대한 관심이 본격화되기 시작한다. 산업 사회의 물질주의와 실용주의적 가치관에 대해 반발하면서 보편적 진실과 내적 의미 추구를 하는 움직임으로 상징주의가 발생한다. 인상주의 회화가 생성되고 있을 때 동시대적으로 상징주의가 발생하기 시작한다.

19세기 후반 시대적으로 팽배해진 물질주의에 실망한 많은 예술가들은 점차로 보편적이고 개인적인 진실에 대한 내적 탐구를 통해 삶의 의미를 찾으려 했고, 꿈을 탐구하였다. 상징과 선구자들인 시인 보들레르, 베를렌느, 랭보, 말라르메, 발레리, 예이츠, 화가 구스타브모로 등을 중심으로 인간정서에 중점을 두는 것이 문제 해결을 위해서 늘 희망적이지는 않았지만 그들은 죽음, 성, 악마주의 정신성 등의 주제를 통해 그 시대의 관점을 표현하는 상징적인 예술을 창조한다.[10]

산 기둥들이 때로 혼돈한 말을 새어 보내니
사람은 친밀한 눈으로 자기를 지켜보는
상징의 숲을 가로질러 그리고 돌아간다.

어둠처럼 광명처럼 광활하며
컴컴하고도 깊은 통일 속에
멀리서 혼합되는 긴 메아리들처럼
향과 색의 음향이 서로 응답한다.

(중략)

_보들레르 〈상응〉 중에서

이 시는 상징시학을 시로 요약한 것으로 인식된다.

제목 '상응'은 우리 주위의 모든 사물이 유추체계를 갖추어 하나의 사물은 다른 사물과 상응한다는 생각을 나타낸 것이다. 내용적으로 보들레르는 자연을 하나의 사원, 곧 하늘과 사람을 잇는 매개체로 파악하고 있다. 사람이 그 '말'이 흘러나오는 숲으로 들어가는데 그 숲은 우리가 해독해야 할 말을 흘려보내는 상징의 숲으로서의 우리에게 친밀한 눈길을 보내고 있다. 둘째 연에서 '보통사람에게는 어둠처럼, 말을 알아듣는 시인에게는 광명처럼' 깊은 자연을 표현하고 있다. 이런 유의 시를 통해 보들레르는 일상적 현실과 그것을 뛰어넘는 이상적 실재세계를 상정한다.[11]

보들레르의 시 〈악의 꽃, 1957〉에 뿌리를 내리는 상징주의는 사실주의와 실증주의에 대한 반대선언 같은 것이었다. 보들레르는 이상적 아름다움을 찾는 파르나스적(고답파적) 경향과는 다른 데카당, 즉 인위적인 것과 사악한 것에 의해 끌려 나타나는 데카당 움직임을 종합하여 작품을 창작한다.

나는 이 글을 통해서 한국적 현대무용을 창작하기 위해 안무자로서의 내가 어떤 상징을 활용할 수 있는지를 추론해 보고자 한다. 그러기 위해서는 상징주의에 대해 좀 더 학문적인 이해가 필요하다고 생각된다.

상징주의라는 용어는 프랑스의 평론가 장 모레아스(Jean Moreas)가 Le Figaro지 1866년 9월 18일자 문학 부록에 발표한 '상징주의 선언문'에 그 어원을 두고 있다.[12] 장 모레아스는 예술의 본질적인 원리는 "상상에 감각적인 형태를 씌우는 것이다"라고 했다. 상상에 감각의 형태를 씌우는 예술, 그 예술을 직접성으로 호소하는 것이 아니라 상징으로 혹은 더 넓게는 기호체계를 통해서 형상화되고 그 형상이 그리고 그 예술이 물질성을 지니게 되는 것이라고 했다.

그럼 상징(象徵)이라는 용어는 어떻게 정의될까?

세계미술용어사전에 "상징이란 질적·형식적으로 다른 두 가지의 것이 서로 독립적인 뜻을 가지고 있으면서 어떤 의미로 서로 관련을 맺고 한편이 다른 편을 표정 또는 대표하는 것을 말하며, 논리적으로는 결합되기 어려운 양 계기를 초논리적으로 매개하는 표현법을 일컫는다. 일반적으로 감성적인 것에 있어 초감각적인 것(이성)이 표현되는 것이다. 미(美)는 이념의 감성화(感性化), 감각적인 것은 정신화(精神化)이므로 상징은 미학상 극히 중요한 뜻을 갖는다. 상징은 자연적인 상징(예컨대 빛은 진리의 상징)과 관례적 상징(십자가는 기독교의 상징) 등으로 널리 언어, 신화, 종교, 철학 등의 문화 영역과 사회생활의 전반에 걸쳐 사용되는데 특히 예술에 있어서는 이들 영역의 전통적인 상징이 그대로 쓰일 뿐 아니라 예술가에 의해 끊임없이 새로운 상징이 창조되어 미적 가치의 구성에 참여한다. 가령 뵈클린(Arnold Boklin, 스위스)의 회화와 마테를링크(Maurice Maeterlinck, 벨기에)의 희곡 등에서 볼 수 있는 공상적 상징도 있다. 한편 논리학, 수학, 자연과학에 쓰이는 상징의 경우에는 일반적인 의미와는 달리 기호 또는 부호라고도 쓰이고 있다"[13]고 정의되어 있다.

사회학자 막스 베버(Max Weber)는 '사회적 행위'라는 개념을 도입했는데, 이는 한 개인이 사회 구조 및 제도를 행위 하는 것을 의미한다. 그는 또 이런 사회적 행위가 다른 사람과의 관계에서는 '의미적 상관성'이 발생한다고 했고 사람들이 그 속에서 자신의 행위를 꾸려 간다면 그것이 바로 '사회적 행위'가 된다고 규정했다. 베버는 여기서 또 '의미의 틀'이라는 개념을 도입한다. 사람의 행위란 의미를 지향하기 때문에 그 사람이 가진 '의미의 틀'을 이해해야 비로소 그 행위를 파악할 수 있다고 했다. 그러기 위해서는 의미의 문제와 그것의 이해를 위해 인간 의식의 본성과 언어의 문제를 다루게 되는데, 그 이해와 해석은 '기호와 기호체계 그리고 기호현상'에서 이루어진다고 했다.[14]

그렇다면 문화도 기호현상에 의해 이해되고 해석될 수 있는가 하는 의문이 생길 수 있다. 그 의문에 대한 대답은 '그렇다'이다.

문화는 물질성을 가진 객관적인 사실이므로 사회학적 접근이 가능해지며 그 접근을 위해 사회학적 상호작용, 즉 의사소통의 개념이 매개항으로 설정되며, 동시에 의사소통과 사회적 상호작용 속에서 기호가 산출된다. '기호의 개념'은 본질적으로 의사소통의 과정과 의미작용의 과정을 이미 내재시키고 있다. 물론 모든 사물이 자동적으로 기호가 되는 것이 아니고 그것들이 의사소통 속에 편입됨으로써 비로소 자신에 주어진 고유성(목적기능)을 뛰어넘어 일종의 기호가 될 수 있는 것이다. 인간의 문화활동은 사회적 상호작용 속에서 좁은 의미의 언어에 국한되지 않고 다양한 형태의 기호로 형상화되어 물질성을 획득한다. 기호학자 퍼스(Charles S. Peirce, 미국)는 지표와 도상 그리고 상징을 모두 기호의 범주에 넣는다.[15] 그는 "상징은 어떤 법칙, 보편적인 생각들의 조합에 근거하여 그것이 명시하는 대상을 가리키는 하나의 기호이다. 그 조합(법칙)은 대상에 대한 지시작용에 의해 상징의 해석을 결정한다"라고 정의하면서 결국 '상징=임의적으로 선택된 기호'라는 등식을 주장하고 있다.[16]

인간은 실재를 기호에 의해 표상하고, 그렇게 함으로써 자신을 중심으로 다중의 의미관계를 설정한다. 하나의 상징을 사용하는 것은 어떤 대상으로부터 그것의 특징적인 구조를 포착하고 여러 다른 주체 가운데서 확인할 수 있는 능력이다. 인간은 상징 능력에 의해 구체적 대상과는 다른, 특정의 개념을 형성할 수 있고 구체적 대상이란 결국 이 개념의 한 예에 불과하게 된다. 인간의 상상력은 상징 능력을 통해 구현되며 이것은 여러 형태의 의미작용 속에서 표현된다. 여기에서 상징적인 것과 실제적 현실 간의 관계가 비록 거짓말이거나 또는 의제적(擬製的) 허구의 창작이라 하더라도 상상적 요소는 결정적이다. 어떤 종족, 민족, 모든 도시, 모든 사회가 항상 스스로를 확인시켜 준 것은 무엇보다도 하나의 상징이며 기호이다.[17]

기호는 또 지성화된 언어이다. 그것이 언어인 것은 그것이 감정을 표현하기 때문이고, 그것이 지성화되었다는 것은 지성적인 감정의 표현에 적용되었기 때문이다.

원초적인 상상적 형태의 언어는 표현성을 갖고 있지만 의미를 갖고 있지 않다고 말할 수 있다. 언어로서 그것은 어떤 감정을 표현한다. 기호로서의 그것은 그 감정을 넘어서 그 정서적 충전이 주어지는 대상으로서의 사고를 지시한다. 이렇게 함으로써 우리가 말하는 것과 우리가 의미하는 것이 구별되는 것이다. 언어의 점진적인 지성화, 논리학의 작업에 의해 점진적으로 과학적인 기호로의 변환은 감정의 점진적 명료화와 특수화를 이루는 것이고 이렇게 새로운 표현수단을 얻게 되는 것이다.[18]

이런 설명에서 보면 상징은 아주 임의적인 기원을 가진 형식이다.

즉 그것은 막연하고 주관적인 정서를 모양과 확연함을 가지는 그 무엇으로 구체화하는 것이다. 형태상으로 볼 때 많은 예술은 그러한 상징적 형태의 창조에서 아마도 무의식적으로 그 소구력(訴求力)을 이끌어 낸다는 것이 확실하다.[19]

상징의 사용이 하나의 경향(Ism)을 형성한 것이 상징주의이다.

프랑스의 시단에서 일어난 상징주의 운동과 밀접한 관련을 가지고 있는 미술에서의 상징주의는 인상주의에 대한 반작용으로 나타났으며 화가 쿠르베가 "회화는 본질적으로 구체적인 예술이다. 그것은 실재하는 사물의 재현에 의해서만 구성된다. 추상적 대상은 회화의 영역에 속하지 않는다"면서 사실주의 원리에 반발하였다.

상징주의의 목적은 물질세계와 정신세계 사이의 갈등을 해소하는 것이었다.

상징주의 시인들은 시적 언어를 내면생활의 상징적 표현으로 여겼으므로 화가들에게도 신비와 마술 등을 시각적으로 표현해 줄 것을 요구했다. 고갱의 후원자였으며 평론가인 알베르 오리에(Albert Aurier)는 1891년 3월 메르퀴르 드 프랑스지에 회화에 있어서의 상징주의 라는 논문을 발표한 바 있는데, 이 논문에서 그는 "예술작품은 ① 사상이 있어야 한다. ② 예술은 사상을 형식으로 표현하는 것이므로 상징적이어야 한다. ③ 예술은 일반적 이해를 위한 양식으로 여러 형태의 기호를 제시하므로 종합적이어야 한다. ④ 예술이 묘사하는 대상은 객관적인 것이 아니라 주관에 의해 인지된 사상의 표지이므로 주관적이어야 한다. ⑤ 그러므로 예술은 결과적으로 장식적이어야 한다. 장식적인 그림이란 동시에 주관적·종합적·상징적·사상적인 표현에 다름 아니기 때문이다"라고 썼다.[20]

여기서 우리가 주목하는 것은 예술이 상징적이어야 한다는 말과 여러 형태의 기호를 제시함으로써 종합적이어야 한다는 포인트이다. 상징이 사용되어야 함을 기술하고 있는 구절이기 때문이다.

니진스키가 안무하여 화제가 된, 발레 〈목신의 오후〉의 원전인 시 목신의 오후의 저자는 시인 말라르메(Stephane Mallarme)이다. 이 말라르메는 상징의 방법적 기초를 확립한 사람이다. 그는 "한 사물의 이름을 밝히는 것은 시가 주는 즐거움의 중요한 부분을 없애 버리는 것이다. 왜냐하면, 즐거움이란 점차적으로 조금씩 알아가는 과정에 있는 것 때문이다"라며, 상징주의의 중심적 기법이 곧 암시의 수법임을 주장한다. 그런데 말라르메는 암시의 수법에 머물지 않고 이를 극대화하기 위해 시에서 설명이나 의미의 단락을 극도로 축약시켜 버리는 수법을 사용한다. 예컨대 '~처럼'이나, '~같은' 등의 말을 전적으로 배제함으로써 독자들이 암시 속에서 스스로 의미를 추론하도록 하는 방법을 쓴 것이다. 말라르메는 '암시를 하면 거기에 꿈이 있다'면서 설명되지 않은 상징들이 구체적인 것과 추상적인 것, 물질적인 것과 개념적인 것, 여러 감각영역들 사이에서 여러 관계와 상응의 양상을 표현하도록 하는 방법을 쓴다. 바로 이런 그의 개념 때문에 말라르메의 시에서는 언어가 본질로 환원되는 양상이 나타난다. 즉 외적인 개념이 묻어 있지 않은 언어의 사용과 그 언어들이 구성하는 내재적 법칙에 의해 순수이념이 환기될 것을 추구했던 것이다.[21]

말라르메의 이런 개념, 즉 암시가 상징의 중심적인 기법이라는 개념은 나에게 참으로 중요한 의미로 다가온다.

스테판 말라르메의 시 〈視現 시현〉의 한 구절을 보면,

달빛이 슬피 나리더라
꽃핀 요정들 꿈에 젖어
어렴풋한 꽃들의 고요 속
손끝에 활을 골라잡고

춤으로 삶의 집을 짓다

빈사의 현을 쏠어내니

하얀 흐느낌이 창공의 꽃잎들 위로 번지더라

그때는 너의 첫 입맞춤으로 축복받는 날이었지

가슴 조이 저미던 나의 몽상도

얌전히 취하더라 슬픔의 향기에

꺾은 꿈이 가슴속에 회한도 환멸도 없이 남기는 슬픔의 향기에

내 그렇게 해묵은 포석 위에 눈을 깔고 방황하노라면

머리카락에 햇빛 가득 담고 거리에

저녁 속으로 너는 웃으며 나타나더라

내, 그래, 빛의 모자를 쓴 선녀들, 보는가 여겼더라

(하략)

_스테판 말라르메 〈시현〉 중에서

친구의 연인을 위해 지은 말라르메가 쓴 이 시에서 우수와 몽롱한 징조, 암시적 표현이 두드러진다.[22] 말라르메는 이렇게 암시성과 모호성이 상징주의 시의 핵심적 개념임을 보여 주는데 이것이 또한 상징주의 예술에 가장 필수적인 중요한 요소이기도 하다.[23]

상징은 보는 관점에 따라서 여러 가지 성질로 구분될 수 있다.

위에서 언급된 햇빛과 같은 자연적 상징, 십자가나 태극기 같은 관례적 상징이 있는가 하면, 공개적인 상징과 폐쇄적인 상징, 일반적인 상징, 의도적인 상징, 원시 전원적인 상징으로도 구분할 수 있을 것이다.

앞에서 언급된 삼베 두건 같은 것은 공개적인 상징이다. 태극기나 무궁화의 경우도 그것만 보면 우리 국가를 상징한다. 그 자체의 의미를 지닌 '말의 가능'을 가지며 사회적 공감대하에 만들어진 것이다. 이런 의미에서 보면 공개적이면

서 관례적인 상징이 되는 것이다. 폐쇄적인 상징이란 일반적으로 받아들여지는 것이긴 해도 모두가 다 아는 것이 아니라 이해하는 사람들만 그 뜻을 아는 상징을 일컫는다. 예를 들면 도로 바닥에 그려진 방향 표식 같은 것이 폐쇄적 상징이다.[24]

예술표현에 있어서 상징을 사용하는 것은 그것이 공개적인 상징이든, 폐쇄적인 상징이든 혹은 의도적인 상징이든 전적으로 예술가가 정하여 사용할 수 있을 것이다. 물론 사회적 공감대를 이룬 상징을 사용할 수도 있고, 예술가가 의도한 상징을 사용할 수도 있을 것이다. 그것들이 의도한 표현성을 지니느냐 하는 것은 모두 예술가의 능력에 달려 있다. 작품 속의 상징물은 관객의 마음 안에서 예술가가 의도한 반향을 일으키는 효과를 유발할 때 '예술표현적 상징'으로 인식될 수 있을 것이다.[25]

한국에서의 상징

한국의 예술가가 상징을 사용한다면 어떤 의도로 사용을 할까? 아마도 한국인, 한국의 문화, 한국성을 표현하기 위함일 것이다. 그럼 여기서 또 한국인, 한국의 문화, 한국성이 어떤 것인가 하는 문제가 발생한다.

시인 조지훈은 그의 저서 『한국 문화서설』에서 한국적 휴머니즘의 원형으로서 소박한 인간 중심 사상을 들었다. 문화적으로 성숙하면서 역사 속에서 한국적 휴머니즘은 더 구체적인 인간성으로 부조하였다고 했다. 그렇게 부조된 인간성은 고구려형과 신라형 인간관의 두 가지 모습이라는 것이다. 고구려형의 인간성은 '힘의 인간', '강의의 인간'(강직하고 의지가 강한 인간), '초극적 인간'이었고 신라적 인간성은 '꿈의 인간', '조화적 인간'이라고 규정했다. 고구려는 힘의 평면적 공간을 확대했고 우리 민족정신에 힘의 전통을 세워 놓았으며, 신라는 아름다운 정신은 아름다운 육체에 깃들인다는 생각에서 외래문화인 불교의 법열을 받아들이고 유교의 실질적인 관념 위에 신흥 의욕에 불타는 국민적 야성을 혼연합일시켰다.[26] 고구려의 '대륙성'과 신라의 '해양성 꿈'은 우리 민족 문화의 2대 원천이요 이 두 정신의 근대적 집대성이 동학사상이라고 조지훈이 규정했다.[27]

저술가 김열규는 『한국의 문화코드 열다섯 가지』라는 책에서 한국인의 문화를 읽을 수 있는 코드는, ① 울음, ② 웃음, ③ 욕, ④ 물, ⑤ 불, ⑥ 소나무, ⑦ 마을, ⑧ 안방 ⑨ 숫자 등으로 들고 있다.[28] 그가 나열한 문화 코드를 보면 '울음, 웃음 그리고 욕'은 인간의 삶 자체라고 할 수 있는 희로애락의 표정이고, 물과 불, 소나무는 자연의 표상인 것이다. 그리고 그 나머지 코드도 사람[人]과의 관계가 있는 것이다. 저자는 한 개인이 몸짓하고 표정을 짓는 것은 사회와 문화에 의해 연출되는 것이며,[29] 몸짓이나 표정은 어떤 의미에서 언어보다 한결 더 짙은 그러면서도 원초적인 커뮤니케이션[30]이라고 규정했다. 또 울음은 웃음과 달리 의식을 이룰 수 있으며, 울음이 의례화될 수 있으며, 그 울음의 의례화의 현장이 다름 아닌 초상이고 울음 그 자체는 퍼포먼스라고 규정하면서 울음이 존재하는 현장으로 '영등 할미의 날'을 예로 들었다.[31] 이들 코드가, 즉 역사적으로 전래된 오늘 한국의 휴머니티라는 말이다.

이러한 한국인의 휴머니티를 집약적으로 표현할 수 있는 가장 효과적인 방법은 한국적 상징의 사용이다.

한국인의 상징세계는 음양오행설과 상당히 밀접한 관계를 갖고 있다.

『한국의 상징세계』라는 책의 저자 구미라는 "한국인의 상징세계를 數, 色, 꽃, 山, 새, 호랑이, 소, 龍으로 대분"했다. 이런 상징요소들이 거의 모두가 음양오행설에 연관되어 있음을 알 수 있다. 이들 요소들에 대해 일일이 나열할 수는 없지만, 수와 색에 대한 우리의 전통성을 간략히 열거해 보면 다음과 같다.

음양사상에 기초하여 우리는 수를 양수와 음수로, 길수와 흉수로 구분한다. 또 우리는 3이라는 숫자를 길수로 삼고 있고 또 민간 풍속에서도 최상의 수로 여긴다.

단군신화에서 보면, 환웅이 삼천 명을 거느리고 태백산에 내려왔고, 곰이 삼칠(3~7)일 만에 사람으로 화했고 천지인을 통합하는 제단 3위 거울·검·방울의 3개의 천부인 등 숫자의 개념이 유독 많이 보인다. 옛날 과거제도에서 문과의 정원은 33명, 독립선언문 낭독 33인, 화랑도 선발 33인 등, 3이라는 숫자에 의미와 상징성이 다 내포되어 있고, 그러한 개념이 우리 민족문화와 철학과 사상에 또 정서에 깊숙이 배어 있다.

색깔에서 보면 한국에서는 오행과 연관이 있는 색이 가장 두드러진 의미를 지닌다. 기본색은 민족의 색인 흰색이다. 흰색이 우리 민족의 사랑을 받게 된 것은 어제오늘의 일이 아니다. 위지(魏志)나 동이전(東夷傳) 등 고대 중국문헌에도 부여, 변한, 진한 때부터 한 민족이 흰옷을 일상복으로 입었다고 전하고 있다. 우리 민족의 사상적 밑바탕을 이루어 온 오행사상(伍行思想)에서도 동방은 청(靑), 서방은 백(白)이라 했다. 고대인의 태양숭배 경천사상에 따라 우리나라엔 고유한 사상이 형성되었다.

모든 빛깔 가운데서 가장 밝은 색 흰빛이 빛과 연관됨을 부정할 수가 없다. 옛날부터 가장 이상적인 인간상으로 청렴결백한 선비상을 꼽는데 청렴(淸廉)한 것도 결백(潔白)한 것도 바로 이 색의 이미지 흰색과 청색에서 비유된 것이다. 그래서 선비의 상징으로 푸른 소나무나 대나무가 등장한다. 또한 상복으로서 흰색을 선택하는 것은 사자의 저승길을 밝히기 위함이고 상주가 그 상복을 입음으로써 사자의 영혼이 좋은 세계에서 영생한다는 주술적 믿음이 담겨 있다. 이두 색깔 이외의 오방색의 나머지 색깔들, 즉 붉은색, 검은색, 황색도 우리 민족에게는 의미 있는 색깔들이다. 백색과 청색과 함께 오방색을 형성한다.

물론 색깔에도 양과 음이 있다. 청색과 적색이 양(陽)에 해당된다. 반면에 서방의 백색과 북방의 흑색은 음(陰)에 해당된다. 청색은 방위로 볼 때 동쪽이어서 양기, 생식, 창조의 의미를 띠고 있고, 적색은 남방이어서 온난하고 만물이 무성한 것으로 인식된다. 적색과 청색은 생명력과 힘이 충만한 양의 색깔이다. 이 중 적색은 벽사의 용도로도 사용되었다.

역사상 최초의 부적은 삼국사기에 나타난 신문왕 6년의 기록과 삼국유사의 처용설화에서 나타나고 있다. 이 기록에 색의 명칭이 명확하게 지칭되지는 않았지만 학계에서는 길흉요찰(길흉을 조정하는 나무 조각)과 벽사진경의 처용이 모두 붉은 글씨로 되었을 것이라고 주장하고 있다.

앞서 언급된 힘의 인간성이라고 한, 고구려형 인간의 색깔은 무엇이었을까 하는 생각도 해 볼 수 있을 것이다. 이럴 때 우리가 생각해야 하는 것은 일단 양(陽)의 색깔인 적색과 청색을 연상할 수가 있을 것이고, 그중에서도 태양과 같이 이글거리는 에너지를 표징하는 색깔이라면 청보다는 적을 더 지목하지 않았을까 싶다.

상징은 이런 논리적인 사고에 의해 창조될 수도 있다. 이러한 한국적 상징체계가 한국적 휴머니티를 표현하기 위해 사용됨은 당연한, 그러면서 아주 효과적인 표현수단일 것이다.

상징은 또 다른 기호나 마찬가지이다. 그 기호적 의미를 찾아서 표현하는 것이 또한 상징적 의미를 가진다 할 수 있다.

언젠가 신문지상에 5천 년 전 수메르 인들이 사용했던 가면이 발굴되었다는 기사가 난 적이 있다. 우리나라에서도 신라시대에 〈처용무〉를 출 때 탈을 사용했었다. 이렇게 가깝게 신라에서 멀게는 반만 년 전 수메르에서부터 인간이 탈-가면과 함께했다는 역사가 확인된다. 나는 여러 상징물 중에서 가면-탈에 아주 특별한 관심을 갖고 있으며, 작품의 창작에 이를 자주 사용하는 편이다.

이들 탈은 역사 속에서 다양한 목적과 계기의 축제와 의례 때 사용되었다.

초기 수렵기에는 아마도 사냥 때 동물에게 겁을 먹는 모습을 보여 주지 않기 위해서 사용했을 것이고, 왕권이 크게 확립된 시기에는 데스마스크(Death mask)로서도 사용되었을 것이다. 프랑스의 코메디아 델 아르테에서도 보면 현대의 어릿광대의 전신이었을 것으로 짐작되는 마스크를 쓴 캐릭터가 나오며 우리나라 봉산탈춤 등 탈춤에서도 다양한 형태의 탈이 사용되고 있다.

그럼 탈이란 무엇인가?

국어대사전(이희승 편저, 민중서관, 1981년)에 "① 종이·나무·흙 등으로 만든 얼굴의 모양, 가면, 마스크, ② 얼굴을 감추기 위해 뒤집어쓴 물건, 마스크, ③ 속뜻을 감추고 겉으로 거짓을 꾸미는 의뭉스러운 얼굴"이라고 정의되어 있다. 이 뜻에서 내가 관심을 가진 것은 ①과 ② 용도의 가면이다. 여기에서 가면을 썼다는 것은 "속과 관계가 없이 겉으로 드러나는 태도와 모습"을 의도했다는 것을 의미한다. 한국의 가면은 크게 신앙가면과 예능가면으로 나누어져 있다.

신앙가면은 고사만 지내는 신성가면, 악귀를 쫓기 위해 사용되는 구나가면으로 구분된다. 또 예능가면에는 무용에 사용되는 처용무 가면, 연극에 사용되는 산대가면, 해서가면, 오광대가면 등이 있으며, 이 밖에도 사용 목적과 기능에 따라 벽사가면, 의술가면, 영혼가면, 전쟁가면, 토템가면 등으로 분류된다. 탈을 씀으로써 본디의 얼굴과는 다른 인물이나 동물 또는 초자연적인 신에 이르기까지 나름대로 인격 내지는 신격을 이루어 내게 한다.

나는 무용수가 탈을 썼든지 쓰지 않았든지 간에 특정 배역에서 춤을 춘다는 것은 사실 가면을 쓴 것과 같다는 생각을 한다. 안무자가 준 배역을 소화하는 무용수의 작품 속 캐릭터는 분명 그 무용수 개인의 캐릭터(성품)와 판이하게 다를 것이다. 그만큼 무용수는 가면을 쓰지 않았지만 배역의 얼굴을 하고 공연을 하고 있는 것이다. 그러나 완전히 속과 다른 겉을 가면이라는 소품을 사용하지 않고 이루어 낸다는 것은 쉬운 일이 아닐 것이다.

1. 춤에서의 상징 그리고 분석에 관심을 가져라

상징에 대해 언급하면서 예술작품을 분석할 수 있는 요소, 즉 예술작품을 구성하는 요소에 대해 생각해 볼 필요가 있다. 앞에서 나는 안무를 하기 위해 남의 작품을 많이 보고 또 분석을 하라고 제안했었다. 이런 요구는 아무리 반복해도 무리가 아니라는 생각이 들어 다시 한번 접근해 보기로 한다.

일반적으로 미술을 평가할 때 우리는, 선의 리듬, 형태의 매스, 공간, 빛과 음영, 그리고 색채 다섯 가지 요소를 가지고 분석 평가를 한다. 그런데 움직임 예술인 무용에서는 또 다른 구성 요소가 있다고 생각된다. 왜냐하면 무용은 결코 미술처럼 정지해 있는 예술이 아니기 때문이다. 즉 시각적 속도와 에너지를, 그리고 음악이 주는 청각적 효과까지 고려되어야 한다. 그러나 일단 춤이 하나의 이미지에서부터 만들어진다고 가정하면서 스피드와 시간성을 고려하지 않는다면 창작 무용가는 위에 열거한 요소들부터 충족시키는 작업을 해야 할 것이다.

형태는 윤곽에 의해 결정되고 윤곽은 그 자체의 리듬을 가져야 한다. 형태의 매스, 공간, 빛과 음영은 밀접한 관계에서 고찰되어야 하고, 이런 요소들이 공간에 대한 예술가의 느낌에 미치는 전체의 모습이며, 매스(질량)는 웅고한 공간이며, 빛과 음영은 매스가 공간과 관계에서 나타내는 효과이다. 공간은 결국 매스의 역에 불과하다. 공간은 매스의 크기에 반비례한다는 의미이다.

역사적으로 최초의 예술-혈거인의 예술-은 윤곽으로써 시작되었다. 외형을 그리려는 욕망에서 예술이 비롯되었고, 그 최초의 윤곽 그리기 이후 외형 그리기는 아직도 예술의 가장 본질적인 요소로 남아 있다. 단순한 매스에서만이 아니라 조각처럼 윤곽을 가진 매스에서도 마찬가지이다.

선은 윤곽을 나타내기도 하지만 운동감과 매스 두 가지를 다 표현할 수 있다. 선의 가장 뚜렷한 특징은 매스나 입체를 암시할 수 있는 능력이다.

춤 작품에서 상징을 크게 나눈다면 가장 기초적으로는 선과 형태가 이미지를 만들어 내며, 이런 선과 형태가 공간 속에서 매스와의 관계를 만들고, 빛과 음영의 효과를 만들어 낸다. 무용가가 공간 속에서 선과 형태를 만드는 방법은 두 가지이다. 하나는 춤의 일차적인 도구인 신체를 움직여서 만드는 것이고 또 다른 방법은 상징물을 사용하는 방법이다.

신체를 움직여서 의도하는 형상을 만들기도 하고 이미지를 만들기도 한다. '우쭐대는 신사', '촌닭 같은 양반'을 표현하기 위해 닭이 목을 빼면서 걷는 동작을 한다고 가정하자. 그것은 닭의 움직임을 몸으로 그려 내는 의태적인 동작이다. 그런 의태적인 동작을 사용해서 촌닭과 같은 인물을 상징하도록 할 수 있다.

반면에 한국 무용 〈학춤〉에서는 학 모습의 분장을 입고 학의 움직임을 모방하는 의태적인 춤을 춘다. 이는 앞서 예시한 '촌닭 같은 양반'을 연출한 신체에 의한 상징적 이미지가 아니라 학 모습의 상징물을 통해 호소적인 표현을 만들어 내는 것이다.

작품 속의 상징물은 관객의 마음 안에서 예술가가 의도한 반향을 불러일으킬 때 '예술 표현적 상징'으로 인식될 수가 있다. 다시 말하면 사용된 상징이 시각적으로 단순한 사물로 보이는 것이 아니라 그 사물을 통하여 외적으로 보이는 것보다 훨씬 더 깊은 현실과 감정이 보일 때 상징이 예술적으로 진정한 의미를 갖게 된다.

내가 상징물 중에 가장 많이 애용하고 앞으로도 수없이 사용하려는 상징물들은 앞서 언급했던 한국인의 정서와 연관된 상징물들, 그리고 그것의 기호적인 의미가 담긴 것들이며 그다음이 탈-가면이다.

천형 그 생명의 수레 1999.©송인호

　그동안 나는 1987년 발표한 〈사리의 나들이〉에서 1995년 작품 〈꿈, 탐욕이 그리는 그림〉에서, 1997년 작품 〈피의 결혼〉에서 2005년 발표 〈삶꽃, 바람꽃 III〉에서, 또 2006년 〈다시 새를 날리는 이유〉, 〈신부〉 등 그 외에도 여러 작품에서 가면을 사용했었다. 그리고 1999년 작 〈천형, 그 생명의 수레〉에서는 가면으로 표현되었어야 하는 부분을 샤막을 이용했고 거기에 꼭두인형들을 활용함으로써 가면과 같은 표현 콘셉트를 가지도록 했었다. 미술에서는 "상징은 관객의 마음속에서 공명하는 어떤 것이 되며 그리고 작품 그 자체는 작품이 포함하고 있는 상징의 단순한 합보다도 더하다"는 것이 정설이다. 이는 다른 말로 하면, 상징을 사용한 작품이 주는 감동은 사용한 상징의 숫자를 다 합한 것보다 월등히 더 크다는 것이다. 바로 이런 이유 때문에 나는 탈-가면의 사용을 즐겨한다.

내가 매우 즐겨 사용하는 가면에 대해, 시인 김지하는 "탈-가면은 神이다"라고 규정했다. 그는 탈춤에 대해 "몸은 보이는 대로의 몸이 아니다. 몸은 영체(靈體), 기체(氣體), 신체(身體) 세 가지 몸으로 구성되어 있고, 그 몸을 정체시켜 놓은 상태에서 우리 눈에 파악되는 것이 바로 신체, 즉 물질이다. 탈춤 안에서 몸은 부단히 움직이므로 그렇게 몸을 움직이게 하는 것을 영(靈)으로 봐야 한다. 몸 안에 천지(天地)가 하나로 되어 있다면, 지(地)가 신체이며, 천(天)이 영체이다. 그리고 몸이 (천지인의) 인(人)이라면 이때 탈춤에서의 탈은 天에 해당하고, 地에 해당하는 것은 몸이며, 人에 해당하는 것은 춤이란다. 상징물 탈이 천-하늘에 대항하는 이유는 탈은 애당초부터 풍류장 이전의 솟대에서부터 神이라고 봤기 때문이다"라고 설명한다. 김지하는 여기서 상당히 중요한 얘기를 하고 있다. 김지하는 "탈춤의 극적인 전개과정에서 가면은 반드시 전형성을 의미하게 되며, 이 전형성은 개별적 성격의 것이지만 그러나 사회적 포괄성 측면에서 보면 하나의 에토스, 즉 사회정신이다"라고 정의했다. 그는 가면은 天-하늘, 눈에 보이는 가시적인 질서나 움직이는 그물망 등으로서 몸이 地-땅, 이 탈을 쓰고 몸을 가지고 움직이는 신명의 기적(氣的) 활동이 춤이라고 규정했다. 그리고 탈춤이 마무리되면서 또 개방되는 새로운 차원 또는 우리 마음 안에 생성되는 어떤 감동의 영역을 恨이라고 했다. 그만큼 가면이라는 소품을 통해 '속과 관계없이 겉으로 드러나는 태도와 모습'을 연출해 내는 것이나 김지하가 말한 '하늘과 땅과 신명의 기(氣)적 활동'이 있는 탈을 쓴 춤 움직임은 깊이와 폭을 더해 준다는 것에 나도 믿음을 가지고 있다.

첫 번째 언급했던 여러 의미의 기호적 상징으로서 연결된 나의 작품 〈슬픈 바람이 머무는 집〉은 스페인의 비극적인 시인 가르시아 로르카의 〈베르나르다 알바의 집〉이 원전인 작품이다. 여성만으로 구성된 한 가족과 그녀들에 관련된 한 남성 간의 사랑과 애욕과 고뇌와 갈등 그리고 죽음이 박경리의 소설『김약국의 딸』들을 연상하게 했다. 언어와 환경이 다른 상황에서 살지만 인간들은 다 비슷한 생각과 관습 속에서 산다는 생각을 하면서 나는 그 원전의 스토리를 춤화했었다. 작품의 도입부 무대는『김약국의 딸들』에 나오는 대나무들을 호리존에 세웠고, 무덤 모양으로 만든 둥근 통이 놓인 무대를 설정했었다. 그 통 아래서 사람들이 기어 나와 그 통을 사이에 두고 움직임을 하고, 그 통이 옮겨져 호리존으로 세워 걸리면 그것이 밤의 달을 상징하도록 의도했었다. 이런 표현은 안무자로서 내가 의도한 상징이었다. 우선 무덤같이 생긴 둥근 통, 그것에서 사람이 계속 기어 나오는 것은 죽음과 삶이 하나라는, 그 둥근 통이 어머니의 배 속도 되고, 나중에는 죽어서 들어갈 무덤도 되며, 그 속에서 사람들이 나오는 것부터 설정한 것 자체가 삶의 윤회라는 의미/메시지를 관객에게 미리 전달하고 있다. 또 무덤 같은 통이 하늘에 걸리면 달이 된다. 그 달이 무대 하수에서 상수로 이동되는 것은 시간의 흐름을 상징하기도 하고, 또 달은 여성이요, 달은 음기이며 생명의 잉태를 상징하기도 한다. 다시 하늘에 걸렸던 통이 땅으로 이제는 커다란 그릇 모양이 되도록 도입부와 반대로 뒤집어 내려 놓으면, 그것은 인간들이 사는 가옥이나 목욕 혹은 씻김을 하는 성스러운 장소가 될 수가 있다. 나는 그 뒤집어 놓은 둥근 통 속에서 남녀가 물로 의식을 치르도록 했고 출연 남녀들이 짝을 이루며 그 통 속에서 씻김을 당하도록 의도했었다.

이 작품에는 구도적으로 다양한 변화를 주면서 이미의 스피드를 위해 무용수들이 롤러스케이트를 타고 등장시켰다. 이런 표현은 이미지의 스피드만이 아니라 무대의 폭을 더욱 확장시키는 의미가 있다.

슬픈 바람이 머문 집 2001.ⓒ송인호

클라이맥스로 의도한 부분은 둥근 통 속에서 두 남녀의 듀엣 장면이다. 남녀는 잘반으로 자른 공 같은 둥근 통 속에서 사랑의 춤을 춘다. 낭만이 느껴지는 사랑의 춤이 아니라 불안함이 내포된 사랑의 춤이다. 왜냐하면 그들은 밸런스가 잡히지 않는 '불안정한 통'의 흔들림 속에서 춤을 추기 때문이고, 그 불안정한 춤이 인간의 운명, 사랑의 운명처럼 영원한 행복만 있지 않은, 언제든지 흔들리지 있는 운명을 웅변하는 표현이다. 그리고 마지막은 통 속으로 무용수들이 들고 들어온 물을 서로에게 붓는다는 장면이다. 물은 생명을 존속시키는 모든 것의 힘이며 육체는 물로 채워졌고 생명의 탄생도 역시 물속에서 이루어지는 것, 그래서 모든 것을 씻어내는 물로서의 춤의 의미, 정화의 춤, 씻김의 춤을 상징하면서 물을 몸에 붓고 무대 뒤로 사라진다. 무용수들이 사라지면 무

춤으로 삶의 집을 짓다

피의 결혼 1997.©송인호

대에는 물이 찰랑이는 둥근 세트만 남는다. 조명은 그 둥근 통만 Spotlight로 비친다. 마치 윤회의 의미를 암시하듯이 막이 내린다. 이 작품의 강한 극성과 상징이 물과 무덤 같은 둥근 통을 통해서 관객이 느끼도록 했던 작품이다.

가면을 활용한 나의 작품 중에서는 역시 가르시아 로르카의 동명의 원전을 활용한 작품 〈피의 결혼〉이 있다. 가르시아 로르카의 〈피의 결혼〉은 연극으로 세계의 많은 나라에서도 공연되고 있고 스페인의 까를로스 사우라 감독이 플라멩코 영화로 1980년에 만들기도 했었지만 창작무용가에 의해 춤 작품화되었다는 얘기는 아직 없는 원전이다. 작품 속에 있는 삼각관계나 혹은 작가 가르시아 로르카의 문제가 춤으로 그려 내기 어렵다는 이유 때문일 수도 있을 것이다.

나는 이 원전 〈피의 결혼〉을 춤 작품화하면서 한국적 상징물을 찾아 사용했다. 일단 이야기의 전개를 위하여 나는 세 가지 한삼을 사용했다. 결혼을 의미하는 색동한삼, 죽음을 예고하는 검은색 한삼, 그리고 죽음 후의 제례를 의미하는 삼베 한삼 등 이미 그 의미가 확정된 공개적인 상징들을 섞어 사용하면서 관객들이 안무자가 의도하는 이야기를 상상하도록 했고, 그 끝에는 전체가 무동처럼 모두 한 손에 삼베 한삼을 들고 춤을 추도록 했다. 또 죽음을 상징하는 데스마스크(Death Mask)와 상복 그리고 상징물의 움직임을 고안해 내었다. '정부와 줄행랑을 친 사랑의 도피'를 쫓아가는 표현으로 바퀴가 달린 나무들을 고안해 사용했다. 무용수들이 나무를 밀고 다니면서 하는 행위가 '숲 속의 변화'로 의미하도록 의도된 것이었고, 도망간 연인들의 죽음을 표현하기 위해 데스마스크를 하고 삼베 상복을 입힌 인형을 갑자기 무대로 떨어뜨림으로써 죽음도 표현했고 또 관객에게 충격을 주는 의도를 했었다.

상징주의는 낭만주의 속에서 발생했다. 낭만주의자들 중에서 일부는 낭만주의가 갖는 제한에 반발하였고, 또 한편은 세기의 전환점이며 변화를 모색하였다. 표현 참고를 하는 외적인 프레임이 파괴되자 불변의 질서 개념이 포기되어 버린다. 객관적으로 감지된 세상에 대한 유효성과 권위가 의문 속에 빠지게 되었고 필연적으로 주관주의, 주관성이 우세하게 된다.

이 새 독트린의 기본은 예술적 용어로 말하자면, 상상의 우위(Primacy of imagination)이다. 평론가 도더머(Dodmer, 스위스)는 이미 1741년경에 "상상은 세상의 모든 마술사들보다 낫다"라고 말한 바 있다.

일반적으로 사람들은 예술작품에서 일정한 개인적인 요소를 기대한다.즉 독특하고 개인적인 세계상을 보여 주기를 기대한다.

예술작품은 예술가의 감수성에 의해 살린 패턴이라고 정의되는데 창작을 한다는 것은 바로 그 창작가의 감수성에 의해 살린 패턴이고 그 패턴을 관객에게 보여 줌으로써 그 작품이 관객을 '움직이고' 순간적인 미적 감상을 용인하게 한다.

그렇게 관객은 감정이입을 느끼게 되는 것이다. 말하자면 속으로 느끼게 된다.

나는 바로 이렇게 관객의 감정이입을 유발하기 위해 상징이라는 의미가 집약된 비언어적 예술표현 언어를 사용하는 것이 효과적이라고 믿으며, 상상을 통해서 만들어 낸 표현에 도달하기 위해 말라르메가 말한 것처럼 상징을 사용한 암시수법을 계속 사용해 볼 생각이다. 한국의 경우, 태극, 오방색, 탈, 십장생 등 수많은 상징물이 있으며, 이런 한국적 상징의 사용이 무용작품에서의 표현성을 넓게 하리라고 믿는다. 특히 '상상이 마술보다 낫다'는 측면에서 보면 한국적 상징의 사용과 작품의 공연은 외국인 관객들에게 상상을 불러일으킬 가능성을 키울 것이다.

다만 오늘의 예술가들은 이미 정해진 상상만이 아니라 작가가 원하는 의미가 내재된 새로운 상징의 표현을 개발할 필요성이 있다.

칸딘스키는 "위대한 회화적 대위법은 순수한 예술로서 신성한 임무를 다하는 것이며 이를 위해 세 가지의 내적 필연성이 있다"고 주장한다. 즉 ① 창조자로서의 모든 예술가는 자기의 고유성을 표현하지 않으면 안 된다(개성 요소). ② 시대의 아들로서의 예술가는 자기 시대의 고유성을 표현해야만 한다(내적 가치에서의 양식 요소는 시대의 언어와 민족 자체가 존립하는 한에 있어서의 민족 언어의 양자에서 성립된다). ③ 예술의 봉사자로서의 예술가는 예술 일반의 고유성을 표현하지 않으면 안 된다(모든 인간과 민족과 시대를 관통하는 순수-영원한 예술적인 요소는 각각의 예술가와 민족과 시대의 예술작품에서 보인다).

이 칸딘스키의 주장에서의 키워드, 즉 '예술가 자기의 고유성, 예술가 시대의 고유성, 그리고 순수 영원한 예술만이 영원할 것' 등은 나의 상징 사용 주장과 맥을 같이하고 있다. 상징의 사용을 통해 예술가의 고유성도, 예술가 시대의 고유성도, 또 예술 순수성도 확대할 수 있기 때문이다.

시적 감흥과
춤

●

　　"나로 하여금 창조적 지능을 발휘하게 한 매개체는
과거나 현재나 그리고 앞으로도 춤이다. 춤을 통해 나는 창작과 창조가 가능
했다. 춤 속에서 시를 발견했고, 춤을 통해 마음속에 떠오르는 환상에 형체와
윤곽을 부여했다. 그리고 나는 인간에 관해 인간을 소재로, 인간을 위해 춤을
구성하고 만들고 다듬는 작업을 했다." _마리 뷔그만. 1934

　뷔그만이 말하는 '춤 속에 시', 바로 그 시를 창조할 수 있는 재료는 무엇이
었을까. 여러 가지 재료가 있을 것이다. 춤 속에 시를 발견하게 하는 요소가 바
로 시(詩)라면, 주제가 되고 있는 '시적 감흥'의 정의를 먼저 파악해 봐야 한다.
모든 예술가들이 창작을 하기에 앞서 영감을 받는다고 말한다.

　시인도 화가도 시를 쓰기 전 혹은 그림을 그리기 전에 주제에 대한 영감이나
이미지가 머리에 떠올라 시를 쓰거나 그림을 그릴 것이다. 또 시를 읽는 독자나

그림을 감상하는 관객도 그 시/그림에서 '어떤 느낌'을 받을 것이다. 만약 그 독자/관객이 타 장르의 예술가라면 그 '어떤 느낌'은 다른 예술로 표현하고 싶은 욕망의 동기가 될 수 있을 것이다. 바로 다른 예술로 표현하고자 하는 그 느낌을 시적 감흥이라고 정의할 수가 있다.

무용가들도 창작을 위해서 예술적 감흥을 찾는 노력을 한다.

독일 스튜트가르트 발레단의 예술 감독이었던 존 크랑코의 발레 〈오네긴〉은 러시아의 시인 푸시킨의 동명의 시를 원전으로 한 작품이다. 푸시킨의 시들도 많은 타 예술가들에게 영감을 주는 재료였지만, 특히 오네긴은 오페라로 또 발레로 그리고 영화로도 만들어져 계속적으로 공연되어 왔다.[32] 시인 김소월이나 서정주의 시는 나를 포함한 많은 한국의 예술가들에게 창작의 원전/영감이 되었다고 믿어진다. 이들의 시를 읽은 독자가 나처럼 무용가였다고 가정하면, 이 무용가도 자신이 읽은 시에서 어떤 형태의 감흥을 받을 것이다. 어떤 시에서는 '좋군' 하고 느낄 것이고, 또 다른 시에서는 시인이 노래한 주제와 감정을 매우 절실히 혹은 아주 덤덤하게 느낄 것이다. 같은 시를 읽으면서도 서로 다른 감동/느낌을 받는 것은 그 시를 읽은 무용가/독자가 처한 환경과 경험과 기호 때문이다. 특정한 경험이나 특정한 감성 혹은 특별한 시점/환경에 따라 읽은 시에서 받은 인상이 더 절실하거나 혹은 더 무신경하게 느끼게 될 것이다.

시를 읽은 무용가가 시를 원전/영감의 원천으로 하여 무용작품을 창작한다고 생각해 보자. 이때 무용가가 춤을 만들기 위해 떠올린 영감과 이미지가 시인이 시를 쓰면서 느낀 영감과 이미지와 같은 것일까 혹은 다른 것일까? 춤을 만들고 싶다는 욕망을 느낀 무용가는 무엇을 머리에 그리고 있을까?

그 해답은 시에서 느낀 이미지, 즉 무용가에게 유발된 '시적 감흥'이라는 것이다. 시를 지으면서 느낀 시인의 감정과 무용가가 시를 원전으로 한 작품을 만들 때 무용가에게 유발된 시적 감흥이 춤 작품에 어떻게 반영되고, 춤 표현에 어떤 영향을 줄까 하는 것을 생각해 보면 시에 대해 또 다른 의미를 느끼게 된다.

나는 안무가로서 약 40년간 창작을 하면서 타 예술에서 창작의 소재를 많이 찾아왔다. 시도 그림도 또 종교(철학)도 나에게는 창작을 접목하는 원천이요 소재가 되었고, 그런 것을 자주 가까이하고 그것을 생각 속에 담으면서 다른 안무의 길을 발견하게 된다고 믿어진다.

인사동 골동품상엘 가면 꼭두인형들이 전시되어 있다. 옛날 상여에 장식하는 민속품들이 투박한 우리 정서로 가까이 다가오는 (정신적) 경험을 한다면, 아마 우리는 이제는 거의 사라졌지만 문학작품에서나 나올 법한 시골의 동네 이미지를 떠올릴 수 있고, 그 동네 입구에 서 있는 장승들을 떠올릴 수 있지 않을까? 이런 생각의 굴레가 나에게 작품 〈장승과 그림자〉의 작품의 원전이 되었다. 시도, 그림도 이런 생각의 굴레, 위에서 언급한 학문적 용어로 설명하자면 '시적 감흥을 유발시키고, 그것'에 의해 창작 욕구를 발생, 창작을 하게 되는 것이다.

춤 창작은 추상적인 이미지 창작이다. 시적 감흥이라는 것 자체도 형체가 없는 것이다. 그렇다면 그 시적 감흥, 즉 창작의 욕구를 유발시킨 시적 감흥이 무용가에게 추상적인 춤 창작에 더 쉽게 다가올까 하는 의문을 가질 수도 있다.

이런 의문에 대한 대답은 춤의 구성을 위한 창작가의 상상의 폭과 연결된다고 믿어진다. 짧은 시, 집약적인 시를 단순히 추상적인 이미지춤으로 만들 수도 있을 것이고 혹은 그 짧은 시에 함축된 스토리를 상상적으로 풀어서 '스토리 단락이 있는' 춤으로 만들 수가 있을 것이다. 반면에 소설이나 신화와 같은, 스토리가 있는 소재를 춤으로 표현하는 경우에는 주제가 좀 더 구체적으로 파악되고, 스토리의 전개를 춤의 단락으로 표현할 수가 있을 것이다. 어떻든 극도로 자제되고 농축된 언어로 표현된 시를 춤으로 표현하는 것은 스토리가 있는 소재를 춤으로 풀어 가는 것과 분명한 차이가 있지만 소설도 결국 춤으로 표현할 때는 시적 의미로 안무되어야 한다는 것이 나의 생각이다.

1. 무용은 시다. 시를 지어라

어떤 소재이든 '무용은 시다'라는 생각에서 안무를 해야 한다는 것이 나의 생각이다. 나의 안무작 〈다시 새를 날리는 이유〉, 〈천형 그 생명의 수레〉, 〈슬픈 바람이 머문 집〉 등은 시가 아닌 소설들, 토니 모리슨(Toni Morrison, 1931~)의 『재즈』, 빅토르 유고(Victor Marie Hugo, 1802~1885)의 『노트르담의 꼽추』, 페데리코 가르시아 로르카의 『베르나르다 알바의 집』이 각각 원전이 된 작품이지만, 나는 이 작품들을 시화(詩化)된 춤이라고 규정한다. 그리고 〈국화 옆에서〉, 〈삶꽃 바람꽃Ⅲ-신부〉, 〈비나리〉, 〈호곡〉, 〈다른 꽃 한 송이〉, 〈징깽맨이의 편지〉, 그리고 〈진달래꽃〉 등은 원전이 모두 시인 작품이지만 '단순한 추상 이미지춤'이 아니고 함축된 스토리를 가진 '추상춤' 작품들이다. 그런 의미에서 나는 '춤이 모두 詩다'라는 말을 강조하고 싶다.

춤 작품 〈진달래꽃〉에는 시인 김소월이 쓴, 사랑을 노래한 시 6편에서 느끼는 나의 감흥이 춤으로 재창작되어 있다. 춤 작품 1장에는 시 〈진달래꽃〉, 춤 작품 2장에는 〈먼후일〉, 〈못잊어〉, 〈예전엔 미처 몰랐어요〉, 〈무덤〉이, 그리고 마지막 3장에는 〈초혼〉이 원전으로 사용되었고, 이 시들의 느낌을 춤 작품의 단락으로 나누어 연결했다. 이렇게 여러 시를 한 작품에 엮은 나의 시도는 이 〈진달래꽃〉에서 처음이었다.

상식적인 설명일 수가 있지만 한 편의 시와 여러 편의 시를 대본으로 사용하는 것에는 분명한 차이가 있다. '느끼는 감정의 범위'가 다르며, '표현할 수 있는 감정의 범위'도 다르다. 또 시의 연결을 통해 스토리화가 이루어질 수 있다는 차이점도 있다.

한 편의 시에서 느낀 감흥을 춤으로 표현한다고 했을 때 시가 주는 감정의 범위가 한정되어 있고 좁은 편이다. 안무자가 한 편의 시에 주로 표현된 감정보다 '그 이전의 감정'과 '그 이후의 감정'까지 춤으로 표현하고 싶다고 하는 경우에는 시에 쓰여 있지 않은 부분의 감정에 대해서는 시적 감흥에 의존하는 것이 아니라 나의 상식이나 일상적인 감정과 느낌으로 창조할 수밖에 없을 것이다.

그러나 작품 〈진달래꽃〉에서 나는 표현하고자 하는 감정의 모든 범위의 감흥 전부를 소월의 시에서 찾았고, 그 시들을 가지고 춤 작품의 단락으로 만든 것이다.

이런 작업의 장점은 상식적이고 일상적인 감정을 춤 작품으로 하는 것이 아니라 타 예술가, 말하자면 시인이 만든 감정과 감흥을 무용가가 2차적으로 향수(享受)하면서 느끼는 예술적이고 전문적인 감흥을 작품화하는 것이라고 생각할 수 있다.

2. 표현 필요성에 의한 캐릭터 창조

"회상의 정서는 시의 가장 기본적인 정서이다. 사람은 시간의 강물을 따라 살면서 지나온 삶의 흔적을 되돌아본다. 거기에는 슬픔과 아쉬움, 기쁨과 보람들의 감정이 다양한 색상으로 얽혀 있다. 따라서 과거의 회상은 그 자체가 강력한 시적 정취를 지니게 된다"[33]는 관점에서 소월의 6편의 시에서 받은 시적 감흥을 춤으로 표현할 때 시에 주로 표현된 감정 이전과 이후의 감정을 생각지 않는가 하는 질문을 하고, 사실 이런 문제가 실제 안무과정에서 또 다른 문

춤으로 삶의 집을 짓다

제로 떠오를 수 있다고 믿는다.

시와 춤 안무의 구성의 이해를 돕기 위해 나의 〈진달래꽃〉의 안무 표현에서의 실제적인 예를 들어 설명해 보면,

춤 작품 〈진달래꽃〉 1장 첫 장면에 나는 '떠난 님'의 존재를 설정, 화자에 의해 그것을 관객에게 전달했다. 이 내용은 시에는 없는 내용이고 장면이다. 이는 화자가 현재 느끼는 감정 이전의 표현을 상식적인 감성으로 표현한 것이 아니라 단순히 무대 표현상의 필요성 때문에 설정한 이미지 캐릭터였다. 보다 예술적이고 전문적인 감흥을 관객에게 주기 위해서는 '이미 떠난 님'의 무대 위의 가상적인 존재가 '회상의 정서'의 요소/표현으로써 필요했던 것이다.

'시의 세계'를 보면 1922년 7월 '개벽'지를 통해 처음 시를 발표한 김소월이 불과 5~6년간의 문단 생활을 하면서 154편의 시를 발표하여 한국인의 정신세계를 풍요롭게 했다고 되어 있다.

김소월은 자연과 인간이 대립적인 관계가 아니라 자연을 자신의 감정을 투영하는 대상으로 삼고 있다. 자연을 통해 자신의 심정을 여과하고, 마음을 가다듬는 기회를 가진다. 부드러운 언어를 사용하고 자유롭게 그 언어를 구사하는 김소월의 시에는 자연과 사물을 응시하는 감성이 느껴지고, 또 그의 심성을 전달하는 힘이 느껴진다. 김소월은 작은 신이 되어 시 속에서 창조하고 창조하는 자유를 획득하는 사람이 되었던 것이다.

3. 춤 속의 작은 신이자 창조하는 자유인이 되어라

시인이 시 속에서 작은 신이 되고 자유로운 창조자이듯, 무용가도 춤 속에서 작은 신이 되어 창조하고, 창조하는 자유인이다.

춤 속에서 창조하는 작은 신, 안무가가 소월의 〈진달래꽃〉, 〈먼후일〉, 〈못잊어〉, 〈예전엔 미처 몰랐어요〉, 〈무덤〉, 〈초혼〉 등 6편에 있는 이미지와 표현이 나의 춤 표현에 어떻게 전개되었는지 다소 이론적으로 비교/전개해 봄으로써, 원전을 춤화하는 과정을 독자들, 즉 미래의 안무가들이 이해할 수 있지 않을까 싶다.

시의 이미지란 무엇인가?

시의 이미지는 어떤 사물이나 형태가 시를 쓰는 시인의 마음에 떠오르는 언어에 의한 구체적인 상(像)이다. 즉 어떤 형상이 시각, 청각, 미각, 촉각 등 감각작용에 의해 기억되었다가 언어의 연상작용에 의해 환기되는 모든 영상, 그것이 바로 심상이다. 그러나 감각작용에 의해 기억되었다가 상기되는 영상이 심상이 되기 위해서는 그 심상이 반드시 새롭게 창조된 것이어야 하고, 또 강한 정감이 일어나는 요소가 되어야 시의 이미지인 심상이 된다.

심상에는 색채와 명암과 같은 시각적 심상, 소리의 크고 작음이나 음악성 같은 청각적 심상, 냄새를 표현하는 후각적 심상, 맛을 표현하는 미각적 심상, 몸에 와 닿는 감각을 묘사하는 촉각적 심상, 그리고 여러 감각이 복합적으로 작용하는 공감각적 심상 등이 있다고 할 수 있다.

시에 사용되는 낱말 자체가 냄새나 맛을 내재하고 있어 후각적 심상 혹은 미각적 심상이라고 정의 내리는 것이 아니라 시인은 냄새나 맛을 내도록 언어적인 마술을 부리기 때문에 마치 심상이 표현된 시어에 그 냄새나 맛이 서려 있는 것처럼 느껴진다고 할 수 있다.

예를 들어 보면, "어마씨 그리운 향그러운 꼬지짐"이라고 표현하거나 "달콤한 사랑"이라는 표현에서 음식인 지짐에 '향그러운' 냄새가 있고 무형적인 사랑에 '달콤한 맛'이 있는 것처럼 느끼게 하고, "분수처럼 흩어지는 종소리"라는 표현에서 보면 마치 종소리가 분수대의 뿜어대는 물보라가 퍼져나가듯 흩어져가는 표현을 함으로써 이 시구를 접하는 사람은 종소리라는 청각적인 요소를 분수대의 물이 흩어지는 것같이 퍼져나가는 소리의 시각적 이미지를 느낄 수 있게 된다. 시인들은 시의 이미지가 된 심상을 표현하기 위해서 위의 예에서 보는 것과 같이 시적인 비유나 상징이라는 방법을 다양하게 사용하고, 그 다양함만큼 시어도, 표현도, 다양하고 풍부해진다.

비유에는 본래의 관념을 '~처럼 혹은 ~같이'(예: 내 누나같이 생긴 꽃이여)와 같은 표현을 사용하는 직유, 아무런 매개체도 없이 'A=B다' 하는 형식의 은유, 생물이 아닌 것을 생물인 것처럼 쓰는 활유, 본래의 관념은 뒤에 숨고 풍자적으로 비유하여 독자가 상상하도록 하는 풍유, 사물이나 관념에 사람의 속성을 부여하여 인격적인 존재로 표현하는 의인, 개념이나 속성의 한 부분으로 전체를 대신해 나타내는 비유법인 대유 등의 방식이 있는데, 이 대유는 또다시 나타내고자 하는 대상의 일부로 그 대상 전체를 나타내는 제유(예: 빼앗긴 들=잃은 조국)와 나타내고자 하는 대상을 그리기 위해 그것의 속성을 지닌 사물을 끌어들이는 환유(예: "흰옷이 보고 싶어요"에서 흰옷=우리 민족) 등 방식이 있다. 시인은 이런 비유의 방식을 통해 사물과 형상이 만드는 심상의 표현을 다양하게 한다.

그다음으로 시인은 시적 표현성을 높이는 방법으로 시적 상징을 사용한다. 시인이 가지고 있는 독특한 정서를 독자에게 전달해서 감동시키려는 방법이 시 언어를 통한 형상화 작용이고, 이 이미지가 지니는 언어적 한계를 무한히 넓혀 언어 이상의 본질적·실체적 세계로 이끌어 가는 작용이 시에 있어서의 상징적인 수법이다.[34]

태극기가 대한민국을 상징한다는 것은 설명하지 않아도 알 것이고, 바로 이 예가 상징의 개념을 한마디로 설명하는 것이라고 할 수 있다. 상징물도 그 원천이나 사용 원인에 의거하여 이론적으로 분류할 수가 있다. 태극기로 한국을 상징하는 상징물을 제도적 상징물이라고 하며, 특수한 문화를 배경으로 해서 그 구성원들이 오랫동안 공유해 오는 사회적 제도나 관습에 의해 그 의미가 형성되는 것을 관습적 상징물이라고 한다. 예를 들면 십자가가 구원을 상징하고, 비둘기가 평화를 상징하는 것은 오래전부터 관습적으로 사용해 왔기 때문에 상징물이 되는 것이다. 또, 해는 희망, 밤은 절망의 뜻이 있는 것은 자연적인 상징물이다. 풍자적인 혹은 우의적인 상징물도 있다. 이것은 우리 생활의 어떤 면을 환기시켜 풍자적이거나 우의적 의미를 가지게 되는 것인데, 예를 들면 달=님, 국화=고결한 품격과 같은 것이 우의적 상징이라고 할 수 있다. 또 남들이 모르는, 아는 것에 기초하지 않은 추상적인 뜻을 암시하도록 임의적으로 만든 개인적인 상징도 있으며, 또 의미를 지닌 존재로서의 상징, 예를 들면 흰색은 순결을 의미하는 것과 같은 문화적인 상징 등도 있다.

내가 춤의 자료로 쓴 소월의 시 〈예전엔 미처 몰랐어요〉에서의 예로 이런 점을 설명하자면, "봄가을 없이 밤마다 돋는 달도 예전엔 미처 몰랐어요"는 상징을 사용한 전형적인 부분이다. 즉 달=님이라는 우의적 상징일 수도 있지만, 김소월은 '님'이라는 것을 통해 다룬 개인적이고 임의적인 상징으로 사용하고 있다.

이런 표현은 달이란 상징을 통해 시 속에서의 화자가 기리는 사랑하는 님이 표현되어 있는가 하면, 동시에 소월이 암시하고자 한, 말하자면 잃어버린 조국이라는 비유적 상징까지 의미하고 있다고 해석을 해야 한다. 이것은 상징의 다의적인 사용일 수도 있지만 소월은 자신의 심상을 표현하기 위한 방법으로서의 비유나 상징을 중복 사용하면서 표현을 풍부하게 하고 또 표현을 축약시키고 있다고 할 수 있다.

소월과 동시대의 많은 문인들이 서정시를 쓰면서도 그 시 속에서의 님은 사랑하는 님만이 아니라 잃어버린 조국을 상징하는 의도적인 표현을 많이 했었다. 김소월의 시대에 '조선주의'라는 생각이 문학인들 사이에 팽배했었기 때문이다. 변영로의 〈조선의 마음〉이나 양주동의 〈조선의 맥박〉이라는 것이 이런 경

춤으로 삶의 집을 짓다

향을 증명하는 것이다.[35] 이런 사조 속에서 소월은 '조선'이라는 단어를 사용하지 않으면서도 더 진한 조국의 산하를 느끼게 하는, 말하자면 국민감정에 호소하는 시들을 썼던 것이다.

일반적으로 자연주의적 경향의 시인들은 자연을 많이 노래한다.

김소월의 〈진달래꽃〉 역시 "영변에 약산 진달래꽃……"이라고 노래하면서 시인의 고향 영변의 자연을 노래하는 것처럼 보인다. 그러나 이 시는 자연을 노래하는 것만이 아니다. 더더욱 소월의 시적 감흥의 자료는 영변의 자연이 아니다. 자연 그 자체를 노래하는 것이 아니라 자연을 보고 객관적으로 느낀 것을 자연과 다른 언어로 주관적으로 재창조하면서 시를 썼다. 진달래라는 조선 땅에 지천으로 깔린 자연 속의 꽃을 시 속의 표상으로 선택하였다. 이런 관점에서 보면 시적 감흥의 자료는 소재(자연) 그 자체가 아니라 시인의 머릿속에서 이루어지는 이미지, 느낌인 것이다.

그렇다면, 자연과 다른 새로운 언어를 만들어 내는 것은 바로 시인의 감성이라는 등식이 성립된다. 바로 이 감성 때문에 시를 읽는 사람은 시인이 일차적으로 의도하지 않은 감흥을 느낄 수 있게 된다. 구체적으로 말하자면 소월이 일차적으로 조국을 상징했다면, 독자는 조국에 앞서 사랑하는 님으로 느낄 수도 있게 되는 것이다. 한 가지 밝히고 싶은 것은 시적인 외형을 가진 모든 글이 시라고 할 수 있다는 사실이다. 새로운 언어, 새로운 감성이 부족하면 시적인 감흥을 줄 수가 없기 때문이다.

시 〈진달래꽃〉에서 눈에 띄는 것은 소월이 사용하고 있는 반어적 표현이다.

'죽어도 아니 눈물 흘리우리다'라는 표현에서 이별의 고통을 속으로 삭이고 상처를 그대로 받아들인다는 것을 나타내고 있다. 또한 사용한 언어적인 측면에서 '역겨워'라든지 '즈려'라는 토속적인 언어를 사용하여 친근감을 느끼게 했고, '~리우다'라는 표현의 반복을 통해 유성음이 갖고 있는 경쾌함을 이별의 고통으로 승화시킨다. 또 이런 표현에 사용하는 단어들이 우리가 사용하고 있는 한글의 기본단어 몇 백 개 중에 들어가는 소위 말하는 기층어휘이다.

시의 언어에서 함축은 중요하다. (춤 표현에서도 함축은 매우 중요하다.)

유아기에 습득한 기층언어일수록 함축과 함의는 풍요하고 또 강렬하다. 심층에 자리 잡고 있어 그 호소력도 강하기 마련이다. 의식이 미치지 못하는 영역에 우리의 정감과 태도를 결정하는 심층언어가 바로 기층언어이다.[36] 이런 기층어휘의 사용을 통해 소월은 정서적으로 더 충전이 강력한 호소력을 발휘하는 시를 완성했고 기층언어로 된 소월 시를 읽는 독자는 더 강렬한 호소력을 가진 시인 김소월의 감성을 느끼게 된다.

춤의 주제가 되는 것은 다양하다

춤과 노래는 어떤 다른 예술보다도 민중과 가깝다. 민중의 개인의식을 두려워하는 지배자들은 춤과 노래로부터 역사의식을 배제해 버리고 그 대신 애절한 개인감정을 채워 넣는다.[37] 개인의식은 저항적 역사의식을 뜻하는 것이고, 소월에게도 내부에서는 그런 의식이 있었을 것이다. 민족적 의식을 기층적인 언어로 쓴 시를 통해 역사의식을 강조하려 했을 것이며, 그 증거가 님=사랑하는 님과 조국이라는 다의적 의미를 느낄 수 있게 한 것일 것이다.

역사의식이 있고, 서정성이 가득한 소월의 시를 춤으로 표현하는 것은 어쩌면 시를 읽은 무용가의 의무가 아니었을까 하고 나는 생각한다. 아마도 많은 예술가들이 소월의 시를 읽으면서 느낀 서정을 그들의 예술 속에 용해시켜 또 다른 예술로 승화시키면서 내면에서는 역사의식을 강하게 느꼈을 것이다.

그렇다면 소월 시가 왜 예술가들에게 또 시를 읽은 사람들에게 쉽게 감동을 주는지 생각해 보면 내가 볼 때는 두 가지 요소가 있다.

하나는 언어적인 것이고 또 다른 하나는 시 속에 있는 정서이다.

소월은 시를 쓰면서 어려운 단어를 사용하지 않았다. 기층적 어휘, 즉 일반 사람들이 일용으로 쓰는 아주 소박하고 친근한 구어체를 사용함으로써 구조적으로 아주 간결하고 리듬적으로는 7.5조 민요적 리듬의 표현 형식을 갖고 있어 아주 호소력이 있다. 소월의 시에서 가장 많이 발견되는 단어는 '님'과, '집'과 '길'이다. 상처받은 여인이 소극적으로 의사를 표시하면서 자신의 욕망을 억제하는 여성적 화자가 주인공인 시에서는 주로 '님'과 '길'이 빠지지 않는다. 때로는 역설적인 상황을 추구하기도 한다. 바로 그런 보통 사람들의 정서, 정한과 탄식과 같은, 한국사람이라면 누구나 느꼈을 정서, 바로 민족적 정서를 저변에 깔고 있고, 또 님을 그리워하고, 떠나 버린 님에 대한 그리움과 그 비애를 느껴 본 보통 사람들의 마음을 노래했기 때문에 감동을 느끼게 하는 호소력이 있지 않나 생각된다.

소월은 반드시 한 그 자체를 한(恨)만으로 표현한 것이 아니었다. 한에 많은 의미와 상징을 담았기 때문에 그의 시를 중하게 여기는 것이라 생각된다. 시에서 느껴지는 '한'을 표현하는 미학은 시 속에서 끈질기면서도 연약하고, 풀길 없는 맺힘, 일차적으로는 절망과 미련의 갈등을, 이차적으로는 원망과 자책의 갈등을, 상대방을 미워하면서도 사랑하고, 긍정하면서도 부정하고, 이별하면서도 그것이 만남이라고 생각하는 민족적 정서에 기반을 둔 표현을 하는 것이다.

소월의 시에서 느껴지는 민요적 율조에 관해서 시인 정한모는 현대 시론에서 "진달래꽃에서는 물론 예전엔 미처 몰랐어요, 먼 후일…… 등은 페미니티의 소산이며 별리의 정한, 여성의 처지를 노래하는 여성적 경향(페미니티)의 소산"[38]이라고 설명하고 있는데, 어쩌면 소월의 시를 춤으로 만든 작가인 '나'가 여성이었기 때문에 더 절실한 느낌이 유발되었을 수도 있다고 생각된다. 이 절실한 느낌과 감흥은 소월이 사용한 상징과 이 상징의 가치와 존재, 어휘 등이 주는 이미지 그 자체이며, 이 이미지가 나의 춤으로 표현되었지만, 춤으로 소월의 그 기층적인 어휘와 감정의 깊이처럼 표현되는 것은 거의 불가능하다고 생각된다.

표현적인 면에서 볼 때 시적 표현도 춤 표현과 같이 추상적이라는 점에서 두 예술 간에 공통점이 있다. 그러나 언어적 표현인 시는 아무리 추상적이라고 해도 독자들에게 시인의 감정과 표현의도가 비교적 쉽게 또 읽는 사람에 따라 큰 느낌의 차이 없이 일정한 의미로 전달된다.

반면, 춤으로 표현된 시는 보는 사람의 시각에 따라 달리 보이기가 십상이다. 때로는 아주 엉뚱한 것으로 비치거나 해석될 수도 있게 된다. 그런 측면에서 보면 시에서 받은 시적 감흥을 안무자가 춤으로 아무리 잘 표현해도 시인의 감정을 전달하는 데 한계가 있다고 말하는 것이 옳을 것이다.

그렇다면 시인이 시에서 표현하고자 한 느낌을 어떻게 춤으로 전달하는 것이 옳을까 하는 질문이 제기된다. 두 가지 방법이 있을 수 있다. ① 안무자가 독자적으로 느끼는 시적 감흥을 춤으로 표현하는 방법과 ② 소재가 된 시에 대한 통념적인 감흥, 즉 교과서적인 느낌을 춤 소재로 하는 방법이 있다. 때로는 이 두 감흥이 같을 수도, 또 다를 수도 있을 것이다. 어느 것을 하든 그건 안무자의 선택이 될 것이다.

내가 춤 작품 〈진달래꽃〉에서 작품의 소재로 삼고자 한 시적 감흥은 소월의 동명의 시 〈진달래꽃〉 한편에 대한 감흥뿐만이 아니라 〈못잊어〉, 〈먼후일〉, 〈예전에 미처 몰랐어요〉, 〈무덤〉, 〈초혼〉 이라는 6편의 시에서 느껴지는 감흥을 춤 작품 속에서 연결감이 있도록 배열을 하였다.

2막 마지막에 무용수들은……

그 누가 나를 헤내는 부르는 소리.
불그스름한 언덕, 여기저기

진달래꽃 1993.©송인호

돌무더기도 움직이며, 달빛에,

소리만 남은 노래 서러워 엉겨라,

옛 조상들의 기록을 묻어둔 그곳!

나는 두루 찾노라, 그곳에서!

형적 없는 노래 흘러 퍼져,

그림자 가득한 언덕으로 여기저기,

그 누군가 나를 헤내는 부르는 소리.

부르는 소리, 부르는 소리,

내 넋을 잡아끌어 헤내는 부르는 소리.

_김소월 〈무덤〉 전문

라고 시를 외친다.

나는 이 2장을 안무하면서 마지막 표현을 죽음으로 설정하기 위해 의도적으로 〈무덤〉이라는 시를 선택했으며, 그 시에서 느끼는 감흥을 3장의 원전이 된 시 〈초혼〉으로 삼았다.

> 산산이 부서진 이름이여!
> 허공 중에 헤어진 이름이여!
> 불러도 주인 없는 이름이여!
> 부르다가 내가 죽을 이름이여!
> 심중에 남아 있는 말 한 마디는
> 끝끝내 마저 하지 못하였구나.
> 사랑하던 그 사람이여!
> 사랑하던 그 사람이여!
>
> (중략)
>
> _김소월 〈초혼〉 중에서

이 〈초혼〉에서 읽어 낼 수 있는 '죽음에서 느끼는 감정'과 연결 짓고 싶었다. 〈무덤〉의 마지막 구절, "내 넋을 잡아끌어 헤내는 소리"를 "허공에서 부서지고 헤어지는 이름"으로 이어서 내가 시를 읽을 때 심성에 새겨진 이미지를 승화시켜 죽음으로 이별하는 화자의 마음의 애절한 아픔으로 표현, 이 아픔을 춤 작품 〈진달래꽃〉을 보는 관객에게 그대로 전달하려고 노력했다.

사실 이들 시에서 표출되는 상징과 감정이 추상적으로 크게 봤을 때 모두 같은 것으로 볼 수 있다. 님, 이별, 이별의 정한 등 소재가 모든 시에서 표출되지만 시에 따라 님과 이별에 대한 뉘앙스와 대상만 다를 뿐이었기 때문에 그 다른 뉘앙스를 나는 작품의 장으로 나누어 표현했던 것이다.

그런데 앞에서 전제했던 "감흥이 시를 읽는 사람에 따라 다를 수 있다"는 문제는 소월의 시가 민족적 서정을 듬뿍 담고 있고, 민요조의 율조 때문이어서 난해하지 않아 보통 한국인이면 다 비슷한 감흥을 느낄 수가 있어 '감흥이 다를 수 있다'는 전제에 대해서는 신경을 쓰지 않아도 되었다.

나는 다만 춤 작품을 위해 시에서 하나의 감흥만 선택했다.

소월은 자신이 살던 시대적 상황에서 님=조국이라는 심성에서 또 님이 조국을 상징한다는 확신으로 시를 썼을 것이지만 나는 이 중 님은 사랑하는 님으로 느끼고, 또 그런 인간적인 감정을 소재로 선택했었다. 춤 작품 〈진달래꽃〉 1장은 시 〈진달래꽃〉을 원전으로 하고 있는데 1장에서의 화자가 말하고자 하는 표현객체의 선택은 안무자의 몫이라고 생각했기 때문이었다.

나 보기가 역겨워

가실 때에는

말없이 고이 보내 드리우리다

영변에 약산

진달래꽃

아름 따다 가실 길에 뿌리우리다

(중략)

_김소월 〈진달래꽃〉 중에서

에서 소월이 "고이 보내 드리는 님"은 분명히 '사랑하는 님'과 '잃은 조국'을 동시에 상징한다고 볼 수가 있지만 단지 화자의 그리운 님을 선택하게 되면서

2장에서 이어지는 "이렇게 사무치게 그리울 줄도 예전엔 미처 몰랐어요"(시, 예전엔 미처 몰랐어요 중에서), "못 잊어 생각이 나겠지요 그런 대로 한 세상 지내시구려"(시, 못잊어 중에서), "먼 훗날 당신이 찾으시면 그때에 내 말이 '잊었노라'"(시, 먼후일 중에서), 그리고 "그 누구가 나를 헤내는 부르는 소리, 내 넋을 잡아 끌어 헤내는 부르는 소리"(시 무덤 중에서) 등으로 감정적으로 연결되도록 의도하였으며, 앞에서 설명한 바와 같이 3장에서는 무덤으로 들어가는 넋을 부르는

산산이 부서진 이름이여!
허공 중에 헤어진 이름이여!
불러도 주인 없는 이름이여!
부르다가 내가 죽을 이름이여!

하는 '영원한 이별'이라는 결론을 논리적으로 느낄 수 있는 춤 구조를 의도적으로 만들었다.

나는 구성적인 논리를 내 스스로 만든 후 춤 작품 〈진달래꽃〉을 안무하면서 감흥에 맞는 동작, 그 동작에 맞는 음악, 그리고 그 감흥을 표현해 줄 수 있는 소품의 이용 등의 순으로 표현요소들을 나열해 보면서 안무 노트를 만들었다.

춤은 시각적인 예술이라고 한다.

춤 무대에서 시각적인 것은 무용수의 움직임, 무대에 사용하는 소품, 의상 그리고 조명 등이다. 이 시각적인 요소들이 안무가가 시에서 느낀 감흥을 전달하기 위해서 청각적인 요소인 음악이 동원된다. 이런 측면에서 보면 춤은 시각적인 예술이면서 청각적인 예술이다. 비록 안무가가 무음악 속에서 춤을 추도록 의도했다 하더라도, 그 무음악 자체가 안무가가 의도한 청각적인 요

소가 될 것이다.

4. 이해가 가능한 명료한 표현을 해라

진정한 표현의 특징적인 표현은 명료성과 이해 가능성이다. 그러므로 어떤
것을 표현하는 사람은 자신이 표현하는 것이 무엇인지를 의식하게 되고 다른
사람들로 하여금 자기 내부에서 그리고 그들 내부에서 그것을 의식하도록 만
든다.[39]

나는 소월의 시에서 받은 감흥을 표현함에 있어서 시각적인 요소와 청각적
인 요소의 다양화를 통해 원전으로 이용한 여러 시에서 받는 시적 감흥의 뉘앙
스의 차이를 표현하려고 의도했다.

안무가가 사랑과 이별, 그 정한을 표현함에 있어서 만드는 동작의 기본은
무용가들마다 유사한 점이 많을 수 있다. 그러나 그런 동작을 어떻게 조합하
고, 어떤 이미지로 나타내느냐 하는 것이 안무자 나름의 유별성이다.

5. 움직임은 물결의 리듬을 따라야 한다

이사도라 던컨의 "움직임은 물결의 리듬을 따라야 한다"는 말은 움직임에서
의 뛰기, 전진하기, 달리기 등의 이미지를 물의 상승, 침투, 흐름으로 이해했던
것이고, 나 역시 움직임의 충동을 물결의 리듬을 따라야 한다고 생각했다.

3장으로 구성된 춤 〈진달래꽃〉에서 나는 시 〈진달래꽃〉의 표현의 장이었던
작품 1장에서 이별이라는 시적 감흥을 표현하기 위해 군무수들이 강이나 산의

형상을 만들어 사랑하는 남녀가 도저히 건너거나 넘을 수 없는 이미지를 표현하려 했었다. 한국적인 표상으로 온 나라 땅에 지천으로 깔린 시 속의 진달래도 안무자가 사용한 은유적인 표현도구가 되었다. 진달래를 상징하는 진달래꽃색의 종이 띠 12개를 무대 중앙 바통에 고풀이처럼 달아 늘어뜨려 군무수들이 이를 들고 동작하면서 때로는 이별하는 남녀의 사이를 만나게 하는, 그리고 때로는 갈라놓기도 하는 이미지를 만들었다. 그 종이 띠는 진달래꽃의 줄기에 해당한다고 할 수 있다. 그 줄기-띠에 달린 붉은 사각 조각은 진달래꽃의 꽃잎의 이미지를 연상하도록 형상의 변형을 통해 은유적인 표현을 하려고 의도했었다. 또한 움직임의 선으로는 태극선을 의미하는 S선을 몸 전체와 상하 수평적으로 만들도록 함으로써 간접적으로는 김소월이 외치고 싶었던 '조선'이라는 상징이 춤 속에 존재하도록 의도했었다.

2장에서의 움직임은 1장의 움직임을 변형 확산시켰으며, 주로 기다림의 주체를 여성으로 간주하여 많은 부분을 여성의 움직임으로 표현하였다.

안무자는 무용수의 동작의 느낌을 다양화하려는 시도를 많이 한다.

나는 소월이 "너무도 사랑하고, 그 사랑하는 님이 떠나는 것이 너무도 가슴 아픈 것"을 "죽어도 아니 눈물 흘리우리다"라는 반어법적으로 표현한 것을 마치 우리 안무자들이 표현 동작을 다양화하려는 노력과 같은 흔적이라고 해석했다. 이런 해석을 기초로 해서 나는 춤 작품 〈진달래꽃〉에서 춤동작의 이미지적 대조성을 강조하였다.

시적 감흥의 표현적인 측면에서 이를 다시 설명하자면 소월이 느낀 심성은 그러한 반어적 표현을 통해서 소월은 '시정의 영원성'을 강조하려 했다고 했다면, 나는 같은 맥락에서 시에서 느껴지는 심성을 '현대성과 전통성의 대조'로 표현해야겠다고 생각했었다.

이를 위해 남자무용수의 경우에는 상반신을 나신으로, 하반신에 타이즈를

춤으로 삶의 집을 짓다

입히고 여자무용수에게는 유니타드만 입혀 현대적인 선을 그리는 군무를 하도록 하고, 바로 그 현대적 선을 그리는 군무수들 앞에 시 속의 화자가 소복을 입고 한국적 선과 애절한 감흥이 묻어 있는 동작을 하도록 안무했다. 기본적으로는 이들 무용수들이 서양적인 움직임과 호흡법을 하고 있지만 시각적으로는 서양적인 선이 동양적인 선과 색과 조화되도록 이미지를 만들게 했던 것이다.

나는 죽음으로의 별리와 님이 떠남을 구별하려 했다.

남자무용수에게는 태극의 남색 그리고 여자무용수에게는 태극의 적색을 물들인 종이 두루마기를 입혀 늘어진 지전 사이로 느린 걸음으로 걷도록 함으로써 우리의 상제(喪制)에서 굴건제복 이미지를 표현하였고, 이 표현이 1장에서 "즈려밟고 가시옵소서" 할 때의 단순한 이별과 표현적으로 차별화하려고 의도했었다.

6. 무용가는 종합예술가이다

춤은 종합예술이고 안무자는 종합예술가라는 점을 깊이 인식할 필요가 있다. 안무가는 춤을 짓기도 하고 춤을 연출하기도 하고, 작곡가가 주는 음악을 정리하고 바꾸기도 하고 무대감독이나 조명디자이너 그리고 의상디자이너들의 디자인들을 작품에 맞게 조정해 나가는 사람이다. 이런 요소들을 잘 활용할 수 있을 때 춤 이미지는 더욱 표현적이고 상징적이게 될 것이다.

춤 작품 〈진달래꽃〉에서 내가 선택한 또 하나의 도구는 무용수들에게 대사를 하도록 한 것이다. 나는 대사 자체가 리듬으로 전달되도록 하려는 '음악적' 의도를 가졌다. "나보기가 역겨워 가실 때에는……"라는 대사를 통해 시의 감정 그 자체를 먼저 청각적으로 관객에게 전달하여 작품 전체의 분위기를 잡으려고 의도했다. 그런데 실제로 연습과정에서 내가 느낀 것은 무용수에 의한 시의 암송이 그 시의 느낌만 전달하는 것이 아니라 음악을 대체할 수 있는 또 다른 리듬으로의 역할을 한다는 것이었다. "예전엔 미처 몰랐어요"와 "허공 중에 헤어진 이름이여" 등 시구에 나타나는 사라짐과 이별에는 뉘앙스의 차이가 있다는 점을 전술한 바 있다. 그렇다면 그 다양한 이별과 슬픔의 뉘앙스는 어떻게 표현해야 할 것인가? 결국 여성무용수들이 절규하는 대사로서 그 감정을 강하게 그리고 절실하게 전달하도록 의도했었다.

3장의 마지막 장면에서 한 여인의 죽음, 곧 인간의 죽음을 표현하면서 지전이 내려온 길로 상여가 소리 없이 움직여서 과감하게 무대 앞쪽까지 굴러서 왔다가 다시 뒤쪽 무대 깊은 곳으로 사라짐으로써 이승과 저승의 먼 거리를 느끼게 하려고 했었다. 이때 포그의 사용으로 더욱 신비스럽게 처리하는 그 장면에서 무용수들은 시 〈초혼〉의 테마인 "산산이 부서진 이름이여/허공 중에 헤어진 이름이여" 하고 소리쳐 부름으로써 관객에게 더욱 사실적 감흥을 느끼도록 유도했다.

우리 민족에게는 울음이 퍼포먼스라고 했다.[40]

울음을 통해 한스러운 우리 민족의 가슴속 응어리를 해소하고, 그리고 카타르시스에 도달하지 않았을까. 마지막의 울음의 절규를 무용수들이 대사로 뿜을 때 관객들은 카타르시스를 느끼지 않았을까?

춤에 있어서 무대미술의 기능도 중요하다. 마치 문학적 상상력에 있어서 공간은 거리감과 시각, 청각, 촉각을 유발시키는 감각적 경험의 집합적 장소로서의 기능을 하듯.[41]

나도 춤 작품 속에서 관객이 공간 속의 거리감과 시각적·청각적 그리고 촉각적 느낌을 받도록 하는 의도를 항상 가지고 무대를 구상한다. 특히 간소한 무대 장치에 모든 의미가 함축되도록 의도하는 나의 평소 무대미술에 대한 소신을 작업으로 펼쳐 준 분은 수십 년간 함께 작업해 온, 무대감독 강경렬이었다.

내가 소월의 감정을 전달하려 한 대표적인 무대미술은 지전의 사용이었다. 무대 좌우로 수천 개의 지전을 늘어트려 놓고, 그 지전 사이로 종이 두루마기를 입은 남녀무용수가 "예전엔 미처 몰랐어요"라고 하면서 느린 걸음으로 가고, 그 지전이 무대 위로 조금 올라가면 그 지전을 머리에 인 듯한 상황에서 작품이 전개되도록 연출하였다. 이 표현은 처음에는 공간 개념적 무대미술 요소로 발상했던 것이나 안무를 전개하면서 시에서 느낀 뉘앙스가 다른 감흥을 표현하는 의미를 부여하게 되었다. 무대를 채운 지전의 늘어트림이 다양한 뉘앙스의 한(恨)과 이별이라는 의미를 부여함으로써 사람에 따라, 소월의 시에 따라 뉘앙스는 달라질 수도 있다는 점을 강조하기 위해서였다.

춤 작품 〈진달래꽃〉에서 한지의 사용은 또 다른 표현 도구였다. 유니타드를 입은 군무 무용수들이 하얀 종이로 된 긴 종이 천을 들고 뿌릴 때 현대성과 전통성이라는 대조적 이미지의 조화가 있을 것이라고 생각했다. 이런 현대성과 전통성의 조화가 소월의 시에서 느껴지는 한국적 감성이 시대를 뛰어넘어 존재하게 될 것이라고도 생각했다. 그리고 그 살풀이 천이 뿌려지는 속도감의 차이와 회전 각도의 차이는 또한 그 별리의 감정의 깊이를 표현하지는 않을까 하는 생각을 했었다. 특히 짙은 청색 현대 의상을 입은 군무수들이 흰 종이 천을 흔들며 추는 것은 시에서 느끼는 다양한 심성의 표현을 의도한 것이었다. 소월 시에서 느껴지는 시각적·청각적·촉각적 심성, 예를 들면, 시 〈무덤〉에서 "달빛에 소리만 남을 노래 서러워 엉겨라"와 같은 표현과 〈진달래꽃〉에서 "아름 따다 가실 길에 뿌리오리다-사뿐히 즈려밟고 가시옵소서"와 같은 표현에서 느껴지는 다양한 심성을 종이 살풀이 천이 표현하도록 의도했다. 소월의 표현대로 "노래가 엉길 수 있을까?" "즈려밟는 소리는 어떻게 낼까?" 하는 나의 창작 때의 고민은 종이 살풀이 천이 휘둘리고 던져지면서 나는 "쉬익" 소리로 해결했다.

종이 그중에서도 한국적 독특성이 배인 한지는 한옥의 문풍지를 생각게 한다. 닫힌 공간이면서도 문풍지를 통해 안과 밖을 충분히 소통하기도, 그 문풍지 넘어 밖에서 상상할 수 있는 그리움의 세계가 있지 않을까 하는 생각에서 문종이는 안과 밖을, 사람과 사람을, 있는 사람과 떠난 사람을 연결할 수 있는 매체가 될 수 있을 것이라고 상상했다. 그래서 종이를 흔들 때마다 삭풍을 일으키는 소리를 내도록 했던 것이다.

나는 서정주의 詩와 황병기의 음악으로 된 작품 〈국화 옆에서〉(1990)에서도 시적 에너지를 춤 작품화했다. 이 작품에서 나의 솔로는 작은 보자기 위에서의 춤이었다. 그 보자기는 불가에서 발우공양 때 발우를 싸두는 보자기에서 영감을 받은 것이다. 여기에서는 겨울을 뚫고 살아나는 국화꽃을 여인으로 의인화하여 인내와 수용과 극복하는 여인을 다시 피어나는 국화꽃으로, 그리고 그것을 나는 구성적으로 공간의 극소화로 표현하였다. 인체는 그리 크지 않은 보자기 위에서도 움직임과 내면의 감정표현이 가능하다는 것을 보여 주려는 의도로, 그 깊은 의미는 바로 제한된 삶의 여인을 느끼도록 하는 최선의 방법으로 선택된 것이다.

누구에게나 간직되어 있는 심성을 짧고 간략하게 축약하여 자신만의 방법으로 자유롭게 표현한 글, 그러면서도 그 축약된 심성에 아름다움을 실으려고 리듬을 주는 소월의 시, 나도 춤을 만들면서 여섯 편의 시를 어떻게 신체 움직임으로 축약하고, 어떤 방법으로 표현하느냐 하는 고민을 했었다. 그러니 그 고민은 작품에 안무자의 상상과 신념의 언어가 집약되게 했고 또 시에서 느낀 나만의 심성에 숨과 혼을 불어넣게 했다고 믿는다. 이런 과정에서 나는 "모든 예술가는 어떤 사물에 대해 거의 비슷한 예술적 심성을 느낀다"는 것을 깨닫게 되기도 했다. 다만 그 비슷함을 어떤 방식으로 표현할 것인가 하는 것은 표현

춤으로 삶의 집을 짓다

주체인 예술가의 예술적 감각에 따라 다를 뿐이다.

내가 소월의 시에서 느낀 예술적 심성에 대한 결론은 '슬픈 것도 이렇게 아름답다' 하는 것이었다. 그래서 그 슬픈 아름다움을 나는 나의 춤 작품 〈진달래꽃〉에 담았었다. 소월의 시처럼 영원히 남는 춤 심성이 되기 바라는 마음으로.

백병동 음악으로 안무한 〈징깽맨이의 편지〉도 징 만드는 사람의 이야기를 시화한 이형기 시인의 동명의 시가 원전이 된 것이다. 이 작품에서 나는 우선 무대에 세트를 간결화하여 움직이는 무대 장치를 활용했다. 징을 상징하는 바퀴가 달린 큰 원통을 무대에 배치했다가 그것이 쇠가 달구어질 때 징을 상징하는 그 장치는 무대를 점점 확대하면서 돌아서 무대 중심으로 와서 하나의 예술품이 완성되는 것을 보여 주었다. 이 작품에서는 상징성과 추상성을 그리고 환상적 감성을 생각했다.

시와 춤, 시적 감흥이라는 명제에 대해 끝을 맺자면, 시에서 느껴지는 감흥이 무용가들의 표현방법에 영향을 주는 것은 자명하며, 얼마만한 깊이로 감흥을 주느냐 하는 것은 안무자가 상식적인 감정으로 안무를 하느냐 아니면 '별난 감흥'으로 안무를 하느냐의 문제에 달렸다고 결론을 맺고 싶다.

프랑스의 시인 폴 발레리는 "춤이란 꽃핀 침묵"이라고 그의 시 〈기막힌 무희들〉에서 밝힌 바 있다.[42] 어떻게 생각해 보면 무용신이라고 불리는 니진스키의 춤도 전설 속의 꽃핀 침묵이 아닐 수 없을 것이다.

또 발레리는 "시는 무용과 같이 행위의 한 체계이다. 다만 시는 하나의 황홀한 상태, 생명의 충일감을 목적으로 하지만, 무용은 행위 자체를 궁극적인 목적으로 한다"고 말한 바 있다.

발레리의 이런 말은 시냐 무용이냐 하는 선택적 측면에서 비교한 것이라고 나는 믿는다. 무용가가 어느 시에서 느낀 감흥을 춤으로 표현할 때 무용가는 행위 그 자체를 궁극적인 목적으로 하는 것이 아니라 바로 시가 추구하는 하나의 황홀한 상태나 생명의 충일감을 느끼게 하고 싶어 한다고 생각한다.

시와 춤은 먼 길을 함께 가는 동반자라고 할 수 있다. 내가 소월의 시로 춤을 만들듯이 많은 무용가들이 시인들의 서정을 춤으로 표현하고 있다고 생각된다.

추상성을
품은 춤

1. 작품에 작가의 혼과 경험을 담아야 한다

춤을 창작하는 작가라면 누구나 구상단계에서 늘 이 구절을 염두에 둘 것이다. 작가는 넓게는 정신의 표면적인 풍요로움을, 깊이로는 영혼의 깊이를 향해 따라 가는 표현을 함으로써 의미 없는 중성의 공간이 실존적 공간으로 또 상징적 공간으로 만들어 갈 것이다. 말하자면 "'공간의 표현공간화'를 이루는 것인데, 그 표현공간의 중앙에는 작가의 정신의 표면과 영혼의 깊이가 형성한 '창조적 자아'가 자리를 잡게 되는 것이다. 창조적 자아란 작가의 보편적인 정서를 시적 체험으로 바꾸어 주는 작가의 경험적 미적 체험이라고 규정지을 수 있다.

독일의 시인 릴케(R. M. Rilke)가 "시라는 것은 사람들이 생각하고 있다시피 감정이 아닌 것이다(감정이라면 젊었을 때 충분히 지니고 있다고 할 수 있다). 사실은 시는 경험인 것이다"라고 한 것⁴³⁾에서 '시는 경험'이라는 것은 예술표현은 경험, 즉 미적 체험이라는 것으로 이해된다.

시적 체험을 드러내는 시 그 자체는 언어로 되어 있듯이, 춤도 동작이라는 '움직임 언어'를 통해 작가의 체험이 표현된다. 그런 측면에서 보면 춤의 몸짓도 춤을 형성하는 하나의 기호이고 언어이다. 이 기호/언어의 집합이 하나의 춤 작품이 되는데 작가가 갖는 통상적인 우려는 이 기호를 관객에게 어떻게 전달하고 이해시켜야 하는 점이다.

현대 예술에 있어서는 구상예술과 추상예술이 상호 대립된다는 점을 그칠 사이 없이 지적하고 정당화하고 토론한다. 추상예술의 존재와 그 근거의 정당성, 그리고 그것의 변용을 증명하는 일이 이제는 그 사명으로 되어 있다.[44]

미술에서 구상작품이다 추상작품이다 하는 것은 쉽게 구분된다. 대체로 구상작품의 경우에는 관객이 잘 그렸다 못 그렸다는 식의 관람평은 할 수 있으되 표현된 사물에 대한 오해를 하지 않는다. 그러나 추상미술에서는 작가가 그린 이미지에 대한 다양한 해석과 의견이 나올 수 있다. 반면에 춤 표현에서는 줄거리가 있는 작품이든 아니면 단순히 작가의 구상과 음악이 만들어 내는 동작 집합적인 추상적인 작품이든 모두가 몸짓이라는 움직임 언어를 통해 표현되기 때문에 그 표현과 이해에는 어떤 한계가 있으며, 또 관객의 취향과 관점에 따라 서로 다른 느낌을 전달받을 수 있어 춤 관람은 추상미술의 관람과 유사하다고 할 수 있다. 그래서 춤은 추상적 표현의 예술이라고 불린다.

그러면 춤 예술에서 '추상적'이란 의미는 무엇인가?

우선 추상의 개념부터 이해해 보면 추상이란

첫째, 많은 표상에서 공통되는 측면이나 성질을 뽑아내서 그것만을 독점적으로 사유의 대상으로 삼는 정신작용, 둘째, 어떤 속성 또는 특성을 다른 사물 또는 경험과의 결합상태에서 분리하거나 혹은 하나의 전체로서의 경험에서 추출하여 파악하는 심적 작용, 즉 추상은 전체상에서 공통되는 특징을 요약·발

췌·독립시키거나 정비해 나가는 작용을 일컫는 것이다.⁴⁵

이런 개념의 '추상'이 미술에서는 구체적인 것의 대응적인 의미, 즉 비구체적인, 애매모호하다는 뜻과 추상한다는 동사의 의미로 간추리고 정리해서 어떤 특성을 드러낸다는 뜻으로의 추상화 작업을 의미한다.

그림에서 추상적인 것이 비구체적이요 애매모호하다는 것은 그 그림 속의 대상에 관한 얘기이다. 즉 그림 속에 구체적이고 현실적인 대상이 떠오르지 않거나 지워졌을 경우 비구체적이요 애매모호하다고 한다. 그러나 추상적인 그림에 있어 선과 색채나 조형적인 형상은 우리에게 하나의 구체적인 선이나 색채로 인식되지만, 그 그림을 추상적이라고 부름은 그림 그 자체가 아니고 그림 속의 내용이 추상적이라는 것이다.

춤 표현이 추상적이라 함에도 같은 해석이 이루어질 수 있다. 춤을 이루는 동작, 그 동작이 만드는 선, 동작에 비추어진 조명이 만드는 색감과 그림자 등은 춤 공간 속에서 우리에게 하나의 구체적인 선과 동작과 색채로 인지된다. 그러나 춤이 추상적이라 함은 춤 그 자체가 아니고 춤이 만드는 내용이 추상적이라는 뜻이다.

나는 춤이 추상적 예술이란 것에 대해 나의 작품 중 추상성이 짙은 작품을 근거로 한 춤, 추상성 이해에 관해 미술과 문학과 연관하여 생각해 왔고, 내가 생각했던 경험적인 관점을 밝혀, 미래의 안무가들에게 도움이 되길 바라 본다.

미술에서의 추상을 언급하면 초기의 대부분의 추상화가들은 구체적인 영상을 제거해 가면서, 말하자면 이미지의 제거를 통해 추상에 도달했다. 이렇게 그려지는 추상미술의 유형은 몇 가지로 구분해 볼 수 있다.

첫 번째로 '색면 추상'을 들 수 있다. 화면에 비치는 색면에 색채가 상호 침투에 의한 내면으로의 깊이를 상정해 주는 추상이라고 간략히 설명되는 추상미술이다. 두 번째 추상미술은 '기하학적 시각적 추상'이다. 이 추상미술은 넓은 의미의 기하학적 추상으로 60년대 이후 시각적 충격을 동반한 옵티칼 아트로 발전되어 가는 추상미술이다. 세 번째는 '구성적 서정 추상'이다. 원래 구성적 추상은 기하학적 추상으로 지적이고 합리적인 속성을 가진 것이다. 또 서정적 요소는 감성에 치우치기 쉬워 지적이고 합리적인 요소와는 대립적 위치에 있다. 그러나 서정적 요소에 구성적 요소가 가미되면 감성에 치우침이 줄어든다. 네 번째 추상은 '행위 과정적 추상'이다. 이 분류에는 액션 페인팅과 초현실주의적 요소도 가미되어 있다. 불란서의 비평가 미셸 타피에(Michel Tapie)가 말하듯이 '표현하는 것이 곧 존재하는 것'으로서의 정신의 극적인 상태를 표현하는 추상으로 우연적인 표현효과가 강하게 드러나는 경향이 있다. 다섯 번째는 '서체적인 추상'으로 주로 동양적 회화에서 나타나는 칼리그래픽적인 형태이다. 여섯 번째는 '기호적 추상'으로 작가가 개발한 특수한 기호를 갖고 회화를 구성해 가는 경향을 일컫는다. 일곱 번째는 '발생적 형상의 추상'이다. 이는 처음부터 어떤 형상을 의도한 것은 아니나 창조과정 중에서 부단히 발생되는 형상적 요소에 의해 그려지는 그림을 일컫는 것으로 이는 창조 의지와 작가의 격정의 회화적 수속의 파생물이기도 하다. 마지막으로 여덟 번째 유형은 '상징적·생태학적 추상'을 말할 수 있다. 끊임없이 생성되는 형상의 배후에 도사리고 있는 잠재의식의 세계 또는 암시적인 기호와 색채의 감각적인 구성이 펼쳐보이는 추상세계는 초현실과 추상의 경계 영역을 넘나드는 것이 그 특징이다.[46]

그러면 춤에서의 추상을 생각해 보면 미술에서 분류하는 이상과 같은 8개의 추상의 유형에 춤을 대입할 수 있을지, 대입이 가능하다면 추상 춤은 어떤 유형이 될까?

미술추상 연구와는 달리 춤 추상 문제에 대해서는 이론적으로 연구된 것이 사실 없다. 그러기에 나는 나의 창작과정에 이 여덟 가지의 추상분류를 적용한다면, 춤 추상 그림은, ① 기하학적 시각적 추상, ② 구성적 서정적 추상, ③ 행위과정적 추상, ④ 발생적 형상의 추상, ⑤ 기호적 추상, ⑥ 상징적 생태학적 추상으로 설명될 수가 있다고 분석할 수 있다.

좀 더 춤 스타일과 연관하여 추상성을 설명해 본다면 ① 기호적 춤 추상으로서는 김영희의 무트댄스를 거론할 수 있다고 생각된다. 김영희는 남관화백이 한자나 한글의 자모를 갖고 형상을 만들어 그 시리즈의 그림을 그려 가듯[47] 자신의 기호를 만들어 춤을 추고 있다. 입고 있는 의상의 색깔이나 무용수 주변의 소품으로 춤의 의미를 짐작할 수도 있겠으나 춤 동작 그 자체는 사전에 제작된 기호일 따름이고, 작품이 각기 다른 제목임에도 그 시리즈는 같은 형상(이미지)으로 계속되는 양상이 보인다. 기호적인 추상으로 분류되는 춤은 동시에 상징적·생태학적 추상으로 분류될 수도 있고, 그 형상 배후에 도사리고 있는 잠재의식의 세계를 나타낸다고 주장하여도 작가의 말에 수긍이 갈 수도 있으나 근본적으로 기호적 추상 춤은 단조로움을 피할 수는 없다.

행위과정적 추상에는 앞서 언급한 액션 페인팅도 포함되어 있어 어쩌면 시작도 없고 끝도 없고 중심점도 없어 보이는, 표현하는 것이 바로 존재하는 것이고, 존재하는 것 그 자체가 춤인 작품들이 행위과정적 춤 추상 유형에 포함된다고 볼 수 있다. 김기인의 마음대로의 춤, 한국무용가 이영희와 이선옥의 선(禪)춤 등이 이러한 유형에 속할 수 있다. 김기인의 마음대로의 춤에서는 우연적인 표현의 효과가 강하게 드러난다. 행위 과정적 유형의 추상 춤은 또 발생학적 형상의 추상유형과도 일맥상통하는 면을 보이고 있다. 기의 춤과 선의 춤은 또 상징적 생태학적 추상 춤과도 연관을 가지고 있다고 지적할 수 있다.

구성적 서정 추상 춤은 대다수의 무용가들이 추구하는 유형이다. 구성적인 측면, 즉 기하학적인 측면을 강조하기 위해 대칭과 비대칭을 균형과 불균형을 적절히 섞어 가는 구도는 일상적으로 무용가들이 사용하고 있고 또 표현 그 자체를 지적이고 합리적인 방식으로 하려는 노력을 통해 지나치게 감성에 치우치지 않게 하는 것도 무용가들의 창작 자세이다. 이러한 유형으로는 현대무용가 조은미의 일련의 작품들을 들 수 있겠다. 인체의 기하학적이고 조형적인 선들의 결합과 해체를 통해 구성의 전개를 돋보이게 하는 방법을 통해 작품을 만들고 있다. 발생적 형상의 추상은 완성된 춤 그 자체에 대한 적용보다는 오히려 창작과정에 대한 설명에 더 적합한 분류이다. 창작과정 중에 부단히 발생되고 이어지는 요소는 작가가 처음 의도했던 부분에 대한 수정과 개작에 큰 역할을 한다고 생각된다. 특히 Story-Telling 식의 춤이 아닌 음악에 맞춘 동작에 의한 춤을 추는 경우에는 창작 때뿐만 아니라 공연하는 순간까지도 부단히 발생되는 형상적 요소를 가미해 갈 수 있다. 이러한 추상 춤의 경우에는 박자와 리듬에만 맞는 춤을 추면 공연 때마다 새로운 느낌의 춤을 보여 줄 수도 있다. 재즈댄스나 댄스스포츠의 경우에 특히 가능한 방식이다.

상징적·생태학적 추상은 풍부한 상상의 세계, 암울한 그림자, 불길한 예감, 관능적인 선 등을 보여 주기 위한 형상들, 그 뒤에 도사린 잠재의식의 세계들을 나타내기 위한 기호, 동작, 조명, 색채 등이 이루어 내는 춤을 그리는 유형이라고 규정지을 수 있다. 이러한 춤의 유형은 손관중 안무의 〈인간나무〉, 그리고 이정희의 〈살푸리〉 시리즈, 그리고 전미숙의 일련의 작품과 같은 유형의 춤이라고 지적하고 싶다. 이런 유의 춤은 이성적인 면과 감성적인 면을 동시에 보여 주는 특징을 지니고 있다.

기하학적·시각적 추상 춤은 우선 전통발레에서 볼 수 있다. 〈백조의 호수〉에서 백조의 긴 S자를 이룬 우아한 선은 몇 세기 동안에 걸쳐 아름다움의 상징으로 여겨져 왔다.[48] 또 군무에서 의도적인 배열을 한다든지 몸의 아름다운 선을 강조한다는 점이 기하학적 시각적 춤이라고 할 수 있겠다. 1973년도부터 공연되어 일천 회 공연을 기록했다는 육완순의 〈지저스 크라이스트 수퍼스타〉는 그 속에 담겨 있는 그리스도의 극성이 가미되어 있지만 무대사용과 무용수가 만드는 선 등이 이 유형에 해당된다고 생각된다.

이렇게 미술의 추상분류를 원용하여 춤의 추상적 분류를 간략히 해 보았지만 어느 춤 작가의 춤은 어떤 한 유형에 꼭 들어맞는가 하면 그 작가의 작품 하나하나가 각기 다른 유형의 추상 춤일 수도 있다는 점과 미술에서처럼 순전히 기하학적이고 시각적인 작품이 춤에서는 드물다는 점은 특기할 만한 점이라 생각된다.

인간은 이미지를 만드는 동물이고, 작가가 의도한 이미지가 일렬로 세워진 것이 작품이며, 이를 이미지들의 모양 짓기라고 할 수 있다. 작가의 머릿속에 있는 형체적 존재에 대한 개념(이미지)에 추상적인 관계를 부여하는 것은 작가의 상상력의 활동이다.

바슬라르(G. Bachelard)는 "이미지의 떠오름은 정신의 융기로 본다. 그리고 이 이미지는 반향과 울림을 갖는다. 이 울림 속에서 이미지는 존재의 소리를 가진다. 시인은 존재의 입구에서 말하는 것이다"라고 한 바 있다.[49]

춤 작가들이 이미지들을 모양 짓는 것은 바슬라르가 말하는 반향과 울림을 관객들에게 전하기 위함이다. 반향과 울림이 있는 이미지가 존재의 소리를 가지기 위해 춤 작가들도 앞서 분류한 추상의 과정을 거쳐 그 존재를 소리 나게 하는 것이다.

이런 이론적 관점에서 나의 창작 작품에 대해 언급해 보면 〈아홉 개의 의문 그리고…〉는 1990년 작품으로 내가 안무한 대작 중에서 71년 〈법열의 시〉와 함께 가장 추상성이 부각·강조되는 작품 중의 하나이다.

두 작품 모두 선(禪)을 통해 태각에 이르는 단계를 춤으로 그린 것이다. 〈아홉 개의 의문 그리고…〉는 제목이 말해 주듯 아홉보다 더 나아가는 단계, 즉 열 번째 단계이고 〈법열의 시〉에서는 5단계, 즉 단락을 더 크게 만든 작품이다. 선을 하는 정신과 과정을 춤으로 푼다는 점에서 작가의 상상력의 왕성한 활동

아홉 개의 의문 그리고⋯ 1992.©송인호

과 독자적인 해석이 필요한 작업이었다.

　이 작품에서 나는 제목에서부터 의도적인 추상성을 내포케 했다.

　간딘스키는 "모든 예술에 있어서 數(수)는 궁극적인 추상적 표현으로서 존재한다"고 했다.[50] "아홉 개의 의문, 그리고⋯"에서 9라는 숫자는 완성되지 못한 것이고 '그리고'라는 것이 하나 더해질 때 아홉이 열이 되고 (십우도의 10단계 완성처럼) 그 열이 하나의 완성, 즉 하나가 된다는 추상적 유추를 담고 있다. 산술적이고 구체적인 9와 10이라는 숫자가 추상적인 하나가 된 것이다.

　작품은 선자가 소를 찾는 심우, 소의 발자국을 찾게 되는 견적, 소를 마침내 보게 되는 견우, 소를 떠나보내지 않기 위해 소를 잡아당기는 득우, 소를 길들이는 목우, 소를 타고 집으로 돌아오는 기우 귀가, 소를 잊고 사람만 남는 망우존인, 사람도 소도 함께 잊히는 인우현망, 근원으로 돌아가는 반본환원, 그리고 드디어 선의 깨달음의 경지에 도달하는 태각의 열 단계로 되어 있다.[51]

尋牛(심우) → 見跡(견적) → 見牛(견우) → 得牛(득우) → 牧牛(목우)
→ 歸牛歸家(귀우귀가) → 忘牛存人(망우존인) → 人牛俱忘(인우현망)
→ 返本還源(반본환원) → 入前垂手(입전수수)

태각에 이르는 단계를 나의 처녀작 〈법열의 시〉에서는 다섯 단계로 했고, 하늘 → 소를 찾아서 → 남성적 소 → 남녀 듀엣 → 無라는 단계로 춤을 전개했었다.

이 작품에서 소, 소의 발자국, 소를 잊음, 자아를 잊음, 태각 등 모두가 몸이라는 도구를 사용하여 표현되어야 할 형상이고 개념이다. 소는 선을 하는 주체가 자신의 머릿속에 그리는 하나의 상징이다. 춤 속에서의 소는 사람일 수도 있고 또 사람이 소일 수도 있다. 소가 사람이 될 때에는 억눌리고 시킴을 당하는 민초가 되고 사람이 소가 되면 목가적 이미지의 '소'가 된다는 이중적 의미를 부여함으로써 관객이 추상화를 감상하듯 나름대로의 해석을 하도록 했다.

관람 전에 태각과 선의 과정이란 프로그램의 설명문을 읽은 관객은 어쩌면 소와 사람이 하나 되는, 소도 잊고 사람도 잊고 근본으로 돌아가는 과정을 낱낱이 이해하면서 고개를 끄덕일 것이고, 무대에 무엇이 펼쳐지는지 보자는 마음만으로 객석에 앉았던 관객은 선의 수행과정이라는 골격에다 인간사 만남, 즉 잉태와 성장과 만남, 사랑, 죽음의 표현을 감상하게 될 것이다.

나는 이 작품에서 구성적 추상과 상징적·생태학적인 추상을 함께 추구했다고 말할 수 있으나 부분적으로는 또 다른 유형의 추상이 이 작업에서 시도되

아홉 개의 의문 그리고… 1992.©송인호

었음은 당연한 일이다.

십우도가 그리는 열 가지의 조각그림을 펼쳐 보면 소찾기가 선자의 머릿속에서의 하나의 이미지이듯 빈 무대에서 소찾기가 시작된다. 검은 막 속에서 회색장삼을 입은 사람들이 한 사람씩 빠져나와 원의 형태를 그리며 형체를 만들다가 한 사람만 남게 된다. 이 장면에서도 나는 아홉이라는 숫자와 하나라는 숫자가 주는 추상성을 염두에 두고 안무, 무대를 전개했다.

많은 사람이 선에 도전하나 한 사람만이 소의 발자국을 본다는 외형적 표현을 무대에 전개했으나 이때의 하나는 단 하나가 아니라 어려운 선의 과정을 설명하려는 의미의 하나였다. 작가로서 나는 이 장면을 우연적인 표현효과가 강하게 드러나는 행위과정적 추상이라고 해석하고 싶다.

춤으로 삶의 집을 짓다

'십우도'를 태각의 열 단계로 표현한 〈아홉 개의 의문, 그리고…〉의 창작과정에서도 아홉이라는 숫자와 하나라는 숫자는 계속 나의 머릿속에 감도는 하나의 존재였고 이미지였다.

　소를 잊고 사람만 있는 망우존인과 사람과 소가 함께 잊히는 인우현망의 부분에서는 남녀의 듀엣춤으로 표현되는데 듀엣이라는 숫자 2도 나에게는 1이라는 하나의 숫자로 머릿속에 그려지는 것이 당시 내가 체험한 이미지의 떠오름이었다. 예술가의 내면에서 이루어지는 정서의 경험, 즉 미적 정서는 하나의 우주적 형체로서의 이미지로 남는다는 문학에서의 도식론적 이론을 이해한다면 내가 경험적으로 느꼈던 그 '하나'라는 이미지의 뜻을 이해하리라 생각된다.

　소의 발자국을 찾는 '견적'은 아주 짧게 표현되었다. 무대 위에 남은 선자가 심우를 계속하는데 발자국소리가 들리고 무대 상수 쪽에서 한 사람의 상체가 살짝 들어왔다 나간다.

　소를 보는 '견우'에서는 사람들이 소 모양의 덩어리를 만들어 들어온다. 견적과 견우에서는 소의 발자국과 소를 상징하도록 각각 등 부분과 구부린 몸으로 표현한 것이었다.

　소를 잡는 '득우'에서도 아홉 명이 모여서 소의 형상을 만들었다가 흩어지고 또 소가 된다. 이 아홉 무용수는 처음 심우에서 혼자 무대에 남게 되었던 한 사람과 서로 대립되는 관계를 가진다.

　소의 형상을 하는 것은 소를 타고 집으로 돌아가는 '기우귀가' 부분에서도 계속되는 장면이기도 하다. 이러한 반복 구조는 끝없는 연결과 끝없는 반복, 새로움과 새로움이 연결되고 또다시 반복될 때마다 새로운 것이 하나 더 연결되고 연결될 적마다 반복되는 구도를 의도적으로 사용했다. 이를 미술에서의 추상적 분류에 굳이 대입시켜 규정한다면, 그 춤이 나의 창작의지와 격정의 파생물로 규정되는 발생적 현상의 추상이라고 간주할 수 있겠다.

소를 길들이는 '목우' 부분에서는 선자와 소와의 기 싸움이라는 것을 표현하고 싶었고 강한 춤과 군무를 통해 소의 이미지를 나타내고자 의도했었다. 이 목우에서 소가 지니는 목가적 이미지도 표현하였지만 억눌리고 시킴을 당하는 민초를 상징하는 소를 표현하고자 하였다.

득우와 목우에서는 아홉 명이 모였다 흩어져 소가 되고, 군무의 추상적 움직임이 있다가 소가 되는 해체와 집단의 분리 구도를 염두에 두었다. 이는 프로이트 심리학에서 말하는 분열현상이라고도 할 수가 있다.[52]

내가 이 장면을 설명하면서 분리구조란 용어를 사용하고자 하는 기본적인 이유는 선자의 머릿속에서 태각에 도달하기 전까지 느끼는 심리적 갈등까지도 무용의 동작으로 표현되어야 한다는 인식에서이다. 이런 분리구조는 위에서 언급한 반복구조와는 유기적 관계도 있다. 분리구조는 독립된 존재 혹은 고립된 존재 그리고 소외된 인간(민초=소)을 표상할 수도 있다고 생각된다. 아홉 마리의 소와 한 사람이 대립관계를 형성했듯이 이를 뒤집으면 한 지배자와 아홉 민초가 대립관계에 있게 된다는 것도 의미했다.

소를 타고 집으로 돌아오는 '기우귀가'는 이 작품에서 가장 쉽게 이해되는 부분으로서 남자무용수의 구부린 등 위에 선자들이 타고 집으로 돌아가는, 또 어떤 면으로는 남자는 소를 상징하고 타고 있는 여자는 대지를 상징한다. 즉 소는 대지, 흙과 함께 산다는 것을 의미했다.

만물은, 인간의 생명과 생물뿐 아니라 세상의 온갖 사물까지도 그 존재는 출현으로써 의미가 있게 되듯이 나는 바로 이 기우귀가 부분에서 단순한 표현을 통해서 소와 인간의 존재를, 남과 여의 존재를 전원과 인간세상의 존재를 알리는 복수적인 의미를 표현하고자 했다.

소를 잊고 사람만 남는 '망우존인'에서는 소가 죽임을 당하는, 민초가 고통을 당하는 이중적인 의미를 부각고자 했고 사람도 소도 함께 잊히는 '인우현망'에서는 소와 사람이 하나가 되는 것을 표현하고자 했다. 그래서 이 두 부분에서 다 남녀 듀엣을 의도적으로 배열했다. 소가 죽임을 당하여 듀엣(둘)이 하나가 되는 합이합일(合二合一)의 의미를 살린 것은 남녀의 만남을 사랑의 표현으로 승화되는 의미까지 담고자 한 것이다.

'반본환원'은 무용수들이 원을 만들어 도는, 돌아도 돌아도 본점으로 귀환할 수밖에 없는 만고의 진리를 표현하면서 태각에 이르는, 기본으로, 순수한 자신에게로 돌아오는 것을 표현하려 했다. 이 부분의 원은 기본, 본점이라는 원의 의미도 있으나 다음 단계 태각이 원으로 표현된다는 점을 감안한 표현이었다. 이런 측면에서 본다면 이 추상은 기호적 추상이라고 이름 지어질 수 있다는 생각을 하게 된다.

깨달음의 경지인 '태각'은 동작과 소품에 비치는 그림자에 의해 표현되었다. 반본환원에서 원을 그리는 동작이 끝나면 무대 위에서 흰 천이 내려오고 조명에 의해 그 천 위에 사람의 그림자가 그려졌다가 서서히 사라진다. 그러면서 무대는 텅 빈 무대로 남게 된다.

깨달음은 자신의 그림자처럼 멀리 있는 것이 아니라 바로 자신과 함께 있다는 것을 암시하려 했고 지금까지 형성된 형상 그 하나하나의 그림자에도 깨달음이 있었으나 그것 자체를 모르고 지나는 인간의 어리석음을 선의 깨달음이라는 큰 틀 속에서 그려 보려 했다. 즉 십우도의 10개의 그림은 인간의 삶의 궤도이면서 동시에 십우도의 하나하나의 그림마다 작은 십우도가 또 있다는 깨달음이 인간에게 필요하다는 점을 강조하려 했었다. 하나가 열이요 열이 하나 되는 의미. 합이합일, 둘을 더해도 하나를 더한 것처럼 언제가 하나가 되는 개념을 몸으로 그린 작품이었다.

2. 구성적 속성, 지적·합리적 특성의 조화를 기하라

나는 전반적으로 구성적 속성과 지적·합리적 특성을 잘 조화시키려고 기본적인 노력을 하면서도 그 표현이 주는 이면의 세계, 잠재의식의 세계가 동시에 표현되는 것에 집중하다 보니 인체의 움직임의 범위는 훨씬 넓혀지고 그 동작들은 다의적인 성격을 띠게 되어 관객들의 상상의 세계가 넓어질 것을 한껏 기대하며 이 작품을 만들었다. 〈법열의 시〉에서는 특히 마지막 선에 도달하는 장면을 천수천안관음보살을 상징하는 여러 명의 무용수의 팔이 그림자에 비치는 방법으로 상징적 추상성이 강하게 보였던 작품이었다.

나의 작품 중 1979년 신상옥 감독의 제1회 대한민국무용제에 참가했던 작품 〈창살에 비친 세 개의 그림〉(김복희, 김화숙 안무)은 〈이조 여인 잔혹사〉라는 영화에서 모티브를 가져와서 한 많은 이조시대의 여인 무녀, 수절하는 여인, 궁 안에 갇혀 사는 여인 등을 옴니버스 형식으로 표현했다.

전체적으로 볼 때 춤 작품 〈아홉 개의 의문, 그리고…〉에는 극성도 다분했지만 추상적 이미지가 더 강했다고 평가된다. 이렇게 어떤 작품을 하나의 카테고리에 담는다는 것은 맞지 않다고 생각할 수 있을 것이다. 여러 의도를 섞으면서 안무가는 안무 방법에 대한 사고의 폭을 넓힐 수는 있다고 믿는다. 마치 말라르메의 시에 드뷔쉬의 음악으로 니진스키가 안무한 작품 〈목신의 오후〉가 현대무용에 영향을 주었던 점은 움직임의 다양성과 그런 다의성을 보여 준 것이 원인이었다고 한다면, 나의 〈법열의 시〉나 〈아홉 개의 의문, 그리고…〉도 의도적인 면에서 비슷한 양상이 있었다고 하겠다. 춤에서의 추상성을 설명하는 이 장을 나는 "시는 모순의 예술이다"라는 말을 설명하면서 결어를 쓰고 싶다.

왜 시가 모순의 예술일까? 그건 시가 스스로 말(언어)에 기대어 있지만 그 말을 넘어서야 비로소 시가 되기 때문이라 생각된다. 인간이 말 없는 것에 귀 기

춤으로 삶의 집을 짓다

울이는 것은 이 때문이 아닐까?

춤도 안무자가 만드는 것보다 더 넘어서 있는 어떤 의미/표현이 바로 예술적 표현이 되는 것이다. 그 '넘어서 있는 의미'가 또 '추상의 세계'라 할 수 있겠다. 앞서 언급했듯이 관객의 생각에 따라 그 내용은 작가의 의도와 다르게 전달되는 것이 바로 추상의 특성이고 추상의 묘미가 아닐까?

추상 춤은 이렇게 만들어지고 표현되어 완성되지만, 과연 관객에게 안무자의 의도의 잘 전달될 것인지는 관객의 문화예술적 수준과 안무자가 완성하여 보여 주는 동작의 원숙미가 주는 흡인력에 달려 있다고 생각된다.

마지막으로 우리가 생각해야 할 화두는 추상 춤은 감성의 산물인가, 지성의 산물인가 하는 것이다.

나는 이 글에서 이론적이고 지적인 사고의 논리를 전개하면서 추상 춤의 분류에 관해서 독자의 자의적 판단을 다소 요구했다. 안무라는 작업을 해 본 사람은 모두 내가 언급했듯이 '작품은 경험과 영혼이 담긴 것'이어야 한다는 점에 대해서 동의할 것이다. 그렇다면 춤 창작물은 감성의 산물인가에 대한 대답도 독자 각자에게 맡기기로 한다.

추상미술에서의 작가의 내적 충동은 색채의 울림으로 대변할 수 있다. 그러면 추상 춤에서 춤 작가의 내적인 충동은 무엇으로 대변해야 할까 하는 질문에 대한 대답은 춤 작가가 논리적이고도 감성적인 답변을 동시에 해야 할 것으로 본다.

추상에의 길은 정신적 체험의 가장 현저한 구현이자 반영이라는 점을 감안한다면 작가는 자신의 정신세계를 풍요롭게 하고 그 세계가 주는 이미지의 모양 짓기를 논리적으로 할 수 있는 지적인 세계를 가져야 한다.

작가의 경험적이고 지적인 세계를 어떻게 표현하느냐에 작가의 내적 충동을 이해하는 것이 달려 있다. 시에서는 그 내적 충동이 그 시를 표현하는 키워드로 표현된다. 서정주의 〈알뫼댁 계피떡〉과 〈石女한물댁의 한숨〉[53]이라는 시를 보면 우린 한눈에 石女와 한숨, 그리고 알뫼댁과 계피떡의 관계를 시로 읊었다는 짐작을 하게 된다. 춤에서도 작가는 자신이 심혈을 기울이는 주된 표현적·추상적인 장면이 있어야 된다. 그것이 앞서 말하는 춤에서의 키워드이다.

나는 작품 〈아홉 개의 의문, 그리고…〉에서 십우도에서 자연스레 나누어진 10개의 작은 그림을 반복, 분리, 통일로 계속적으로 전개시키고 새로움으로 변이시키면서 그 그림 하나하나에 키워드를 만들어 넣었다. 예를 들어 소의 형상이 나타났다 하면 마지막 장면인 천 위에 비치는 그림자가 나타났다가 사라지는 것 또한 다의적인 의미의 키워드였다.

이 키워드의 창작이 작품성을 강조하는 데 특별히 관계가 있다고 강조하고 싶다.

이 글은 내가 〈아홉 개의 의문, 그리고…〉를 안무, 공연하면서 경험한 것을 추상 춤에 관한 연구로 풀어 보았으나 그 내용이 상당히 부족함 점이 많다고 생각된다. 또한 미술의 추상에 관한 분류를 무용에 그대로 원용한 것도 문제점으로 지적될 수 있으나, 이 글을 통해 우리 무용계가 추상 춤에 대해 관심을 가질 수 있기를 기대한다.

춤에서의
극성

1. 춤 작품에서 극성을 생각하라

나는 춤 작품에서의 극성을 생각하면서 옛 시인 이태백(李太白)의 말을 떠올린다. "엎지른 물을 거두어 담을 수 없고, 흘러간 구름은 다시 찾아볼 수 없다 (覆水不可收 行雲難重尋)"는 말을. 이태백의 이 말을 가만히 음미해 보면 그가 공연예술의 달인이었다는 느낌을 받는다.

모든 공연작품은 정말 물과 같다. 한번 무대에 올리면 그 표현을 다시 담을 수도 없고, 또 흘러간 구름처럼 다시 찾아볼 수도 없으니 말이다. 현대엔 공연을 영상으로 보존하는 비디오가 있으니 '다시 찾아볼 수도 없다'는 이태백의 말을 수긍하지 않는 사람도 있을 것이다. 그러나 한번 올린 무용작품을 재공연하면서 초연 때와 똑같은 감정과 표현을 재현한다는 것이 매우 어렵다는 측면에서 보면 그의 '다시 담을 수 없고 다시 찾아볼 수 없다'는 말은 영원한 진리이고, 우리 공연예술가들이 작품을 만들 때는 꼭 가슴에 담고 있어야 할 경구(警句)로 생각된다.

작가들은 작품을 만들 때 자신의 모든 지식과 감성과 경험을 그 작품 속에 쏟아붓는다. 관객들이 자신이 쏟아부은 감정을 그대로 고스란히 느껴 주길 바라면서. 기술적인 용어로 이 작업을 표현하자면 작가의 표현이 관객에게 그대로 감정이입(感情移入)이 되길 바라고 있는 것이다.

많은 예술장르 중에서 연극, 무용, 오페라, 음악은 보는 사람과 연기자가 같은 공간에서 같은 생각을 공유하는 '살아 있는 예술'이다. 이 생각의 공유는 작가의 표현력에 따라서 그 공유의 농도에 차이가 있고, 또 어떤 예술이냐에 따라서 관객이 느끼는 감정이입에 차이가 있다.

'살아 있는 예술'에서의 우리가 공유할 수 있는 요소 중 하나가 극성이라 생각된다. 무용가들도 연극이나 다른 살아 있는 예술을 하는 사람들과 마찬가지로 작품 속에 극성을 담으려고 노력한다.

나는 무용작품에서의 극성은 두 갈래로 표현이 가능하다고 생각한다.

하나는 작품 전체의 줄거리가 주는 극성이고, 또 하나는 작품의 클라이맥스를 느끼게 하는 극성이다. 그리고 극성에는 드라마적인 요소와 연극의 요소가 있다.

작품이 만들어지기 전에 우선 작품을 구성한 중심적인 이데아의 정리인, 대본이 만들어져야 한다. 이 희곡(대본)은 곧 드라마의 요소로서 말, 상징, 인물, 행동, 의미, 시간, 플롯, 공간, 제스처, 기호, 신호로 구성되어 있고 이 모두가 함께 조합되어 행동하기, 즉 작품상의 표현으로 나타난다. 연극에서 드라마적인 요소가 춤 작품에서도 모두 그대로이지만 단지 말(대사)만은 포함되지 않은 요소이다. 간혹 현대의 무용에서 대사를 사용하기도 하나 춤에서의 대사는 연극에서의 대사와 비교한다면 그 크기나 기능과 효과를 달리하기 때문에 일단 춤의 드라마적인 요소에는 말이 존재하지 않는다고 가정한다. 플롯과 인물, 언어와 의미, 그리고 시간이 연극적인 요소로서, 극성을 높여 주는 요소에 해당한다.[54]

플롯은 한마디로 시작과 중간과 끝이 있는 사건이며, 인물은 어떤 성격을 육체적으로 심리적으로 꾸미는 개념이며, 언어는 상징과 기호를 포함하는 입으로 표현하는 말을 지칭하며, 의미는 그 작품의 숨은 뜻, 즉 작품의 주제를 의미한다. 또 시간이라는 개념은 극 속의 상징적인 시간, 극중의 사건의 시간을 지칭한다.

연극은 현실적인 인간이 출연하여 관객 앞에서 알아볼 수 있는 장소와 사건 속에서 움직이고 말하고, 살아 있는 가상적인 인물을 연기하면서 현실을 모방하는 특성이 있다. 그러기에 연극은 짧은 순간이지만 흥겹고, 선동적이고 모방적이고 환상적인 경험을 관객과 출연자 사이에 공유하게 된다. 이런 경험의 공유는 환상을 만든다.[55]

반면에 무용이나 오페라는 흥겹고 환상적일 수는 있지만 연극에서처럼 선동적이고 모방적일 수는 없다.

막이 오르면 공연은 신비스런 효과와 함께 시작되는 것 아닌가. 관객은 무대 위에 펼쳐지는 미지의 세계를 발견하게 된다. 그 공연예술이 연극이면 관객은 연극을 발견하게 되고, 그 공연이 무용공연이면 춤을 발견하게 된다. 그 연극과 그 춤의 주제는 인간이며, 동시에 인간은 연극적 표현의 또는 무용적 표현의 수단이 되기도 한다.[56] 말하자면 연극이 곧 인간이고 또 인간이 곧 무용이라는 등식이 성립할 수 있다. (모든 살아 있는 장르별 예를 들지 않는 점을 이해하기 바란다.)

나의 1999년도 작품, 빅토르 유고의 『노트르담의 꼽추』를 원전으로 한 춤 작품 〈천형, 그 생명의 수레〉에서 플롯은 '애기 어름산이를 사랑하게 되는 꼽추

천형, 그 생명의 수레 1999.©송인호

의 사랑과 좌절'이고, 언어는 그 사랑과 좌절을 신체적 언어를 포함한 비언어적 언어(non-verbal language)로 표현된 모든 것이며, 작품의 의미는 모든 사람이 다 꼽추이고 모든 사람이 다 애기 어름산이라는 인간과 그 삶에 대한 나의 생각이 담긴 것으로 그것이 이 작품을 통해 내가 전달하고 싶은 메시지였다. 그리고 이 춤 작품 속의 시간은 노트르담 꼽추의 무대였던 원전 속의 시간도, 또 남사당이 현실 속에 존재하던 시간도 혹은 오늘 우리가 사는 지금도 될 수가 있다. 왜냐하면 〈천형…〉에서의 애기 어름산이는 『노트르담의 꼽추』에서의 에스메랄다일 수도 또 다른 시대의 결코 이루어질 수 없는 사랑의 주체들이 될 수 있기 때문이다. 공연에서의 관객이 안무가가 의도한 바로 그 '느낌이나 메시지'를 반드시 느끼는 것은 아니다. 안무자는 관객이 애기 어름산이든 에스메랄다든 혹은 관객 자신이 상상하는 의미의 주인공이 되어 무대 속으로 빨려 들어오기를 바란다. 바로 그것을 위하여 작가는 극성을 높이는 것이다.

극성을 높이기 위해 연극에서는 연출이라는 기능이 있다. 연출은 세심하게 선택된 인생의 모방을 창조하기 위해 극작가와 배우, 미술가들의 작업을 통합하면서 극중의 인물과 사건을 어떻게 해석하는지를 결정하고, 이 해석에 따라 필요한 음향, 분장 소도구의 선택을 한다.[57]

춤 작품에서의 안무자의 역할은 춤 움직임을 만들어 내는 창작자의 역할과 연극의 연출가의 역할을 동시에 수행하는 역이다. 어떤 안무가는 연출자를 고용하여 연출을 전담하게 하기도 하지만 나는 춤의 연출과 연극의 연출에는 상당한 거리가 있다고 믿는 무용가이므로, 연출가와의 협력이 필요하지 않다는 확신을 가지고 있다. 안무는 무용가가 표현하려는 주제를 공간 속에 시각화시켜 자신의 삶의 경험이 무대 위에 살아 있음을 보여 주기 위해 배역에 맞는 무용수를 훈련시키고 음악을 고르고, 조명을 협의하고 소도구를 선택한다. 단지 춤 무대 위에 시각화되는 것이 연극에서처럼 모방된 삶이 아니라는 것이 춤과 연극의 일반적인 차이가 아닌가 생각된다. 그러나 작품의 극성을 강조하는 무용 안무가의 작품은 이러한 일반적인 이론에 의해 설명될 수가 없다. 〈천형, 그 생명의 수레〉 속의 인물들은 연극에서 이야기하는 모방된 삶을 사는 인간상과 그 인간들이 느끼는 형이상적이고 형이하학적인 감정을 다 표현하는 인물들이기 때문이다. 언어적인 언어가 아니라 비언어적인 언어인 동작으로 작품 속의 인물들인 꼽추와 남사당의 감정의 소생을 기하도록 했기 때문이다.[58]

춤 안무자들이 극성을 강조하고, 작품 속에 극성을 담기 위해서는 연극에 대한 연구도 있어야 한다는 것이 나의 지론이다. 안무가의 입장에 서서 볼 때 춤 창작에 참고하면 좋다고 생각되는 연극의 사조는 그 많은 사조들 중에서 표현주의 연극과 상징주의 연극, 그리고 잔혹극 등 세 가지 사조의 연극이라 생각된다.

표현주의는 주관을 직관으로 표현하는 1900년대 초의 한 사조로서 자연주의와 인상주의에 반발하여 현상 속에 숨어 있는 진실을 근원적으로 이해하자는 주장을 하면서 이성보다는 체험을 바탕으로 내면과 주관의 세계를 더 평가하자는 움직임이었다. 표현주의는 인상주의를 물질주의적인 것으로 간주했고, 니체나 베르그송의 철학에 근거한 생명의 도약을 숭상하는 사조였다.[59] 이렇게 함으로써 표현주의 예술은 감정을 통하여 모든 것을 표출하는 예술로 지칭되었다. 그렇기 때문에 표현주의 예술은 객관적이고 간접적이고 외면적인 서술은 일체 무시하고, 직감과 비전, 통찰과 안목, 에너지와 힘을 내세우는 작업을 하게 된다.[60] 또 표현주의 미술가로서 다리파의 기수였던 키르히너(Ernst Ludwig Kircher)가 1906년 발표했던 표현주의 선언문에서 "자신의 창조적 충돌을 감추지 않고 직접적으로 표현하는 것이 다리파의 뜻이다"라고 한 말[61]은 연극이나 무용에서 등 표현주의적 표현을 추구하는 사람들에게는 시사하는 점이 크다.

표현주의적 기법의 특징으로는 ① 자서전적인 요소를 주관적으로 표현한 내면묘사, ② 극중 인물이 자신의 분신이거나 주인공의 의식 가운데 잠재한 특성, ③ 주인공이 특정 인물이라기보다는 사회의 한 집단이나 직업을 대변하는 사람, ④ 대체로 표현을 위해 가면을 많이 사용하는 것 등을 들 수 있다.[62]

나의 작품 〈천형, 그 생명의 수레〉를 연극사조별 이론에 의해 분석해 보면 표현주의적 성향이 강한 작품이다. 이 작품에서 극중 인물은 절을 지키는 꼽추와 남사당 패거리, 그리고 동리 사람으로 캐릭터들이 정해져 있지만 작품을 만들면서 생각했던 요소들이 이 표현주의적 기법이 문자적·이론적으로 잘 설명해 주고 또 나의 안무의도를 이론적으로 정리해 준다는 생각이 들어 나 스스로 표현주의적 작품으로 분류하고 있다.

우선 이 작품에서의 내면묘사는 두 주역 인물에 대한 내면묘사로 요약될 수가 있다. 꼽추와 '몸의 상납'을 요구받는 애기 어름산이의 내면묘사다. 또 극중 인물들이 초연에서부터 현대무용가 손관중이 분한, 한 자연인 꼽추의 이야기가 아니라 장애를 평생의 멍에로 지고 살아갈 수밖에 없는, 그래서 꿈에서가 아니면 사랑도 해 볼 수도 없는 인물의 설정/표현과 남사당 패거리들의 성(性) 풍속과 생활 단면을 보여 주면서 하층 집단, 천대받던 집단의 슬픔을 대변하는 캐릭터들이다.

〈천형, 그 생명의 수레〉의 마지막 부분에 "군무수들이 서로 옷을 찢으면서 죽어가는 장면에서 주인공 꼽추는 나무 위에서 고뇌하는 장면"이 있다. 나는 이 장면을 만들면서 바로 표현주의의 기법 중의 하나인 "어느 특정한 사람의 내면이 아니라 모든 장애인/모든 예인들의 내면을 표현"하는 것을 생각했다. 이렇게 함으로 안무자는 관객도 출연자도 모두가 슬픈 죽음에 이른 애기 어름산이가 되고 동시에 나무 위에서 절규하며 바라보는 꼽추가 되는, 바로 그 극중 캐릭터의 감정에 몰입하도록 만들려 했었다.

내가 만든 작품들에는 표현주의 예술가들이 즐기는 가면이 곧잘 사용된다. 1987년 작 〈흙으로 빚은 사리의 나들이〉, 1995년 작 〈꿈, 탐욕이 그리는 그림〉, 1997년 작 〈피의 결혼〉, 2002년 작 〈다른 꽃 한송이〉, 2004년 작 〈다시 새를 날리는 이유〉, 〈삶꽃 바람꽃Ⅲ-신부〉 등 많은 작품에서 가면이 사용되었다. 극성의 대표적인 작품, 대표적인 표현주의적 나의 안무작으로 거론되는 〈천형, 그 생명의 수레〉에서는 가면으로 상징될 수 있는 부분을 샤막으로 대신했다. 꼽추가 애기 어름산이와 현실에서는 도저히 사랑을 이룰 수 없지만, 현실이 아닌 꿈에서는 가능하다고 설정을 했다. 그래서 우리 전통의 꼭두를 상징하는 여러 개의 크고 작은 인형들이 등장해 검은 막 뒤의 꼭두 가면을 보여 줌으로써 인간의 현실과 꿈의 세계의 경계를 의미하도록 했었다.

또 상징주의 연극 이론으로 나의 춤 작품 〈천형, 그 생명의 수레〉나 〈피의 결혼〉 등을 분석해 볼 수도 있다고 생각된다. 작품의 표현을 함축적으로 만들기 위해 사용되는 상징은 작품의 표현을 매우 단순화시키기도 한다. 나의 대표작 중의 하나인 〈피의 결혼〉은 스페인의 시인 페데리코 가르시아 로르카의 동명 희곡을 춤화한 것이었다. 이 작품에서 내가 쓴 여러 상징 중에서 무용수들의 의상에 사용되던 색동 띠는 한국적인 상징의 사용이었다.

연극사적으로 보면 1896년 프랑스의 뤼네 포는 상징주의의 에르나니[63]로 불리는 〈위비왕〉을 초연했다. 그러나 뤼네 포는 〈늑대들〉, 〈이성의 승리〉 등을 공연하면서 상징주의 일변도 연극에서 연극성을 강조하게 된다. 말하자면 텍스트보다는 연극언어의 창조가 중요하다는 생각을 깨우치게 했고, 배우가 가구를 대신하고, 태양 앞에 부엉이를 세우는 등 일상생활에서 볼 수 없는 것을 연극에서만 보게 하고, 또 막간의 관객이 무대 뒤를 구경할 수 있게 하여 자연주의적인 환상을 깨게 했었다.[64]

뤼네 포의 이러한 시도를 내가 작품에 원용한 것은 관객이 막간에도 무대를

다시 새를 날리는 이유 2006.ⓒ송인호

볼 수 있게 하자는 것이었다. 〈천형, 그 생명의 수레〉에서는 인터미션 순간에도 막을 내리지 않고 무대를 관객에게 공개했다. 객석을 지키는 관객들을 위해 두 명의 화자가 요령이 많이 달린 대를 밀면서 들어온다. 인형도 들고 있다. 요령 이 달린 대를 나는 어릴 때 자주 보던 대문에 걸어 놓던 금줄을 응용한다는 생 각에서 사용했다. 각기 다른 소리를 내는 여러 요령들의 울림과 인형을 가진 화자들의 동작을 통해 관객은 이후 펼쳐질 여러 이야기들을 상상하게 된다고 믿으면서.

나의 또 다른 작품(2000년) 〈달과 까마귀〉에서도 관객은 극장으로 입장하여 이중섭의 그림이 걸려 있는 전시장을 접하게 된다. 그리고 그 전시장(무대)에는 작품의 화자로 설정된 한 남자가 전시장에 걸린 이중섭의 그림을 관람하고 있

달과 까마귀 2002.©송인호

다. 그리고 열린 무대로 피트 아래서부터 놓인 계단으로 전시 관람객이 올라옴으로써 극중극을 의도했었다. 그러면서 화자 남녀는 이중섭의 과거를 찾고, 이들 화자 두 남녀가 춤 작품 〈달과 까마귀〉 속의 이중섭과 이남덕이 연결되도록 의도했고, 또한 호리존에 이중섭과 이남덕의 실제 결혼사진과 오버랩된 결혼식과 다시 오버랩되는 화자인 현실의 두 남녀의 결혼식의 다중적 연결되는 의도의 안무를 했다.

화자의 개념이 극에 처음 도입되는 것은 브레톨트 브레히트(Bertolt Brecht, 1898~1956)의 서사극에서였다. 이 극은 본질적으로 관객들이 등장인물에게서 느끼는 느낌을 그대로 전달받는 감정이입 현상을 막아 무대 위의 내용은 진실이 아니고 그냥 볼거리일 뿐이라는 점을, 즉 관객은 극중에 있지 않고 제3자일

춤으로 삶의 집을 짓다

뿐이라는 점을 일깨워 준다. 서사 문학에서의 화자의 개념을 브레히트가 극문학에 도입을 했었고, 〈피의 결혼〉에서 또 〈천형, 그 생명의 수레〉과 〈달과 까마귀〉에서 나는 화자라는 개념을 도입했었다. 그러나 브레히트가 의도한 화자의 개념과 내가 의도한 화자의 개념은 좀 달랐다. 브레히트의 서사극에서 그는 관객을 극중의 내용이 진실이 아니라고 말해 주는 화자의 역을 했지만 나는 단순한 개념의 화자 혹은 현재와 과거를 연결하는 고리로서의 화자를 설정했었다.[65]

잔혹극적인 특성의 관점에서 나의 춤 작품 〈천형, 그 생명의 수레〉을 분석해 보자. 브레히트는 앙토내 아르토(Antonin Artaud, 1896~1948)와 함께 20세기의 연극의 흐름을 바꾼 사람이다. 브레히트는 서사극을 창시했고, 아르토는 잔혹극을 옹호했다. 브레히트는 서사극이 역사와 정치이념, 도덕적 비전에 관심을 기울여 관객을 교육시킬 수 있다고 생각했던 반면에 아르토는 문명에 오염되어 관객은 의식이 마비되어 있다고 믿고, 관객들의 시선을 절대 순수의 세계로 돌려야 한다는 주장을 하고 있다. 그는 텍스트 위주의 문학극과 무대 체계에서의 언어의 우위성을 거부했던 연극인이면서 동양에 가장 적극적으로 접근했던 인물이다.[66]

안무가로서 나는 아르토의 언어의 우위성을 거부하는 주장에 관심을 더 갖는다. '잔혹극'이라는 용어에서 '잔혹'은 아름다움을 표현하려는 예술과 어울리지 않지만, 아르토의 이론은 공연예술을 하는 우리들이 작품을 만드는 과정에서 논리적인 사고를 하게 한다고 생각되어 나의 작품에 늘 그 이론을 도입하고 관심을 갖는다. 또한 무용가인 나는 언어에 의한 감정전달이 이루어지는 연극이 동작에 의한 감정전달을 이루는 춤보다 더 이해가 용이하고 우위에 있다는 일반적인 인식을 거부할 수 있는 (연극인의 주장에 입각한) 이론적인 근거를 갖게 된다는 측면에서도 관심을 가지지 않을 수 없다.

"연극은 마치 원시제의처럼 배우들과 관객들의 정신에 똑같은 충격과 감동을 줌으로써 양자 모두 새롭게 깨어난 의식으로 다시 삶과 정면대결할 수 있게 해야 한다"면서 연극과 관객 간의 관계를 정의한 아르토의 연극 이론은, "아르토의 연극 이론은, "① 스펙터클은 잔혹성과 혼란을 토대로 감각적이고 마력을 띠게 해야 한다. ② 배우는 연극의 핵심이며, 그의 연기는 스펙터클의 의미작용에 결정적이다. ③ 배우의 말, 목소리, 제스처, 의상, 표정, 동작 등의 다양한 기호의 집합체, ④ 공연에서 언어기초로 된 대사보다는 신체언어, 물질언어를 강조한다. 이때 신체언어는 배우의 제스처, 동작, 표정, 시선, 마임, 춤을 가리키고, 물질언어는 의상, 공간, 조명, 대소도구 무대건축 등을 가리킨다. 또한 대사의 주술성도 중요하다. ⑤ 소도구는 가급적 간편하되, 물질의 상징성이 강조되어 관객에게 말하는 도구가 되어야 한다 등 주장을 하고 있다. 아르토는 소도구 중에 인형과 가면 사용을 선호했고, 이런 소도구가 바로 그가 말하는 '관객에게 말하는 도구'들이다.[67]

브레히트나 아르토의 연극 이론을 자세히 설명하는 이유는 연극과 춤의 유사성과 다른 점을 강조하기 위해서이기도 하고, 이론적으로 완전히 정립되지 않은 무용에서의 이론을 확장하는 데 도움이 된다고 생각하기 때문이다.

그런 관점에서 아르토의 이론이 나의 춤과 안무 사상을 분석하고, 논리적 근거가 될 수 있다고 생각된다. 왜냐하면 춤과 연극이 장르의 차이점만 제외하고 비교해 보면, 효과적인 측면에서 전달하려는 메시지에서 같은 목적과 논리가 확인되기 때문이다.

무용가 김복희가 생각하는 작품상의 극성이라는 것은 작품의 전체적 줄거리가 주는 극성과 클라이맥스에서 느끼는 극성이라고 앞서 말한 바 있다. 연극적 관점에서 〈천형, 그 생명의 수레〉에서 하나하나 분석해 보면 이러하다. 〈천형, 그 생명의 수레〉에서 내가 스펙터클을 의도한 것은 세 장면에서이다. 하나는 꼽추 탄생의 장면이다. 탄생한 꼽추가 하늘로 들어 올려지고, 모든 무용수들이 무표정하게 암울한 그의 앞날을 예고하는 장면이다. 그 짧은 장면과 바로 뒤 장면은 감각적인 표현이라고 생각된다. 또 다른 장면은 이미 언급한 바가 있는 "모든 무용수가 애기 어름산이가 되고 또 꼽추가 되어 서로 옷을 찢으면서 절규하는 장면"이다. 나는 이 혼란을 통해 스펙터클을 연출했다. 또 세 번째 스펙터클은 아르토가 말하는 신체언어와 물질언어 중 물질언어에 의한 표현이었다. 마지막 장면에 거대한 흰 천이 무대 중앙에서 두 줄로 하늘로 향해 올라가고, 객석에서는 검은 의상을 입은 무용수들이 천천히 극장 중앙 복도로 걸어들어 와 무대 앞을 지나 다른 쪽 복도로 나뉘어 정렬하는 동안 그들의 손바닥에 올려놓은 향 내음이 극장 안을 채우는 장면이다. 이 장면은 바로 이 스펙터클을 통해 극중의 극성을 높여 보자는 의도였다. 즉 죽은 애기 어름산이들의 영혼을 하늘로 인도해 주는 길의 상징으로 하얀 천을 걸었고, 이 장면의 제의성을 강조하기 위해 검은 의상을 입은 무용수들, 그리고 그들의 손바닥에 피운 향이었고, 이 향 내음으로 관객의 후각까지 자극하려는 의도였다. 관객과 무용수들이 극장이라는 한 공간을 공유하면서 감정까지도 공유하게 만들려는 극적인 표현의 시도였다.

아르토가 말하는 신체언어와 물질언어와 춤 작품을 더 연관시켜 보면, 그는 "형이상학이 전신으로 스며들게 하기 위해서는 육체(감각)를 통해야 한다. 즉 감각으로 육체로 느낄 때 형이상학도 전달된다. 그러므로 잔혹의 표출을 위해 지성에 호소하는 언어보다는 관객과 감각을 교신할 수 있는 물질-신체가 더 효과적이다"라고 하고 있다.[68]

그런데 춤 작품에서 물질언어가 무대를 찬란하게 하는 단순 시각적 효과는 쉽게 얻을 수 있지만 표현적인 효과를 거두는 것은 쉬운 작업이 아니다. 그럼에도 불구하고 물질언어를 통해서 표현적인 효과를 거두는 것은 전적으로 안무자의 역량에 달렸다고 나는 믿는다.

달과 까마귀 2002.ⓒ송인호

내가 물질언어를 통해 표현적인 효과를 거두었다고 생각하는 장면을 한 번 설명을 해 보면.

나의 작품 〈달과 까마귀〉의 무대 전체에 하얀 천이 깔렸었다. 이것은 이중섭과 그와 헤어져 일본에 사는 일본인 아내 이남덕을 가르는 한일 간의 현해탄을 상징하는 것이었다. 이 흰 천이 점점 무대 뒤로 사라지면서 남덕이 두 아이를 안고 함께 사라지는 (일본으로 가버리는) 표현은 물질과 신체가 언어보다 더 효과적임을 보여 준 춤의 장면이다. 연극언어는 우리의 신체 의사소통처럼, 언어적인 특징과 비언어적인 특징을 함께 갖고 있듯, 나의 이 '연극적인 장면'은 매우 효과적인 비언어적 표현이었다.

〈천형, 그 생명의 수레〉에서도 관객의 감각과 교신할 수 있는 물질언어를 많

춤으로 삶의 집을 짓다

이 사용했다. 물질언어 중 아르토가 선호하는 '관객에게 말하는 소도구'인 인형이 바로 이 작품에서 사용되었다. 또 〈천형, 그 생명의 수레〉에서 세 번이나 사용된 샤막도 감정적인 교신의 도구가 되었다고 생각된다. 남사당이 하는 놀이 중 덜미, 즉 인형극은 그들이 하는 풍물, 버나(대접돌리기), 살판(땅재주), 어름(줄타기), 얼른(요술), 텃뵈기(탈춤) 그리고 덜미(인형극) 등 놀이들 중 유일한 남사당의 고유한 놀이이기 때문에 '남사당은 덜미'라는 상징으로 선택하여 작품에 넣었었다. 빅토르 유고의 『노트르담의 꼽추』 원전이 프랑스적인 것이지만 나는 극 속의 모든 요소를 한국화하였다. 원전 속의 인간, 집시 그룹과 유사한 특성의 집단으로 우리나라의 남사당패를 설정했고, 이런 인물의 전환은 곧 드라마의 요소의 변화를 의미하니 장면 속에 가미되는 요소들 또한 한국적인 것이 연착하게 된다.

끝으로 극성의 구조에 대해 언급해 볼 필요가 있다고 생각된다.

일반적으로 극은 플롯상의 행동에 의해 이루어진다. 이 행동을 연극 속의 사건이라고 할 수 있는데 그 진행 구조는 대결-위기-절정-해결의 구조로 되어 있다. 이러한 구성 방법은 셰익스피어, 입센 그리고 올비가 잘 사용하던 구조이다. 그런데 이런 구조를 표현하는 방법으로는 점층적인 구조(Climax 구조), 삽화적인 구조(Episodic 구조), 상황적인 구조(Situational 구조)로 되어 있다.

삽화적인 구조는 셰익스피어나 브레히트와 연관이 깊은 것으로 인물이 행위를 향한 여행과정을 거쳐 최종적인 행위에 도달하는 구조이며, 상황적인 구조는 1950년대의 부조리극의 표현방식으로서 플롯이나 사건의 배열이 아닌 상황이 극을 결정하는 구조를 말한다. 점층적인 구조는 절정까지 인물의 활동을 제한하여 원인과 결과에 따라 사건을 배열하여 절정과 빠른 해결로 끝을 맺는 구조이다. 이 구조에서는 클라이맥스가 보통 마지막에 온다.[69]

〈천형, 그 생명의 수레〉도 점층적인 구조를 가지고 있는, 즉 클라이맥스가 제일 마지막에 있는 구조의 작품이다. "죽은 영혼이 하늘에 오르는 하얀 하늘 길이 만들어지고 인형이 죽음을 상징하듯 하얀 천의 하얀 끝자락에 싸이고, 관객들은 검은 의상을 입고 엄숙한 표정으로 객석으로 천천히 걸어 들어오는 무용수들의 손 위에서 피어나고 있는 향 내음을 맡는 그 순간이 내가 의도한 점층적인 구조에서의 클라이맥스였다.

내가 극성을 강조하면서 사용하는 표현 중의 하나는 극중의 극을 삽입하는 방법이다. 셰익스피어도 이 방법을 많이 사용했었다. 햄릿 2막, 유랑극단이 햄릿의 부친 살해에 대한 연극을 재구성해 보여 주는 장면 같은 것이, 셰익스피어의 극중 극 방식이다. 나는 단순히 극중에 관객을 두는 것으로서 춤 속에 극이 있다는 것을 느끼게 하였다. 〈천형, 그 생명의 수레〉에서 "꼽추가 탄생한 후 무용수들이 무대 정면 끝의 피트에 서 있는 장면과 애기 어름산이를 마을의 유지가 겁탈하고 난 후 극중 마을에서는 마당놀이가 시작되고, 무대에선 상모를 돌리는 장면이 전개된다. 이 마당놀이에 마치 관중이 있는 것처럼 조금 내려간 피트에 걸쳐 앉은 무용수들(관객)이 있는 표현"이 내가 의도한 극중의 극이었고, 이를 이미지로 만듦으로 관객이 극중의 극이 있다는, 말하자면 극성을 자연스럽게 느끼도록 의도했었다.

〈달과 까마귀〉에서 마지막 장면에서의 클라이맥스를 유도하기 위해 나는 모든 무용수가 이중섭 혹은 이남덕 혹은 현대의 이중섭과 이남덕과 같은 젊은이들이 되어 내려진 피트와 무대 전체를 오르내리면서 다이내믹한 춤을 추도록 하면서 한정된 극장의 공간을 확장시키려 의도했었다. 〈천형, 그 생명의 수레〉에서 무용수들이 객석 중앙복도에서 걸어 들어오고 양쪽 복도에 서서 향을 피우게 한 마지막 장면은 관객석과 무대를 모두 무대화하고 공간을 확장했던 것으로, 그렇게 공간확장을 하면서 클라이맥스를 강하게 느끼게 하고, 금방 텅 빈 무대로 만들어 잔상과 허무와 비움이 하나가 되도록 안무했다.

춤으로 삶의 집을 짓다

달과 까마귀 2002.©송인호

어떤 공연작품도 안무자나 연출자가 어떤 표현을 사용하더라도 연기자의 감정을 관객에게 감정이입을 시키지 못하는 작품은 감동이 없는, 따라서 극성이 없는 작품이 된다.

다시 말해 극성은 무용수와 관객 간의 소통성과 이해도를 높이고, 작품의 의미를 쉽게 전달하여 결과적으로 작품 전체의 표현성을 높일 수 있다. 그러나 이러한 극성이 모든 춤에 해당되는 것은 아니다. 어떤 표현을 먼저 무대에 올릴 것인가, 어떤 의상을 무용수들에게 입힐 것인가 하는 결정을 하기 위해 공연 당일 추첨까지 하는 머스 커닝햄이나 루신다 차일즈 같은 무용가들의 작품, 즉 춤 자체의 본질과 그 형식미를 강조하는 무용가들에게는 극성이 그렇게 크게 어필되지 않는 요소일 수도 있다.

연극언어적인 측면에서 보면 시각은 이미지, 제스처, 소품, 대상물, 동작, 조명, 색채 등 요소들에 의해 자극되고, 청각은 음악, 음향, 노래 대사 등에 의해 자극된다. 춤 작가들은 시각과 청각을 자극하여 그 극성을 높일 뿐이다. 또 드물게는 내가 사용했던 후각을 자극하는 방식을 도입할 수도 있을 것이다.

그 외에 극성을 높이는 요소들도 물론 있다. 비언어적 언어(비언어적 언어에는 음악, 제스처, 조명, 분위기, 의도, 의미 등이 포함되지만) 중에 내가 중요시 여기는 요소 중 하나는 조명이다. 인체와 사물에 떨어지는 조명의 다양한 효과는 어떤 언어보다도 더 호소력이 있다. 〈천형, 그 생명의 수레〉의 극성은 의도적인 조명 조도와 색깔과 또 사용한 샤막이 효과를 내어 주는 뉘앙스가 틀리는 빛 등이 극성을 높이는 요인으로 작용했다.

안무가들마다 선호하는 방식이 다르기 때문에 나의 '극성을 우선시 하는 방식'이나 조명과 같은 비언어적 수단 혹은 물질을 앞세운 방식이 절대적인 것은 아니다. 그러나 이론적으로 춤 작품을 만든다면 앞서 언급된 표현주의-상징주의-잔혹극 이론이 춤 세계를 표현하는 이론으로 적합하다는 생각을 한다.

특히 나에게 인상을 주는 것은 앙토내 아르토가 서양 전통 연극에 대한 거부를 하면서 전통극의 개념이 연극의 본질일 현장성과 제의성을 무시했기 때문에 무감각·무감동한 지적 유희로 가득 차 있다고 비난[70]한 점이다. 이러한 관점에서 생각해 본다면 안무가들이 작품을 만드는 데 있어서 상식적인 무대를 넘어선 무대를 창조해 내어야 한다고 생각된다.

종교적 요소와
춤

●

　'한국적 이미지의 현대 춤' 유형의 모색의 목표는 2개의 전제에서 출발하고 있다. 하나는 '한국적'이어야 한다는 것이고 또 다른 하나는 '한국적 요소'를 '요리'하여 만든 현대춤이 '예술적'이어야 한다는 것이다. 탐색 끝에 찾아낸 우리적인 요소가 창작이라는 과정에서 용해되어 그 결과 만들어진 '한국적 이미지의 현대춤'이 한국적 예술의 전형으로 인정되면서 동시에 그것이 보편적인 미학의 예술, 다시 말해 외국의 것과 차별화되는 '현대 우리 예술'이어야 한다는 것이다.

　전자, '한국적'이라는 것에 관해서 나는 "한국성이란 무엇인가—그 개념과 형태"란 논문에서 미진하나마 '한국적'의 개념을 설명한 적이 있다. 이제 후자, 즉 '예술적'에 대해 생각해 보면 한 국가의 예술은 그 국가 구성원의 삶 전체와 연관성을 가지고 있다.

　한국적 '예술'을 논하려면 '한국 예술의 전형'에 대한 고찰이 선행되어야 할 것이다. 전술한 "한국성이란 무엇인가-그 개념과 형태"란 논문의 결론적 검토에서 나는 조지훈이 꼽은 우리 예술의 네 가지 전형, 즉 '힘의 예술', '꿈의 예술', '슬픔의 예술', '멋의 예술'을 인용, 그것을 한국 예술의 전형으로 거론한 바 있다.[71] 이보다 명쾌하게 한국의 예술 전형을 규정할 수 없다는 것이 나의 생각이기 때문이다.

조지훈은 우리 예술의 네 가지 전형을 설명하면서 한국 예술의 사적 경향을 이렇게 규정했다. 시대적 개념에서는 원시에서 고대까지는 문화나 문학이 혹은 예술이 발생되는 시대였고, 고대에서 중세까지는 문화가 개화되는 시대, 그리고 중세에서 근세까지를 문화와 문학의 부흥시대라고 명명했다.

> 上代상대는 架構가구에서 통제로, 懷柔회유에서 鬱結울결로,
> 近代근대는 반발에서 隱逸은일로라는 특색의 과정을 밟았고
> 신라예술은 고전주의적-조각적, 고려의 예술은 낭만주의적-
> 회화적, 조선의 예술은 자연주의적-음악적이라고 할 수 있다.[72]

라고, 조지훈이 사용한 생소한 낱말과 표현에 대해 해석을 더하면, '가구에서 통제로'라는 것에서 가구는 상상력에 의해 대강 얽어서 꾸미는, 조악한 수준의 창작을 의미하며, 통제는 일정한 방침이나 목적에 따라 행위를 제한하거나 제약하는 창작을 의미한다. 가구에서 통제에 도달하는 과정에서 예술의 표현 양식이 서서히 생겨나고 확립되어 간다.

'회유에서 울결로'에서 회유는 어루만져서 잘 달래는 의미로, 이 단계에서는 생겨난 양식의 보전을 위해 노력하는 단계라고 볼 수 있으며, 울결은 가슴이 답답하게 막힘의 뜻으로 바로 그 답답함이 예술 표현의 형식과 내용을 점령해 버린다는 것을 강조한 것이다.

그런 울결에 대한 반발, 말하자면 울결에 대해 거스르고 반항한 후 은일, 즉 세상을 피해 숨는 단계로 이어진다는 것이다. 울결에 대한 반항으로 은일 단계에 들어가면서 형식의 파괴가 진행된다. 자유스런, 통제가 없는 해이로 전이되어 가고, 그 속에서 아름다움을 추구해 감을 설명한다.

이 네 가지 전형의 성립 배경에서 우리 민족의, 우리 문화와 예술의 정신적인 요소를 발견할 수가 있다. 여기에서는 우리 예술의 전형을 유발·발달시킨 요소들을 탐구해 보면서 앞으로 내가 도달하려는 한국적 이미지의 현대품의 표현을 위해 응용할 수 있는 요소의 발견을 예견해 보려고 한다.

한국예술의 전형을 구분해 보는 것은 우리 민족의 예술, 즉 한국의 문화라는 지목을 분석해 보는 것과 같다고 할 수 있을 것이다.

미의식이라는 것은 아름다움에 대한 인간 자세에서의 주체적인 의식이다.

이 관점에서 미를 대하는 동양적 시각과 서양적 시각은 현저히 다르다. 서양은 합리적 정신에 입각하여 예술을 바라보지만 동양예술은 비합리적인 자세를 견지한다고 할 수 있다. 서양예술 표현에서 보면 심적 불화가 적극적으로 토로됨을 목격할 수 있지만 동양예술에선 내적 평화와 자연과의 합일을 추구한다[73]고 알려져 있다. 미에 관한 이런 (비합리적이라는) 관점을 우리는 우리의 민속음악이나 마당놀이 등에서 능히 짐작하고 발견할 수 가 있다. 한국인의 음악미는 무악(巫樂)의 영향 때문이기도 하겠지만 신나면 규칙을 무시하고 같은 리듬을 여러 번 반복하여 오랫동안 계속할 수도 있고, 즉석에서 새로운 형식을 삽입하기도 한다. 그것이 바로 자연스러움을 보이는 한국의 예술의 단면이다. 이런 한국적인 아름다움에 대하여 조지훈은 좀 더 세밀한 분석과 분류를 하여 한국의 예술의 전형을 규정했다.

그 네 가지를 도표로 만들어 보면 다음과 같다.

다음 표에서 나는 우리 예술의 형식과 감정을 시대별로 정리해 보았다.

한국 예술의 전형과 그 정신

시대	전형	특색	감정	형식	시대	서양사조에 비유
상대	힘의 예술	웅건, 절조, 장엄	가구에서 창조	비조각적	삼국 초기	
	꿈의 예술	불교와 합일	통제/생동하는 정신과 이상	고전적 형식	통일신라, 고려	고전주의적, 조각적
중세	슬픔의 예술	淨土정토, 禪선 불교의 영향	계승에서 울결	규격의 산란 질조의 저회 불균형	통일신라 말, 고려 말	낭만주의적, 회화적
근대	멋의 예술	유교와 합일 신념의 힘	소박, 구수	통제 없는 해이	조선 이후	자연주의적, 음악적

참고: 조지훈의 한국 문화사 서설에 근거하여 작성한 도표임

힘의 예술

조지훈은 힘의 예술을 고구려, 백제, 신라 삼국이 국가를 형성하기에 이른 초기의 예술로서, 그 결구가 웅건하고 절조가 장엄하면서 표현이 요약적인 특색을 띤 것으로 규정했다.

이 힘의 예술에서는 비조각적인 가구 조형의 발달은 볼 수 있으나 예술적 사고로 서의 명상의 정서는 볼 수 없어 완전한 고전적 형태를 이루진 못했으나 우리 예술의 건설의 기초를 이루었다[74]고 조지훈은 분석했다.

꿈의 예술

힘의 예술에서 본격적 예술의식의 태동에 의하여 일어난 것이 꿈의 예술이다. 이 꿈의 예술의 성립은 불교의 전래에 의해 촉발된다. 세련된 외래문화인 불교의 법열과 신흥 의욕에 불타는 국민의 야성이 합일하여 이루어진 것이 꿈의 예술, 이것의 사상적 근거는 화엄사상에 통하여 있다. 우리 예술의 고전적인 형태가 이 당시에 이루어진다. 이 시대의 예술은 풍양하고 밝은 명상하는 정서를 볼 수 있으며, 온화하면서도 결코 무력하지 않은, 실로 큰 법열의 영혼을 찾을 수 있다.[75]

춤으로 삶의 집을 짓다

슬픔의 예술

꿈의 예술이 그 정신에 내포한 힘을 상실함으로부터 그에 대한 반발로 슬픔의 예술은 싹트기 시작했다. 슬픔의 예술이 정토 사상과 선(禪) 사상에 연결되었다. 이것은 봉건 사회의 포화에서 일어나는 도시문화와 귀족문화의 타락, 통제 없는 해이의 예술, 저회의 예술을 낳았다. 규격은 산란되고 절조는 저회하여 그 기법은 불균형, 비상칭으로 흘렀다. 조지훈이 이런 슬픔의 예술의 표본으로 고려자기와 〈청산별곡〉 등 고려가사의 예를 들고 있다.

멋의 예술

'삭풍은 나무 끝에 불고', '한산섬 달 밝은 밤'에 등 이조 시조(時調)에 멋의 예술의 힘을 느낄 수 있다는, 그 멋의 예술은 슬픔의 예술의 힘보다는 꿈에 치우친 것에 대한 반발로 일어나기 시작한 예술적 경향으로 규정한다. 조선 오백 년을 흘러내린 이 멋의 예술의 바탕에는 유교정신이 있다. 멋의 예술은 슬픔 속에 신념의 힘을 갖춘 것이 그 자랑이요 소박하고 구수한 가운데 밝고 휘영청거리는 것이 그 특징이다.[76]

국문학자 이희승도 한국예술의 특징을 '멋'이라고 했다. 그는 그것은 우리에게 쾌감 이상의 쾌감을 주는 것이요 쾌감 이하의 담백미를 준다고 하였다. 멋의 예증으로 한복의 긴 고름, 버선코의 뾰족함, 저고리의 회장, 가옥의 추녀 등을 들었다. 멋은 사물의 실용성이나 효율성을 떠나 통일을 깨고 균제를 벗어난 한국미의 특색이라고 했다.[77]

이 네 가지 예술의 전형에서 보면 꿈의 예술에서는 그리스 미술에서 보이는 단순과 고요함 그리고 위엄이 있고 통제적 배열의, 기교의 교치(巧緻)가 있다고 했으며, 슬픔의 예술은 그 슬픔 속에 반성과 명상, 희구와 신앙, 체념과 달관이라는 감정이 순화되어 예술 작품 속에 녹아 있다고 했다.

조지훈은 또 신라의 예술이 고전적이면서 아울러 자각적이고 고려의 예술은 낭만주의적이면서 회화적이고 전선의 예술은 자연주의적이면서 음악적이라며 서양예술 사조와는 달리 회화적-음악적이라는 것이 결부되었다고 했다. 조지훈의 이러한 예술 전형의 분석[78]을 전적으로 지지한다고 보면 이 전형에서는 종교적 요소의 압도적인 영향을 발견하게 된다. 한국 예술의 발전 배경에 시대별로 서로 다른 종교의 영향이 있었고, 그것이 예술에 상당히 뚜렷하게 반영되었다고 보인다.

한국 예술에서의 종교의 영향

한 국가에서의 종교는 그 사회의 문화와 예술을 형성하는 데 결정적인 영향을 끼침을 알 수 있다. 특히 특정종교가 그 지역에 뿌리를 내린 기간이 길면 길수록 그 종교가 그 지역민의 정서와 가치관에, 인간관과 세계관 형성에 결정적인 영향을 미친다. 서양을 이해하려면 기독교를, 동양을 이해하려면 불교와 유교와 또 토착신앙을, 아랍제국을 이해하려면 이슬람교를 이해하여야 한다는 개념은 종교와 문화에 대한 아주 기초적인 인식의 것이다.

고조선 사회에서 삼국시대 초기에 이르기까지 고대신교로서의 무(巫)가 신봉되었고 그 기반 위에서 유교, 불교, 도교가 이 땅에 들어와 정착을 하였다. 이들 종교는 일정한 토착화의 과정을 거친 후 사회에 두루 신앙되면서 정치, 경제, 사회, 예술 등 전반에 걸쳐 우리 문화의 형성에 크게 이바지하였다.[79]

종교학자 최준식은 무교를 한국인의 원초적인 종교 심성을 결정한 종교라는 제목으로 글을 쓴 바 있다. 여기에서 다루지 않는 기독교는 한국에서의 신문화의 그 배태기에서부터 상당한 역할을 한 것도 사실이다. 신문화라는 것이 근대문화요, 다시 말해 시민사회의 문화가 서구에서처럼 권력에 대한 반발에서부터 시작된 것이 아니고 종교의 수입으로부터 비롯된다는 사실에 조선 근대

춤으로 삶의 집을 짓다

문화사의 성격이 있고 여기에 조선의 신문화와 기독교사의 공통성이 전제된다고 조지훈은 주장한다.[80]

이렇듯 종교는 그 종교가 속한 사회의 문화 형성에 상당한, 아니 압도적인 변수로 작용을 한다. 우리 문화예술에 영향을 끼친 종교적인 요소가 많지만 이 글에서는 3개의 종교, 즉, 무교, 불교, 유교의 영향에 대해 간략하게 검토해 본다.

1. 신앙과 문화적 정체성을 구별하라

여기서 한 가지 분명히 밝히고 싶은 것은 종교적 목적의 춤 작품이 아니라면 창작에 자신이 가진 종교만을 꼭 고집할 필요가 없다는 점이다. 한 개인이 믿는 종교는 분명 그 개인의 정신세계 형성에 지대한 영향을 끼침은 사실이지만, 예술가, 창작가라는 입장에서 보면 범종교적인 자세가 필요하다고 사료되고, 또 그 창작가/예술가가 자신의 정체성, 국민성 등을 표현하기 위해서라면 그 국민성, 정체성을 형성하는 전래 종교적 요소 또한 관심을 가져야 한다는 것이 나의 소신이다. 종교 계통 학교에 근무하기 때문에 전통문화적 요소인 무에 관련된 것을 금기시한다든가, 특정 종교를 믿기 때문에 다른 종교의 이야기가 나의 창작의 주제가 될 수 없다는 협소한 생각으로는 결코 좋은 창작을 할 수 없을 것이다. 서양의 무용가들이 기독교 혹은 천주교를 믿으면서도 그리스 신화와 같은 범신적인 소재를 많이 사용하는 것이 우리 무용가들에게 하나의 모델이 되지 않을까 싶다. 개인 신앙과 문화적 정체성적인 요소를 구별하라.

한국의 고유신앙과 무속의 영향

고유신앙은 유령관(有靈觀, Animism)의 단계에서 유신관(有神觀, Theism)의 단계로 진화하는 과정이 있었다. 이런 과정에서 보면 한국의 고유신앙이 다원적인(일신이냐 다신이냐의 측면에서) 양상을 보인다. 원래 샤먼은 많은 정령을 접할수록 능력이 과시되며, 그래서 무당이 스스로 만신(萬神)이라 부른다. 그러나 한국의 고유신앙에서 보면 하나님을 최고신으로 믿기 때문에 이 점에서는 일신적(一身的)이라 할 수 있다. 그런가 하면 한국의 고유신앙은 유령론적이면서도 유신론적인 중간 성격이라는 독특한 면이 있다.[81]

단군신화가 고조선으로부터 내려오는 한국인의 집합적 또는 종족적 무의식에 깔린 원형이라고 한다면 한국인의 생활 구석구석에 무교적인 요소가 스며 있다.[82]

고대에 신교(神敎)로 불렸고 발생 이래 혹독한 탄압과 핍박에도 불구하고 민중에서 두루 신앙되는 무교 등은 제외하고, 다만 북방의 알타이어 계통에서 무당을 이르는 탱그리에서 유래한 단군은 보통명사로 정치적 우두머리였으면서 동시에 종교적 사제였다. 단군의 경우보다 더 명백한 것이 신라의 두 번째 임금이었던 남해차차웅의 경우이다. 기록으로 전하고 있는, 신라의 김대문에 따르면 1세기경에 사용된 차차웅 혹은 자충이라는 단어는 무당을 뜻하는 방언으로 남해왕 역시 왕이면서 무당이었던 것이다.[83]

무속이 종교인가 종교가 아닌가 하는 관점에서의 논란에 대해 한국 민족문화대백과사전에는 "민속은 민간사고가 집약되어 무당을 중심으로 체계화된 종교현상이다"라고 분명히 밝히고 있다.[84]

종교학자 최준식은 한국인의 심성에는 숨 막히는 질서보다는 여유 있고 자유분방한 무질서를 좋아하는 성향이 있다고 분석한다. 그는 이 자유분방한 무질서한 특성이 무(巫)에서 유래했다고 분석한다. 실제로 굿하는 모습을 보면

춤으로 삶의 집을 짓다

좋게 보면 그 자연스러움에, 나쁘게 말하면 그 무질서함에 놀라게 된다고 했다. 굿판의 모습이 '흥정하고, 어르고, 호통치고, 빌고, 웃고 할 뿐만 아니라 그 중간에 밥 먹고, 술 마시고, 담배 피우고 춤추고 전화도 걸고, 악사들과 실없는 농담도 하는 것'이 종교 의식이라 생각되지 않을 정도이지만 이것이 전체적인 한국인의 삶의 모습이 축약되어 있는 것 같다는 주장이다. 그는 또 굿의 이런 모습의 절정은 질서 이전의 세계로 회귀하려는 카오스적 망아경 속에서 찾아야 한다고 했다.[85] 그는 한민족의 무질서(혹은 자연스러움)에 대한 수준 높은 감각은 사실 예술분야에서 유감없이 그 진가를 발휘하고 있다면서 그는 선운사의 만세루라는 건물의, 가공하지 않은 천연 그대로의 흰 나무를 쓴, 세계 초유의 대들보와 절 건물의 주춧돌을 거의 다듬지 않고 그냥 쓰는 것을 예로 들었다.[86] 특히 무악에서 보면 자연스러운 예술미가 한층 발현된다. 향악 가운데에서는 남도 무교, 특히 세습무들이 종교의식에 사용하던 시나위[87]와 산조 등에서 즉흥성이야말로 무속의 자연스러움의 대표적인 영향이다. 우리 전통춤에 무당춤, 살풀이 등 무속성을 지닌 춤들이 많이 있다. 나도 작품 〈장승과 그림자〉에서 장승이 주는 의미의 무속성을 생각하면서 의상에 부적 같은 그림을 그려 넣었고 창살에 비친 3개의 그림에서 1장인 하늘 위를 걷기에서 무녀의 삶을 그리기도 했다. 그러나 우리 문화적 뿌리 자체가 무속, 불교, 유교를 완전히 구분한다는 것은 사실 어려운 일인 듯하다. 서로 얽혀 있는 우리의 민족성과 연관되기도 하기 때문이다.

불교의 영향

한국의 고유신앙 바탕 위에 들어온 최초의 외래 종교는 불교이다. 372년(소수림왕 2년) 국교로 선포된 불교는 전진의 왕 부견이 보낸 순도를 법사로, 불상과 불경 등이 고구려 왕실에 전하여졌다. 이에 소수림왕은 사신을 보내서 감사의 뜻을 표하고 순도로 하여금 왕자를 가르치게 하였다. 2년 뒤인 374년에는 진나라의 승려 아도가 고구려에 왔다. 소수림왕은 그 이듬해 봄에 성문사와 이불란사를 세우고 순도와 아도를 각각 그 절에 머물도록 하였다.[88]

민간신앙에 가장 강력한 영향을 주었으면서도 가장 두드러지게 습합(褶合)하여 새로운 국민신앙을 이룬 것도 불교이다. 이 불교가 우리에게 남긴 것은 무형적인 정신과 유형적인 자산이다. 한국의 유형문화재의 대부분은 절, 탑, 불상들로, 거의가 불교적이므로 우리 문화와 정신에 자리 잡고 있는 이런 불교의 위치에 대해 이의를 제기할 사람은 없을 것이다.

불교가 한국의 토착 고유신앙과 융합을 한 예도 많이 볼 수 있다.

무속에서 불교적 요소를 찾을 수 있는가 하면 사찰에 산신각이 당당하게 자리를 잡고 있는 것을 쉽게 볼 수 있다. 무당들이 착용하는 장삼과 고깔, 삼불선(三佛扇), 염창(念唱) 중의 천수(千手), 염불 등은 불교에서 온 것이 분명하다. 제석굿, 삼신굿 서낭제, 성주풀이가 고유신앙의 바탕에서 이루어진 것이다. 또한 불교가 한국의 고유신앙에 끼친 가장 두드러진 영향은 명부, 즉 저승의 개념이다.[89]

나는 특히 불교적 사유의 작품을 많이 만들었다. 1971년 〈법열의시〉로부터 〈요석, 신라의 외출 등〉, 특히 화엄경을 기저로 한 〈흙으로 빚은 사리의 나들이〉, 〈아홉 개의 의문, 그리고…〉, 〈꿈, 탐욕이 그리는 그림〉 등 다양하게 많다.

〈꿈, 탐욕이 그리는 그림〉은 1995년 이광수의 소설 『꿈』을 원전으로 한 작품으로 무대는 열려 있고 별이 있는 밤 승려 조신이 하루 동안 꾼 꿈을 통해 득도를 하는 내용이다. 그 꿈속에는 인생사 모든 이야기가 들어 있다. 이 작품에 졸고 있던 조신이 그 꿈속으로 미끄러져 들어가는 장면은 사천왕상의 모양을 한 무용수들이 피트를 타고 올라오면 왼쪽에서 오른쪽으로 건너감으로써 꿈속으로 들어간다. 그리고 거기에서 낮에 보았던 달래라는 아름다운 여인과

춤으로 삶의 집을 짓다

꿈, 탐욕이 그리는 그림 1995.ⓒ송인호

사랑하고 사랑의 도피를 하여 자식을 낳고 살인을 하는 드라마가 있는, 그러면서도 불교적인 작품이다. 이런 꿈속에서 전개되는 현실과 꿈, 장소와 머릿속 등, 무대에서 다중구도가 보인다. 예를 들어 한 무대 위에서 현실과 꿈의 구조, 즉 달래의 약혼자 모래가 따라오는 것과 두 사람의 사랑과 고통이 오버랩되고 조신이 죽인 평목의 영혼이 샤막 뒤에서 조신의 가는 방향마다 쫓고 샤막 앞에서 딸의 죽음이 표현되는 다중구도, 그리고 이 모든 것의 끝이 샤막이 서서히 하나하나 걷히면서 처음 장면으로 반대로 돌아와 졸고 있는 조신이 무대에 있다. A-B-A형식의 전형적 스타일이라 할 수 있는 작품이다.

그리고 〈흙으로 빚은 사리의 나들이〉 불교적 윤회관 세계관을 그린 작품으로 기본적으로 화엄경이라는 큰 불교적 의미를 담은 것이다. 화엄경은 선재동자가 깨달음을 얻기 위해 긴 여정을 통해 깨달음에 도달하는 내용의 경전이다. 나는 작품에서의 불교적 의미란 곧 불교적 표현이 우리의 일상성과 만나는 것이라고 생각했다. 그래서 이 〈흙으로 빚은 사리의 나들이〉에는 불가에서 말하는 '실존하지 않는 사리새'라는 새가 이 세상을 겪고 다시 득도의 경지로서 돌아가는 순환적 의미를 표현하려고 했었다.

유교

우리나라에 한자문화와 함께 수입된 유학이 언제 전래되었는지 문헌상 정확하게 고증할 수는 없지만, 공자의 사상으로 '집대성'된 유교사상이 부분적으로 전래되기는 서기전 3세기의 위만조선과 한사군시대라고 할 것이다. 그리고 공자의 경학사상이 본격적으로 받아들여지고 활동된 것은 삼국시대에 이르러서라고 할 수 있다. 고구려에는 불교가 들어온 다음 해인 373년 태학을 세웠고, 백제는 일본에 유교를 전한 것이 고구려의 태학 건립보다 87년 앞섰으며, 신라는 신문왕 때인 682년 국립대학을 세운 것[90]을 보면 유교/유학이 우리나라에 들어온 것은 불교보다 앞섰다고 추정된다.

유교가 한국민간신앙에 뿌리 깊게 박힌 것은 사상적으로는 조상숭배와 천명사상 그리고 복선화음설이다. 조상숭배는 샤머니즘의 가신숭배, 민심이 천심인 천명사상, 선을 쌓는 집에 복이 악을 쌓으면 화를 당한다는 복선화음설, 그리고 불교에서의 인과응보 등에 일체되는 내용이다.[91]

사실 유교처럼 한국인의 정신세계에 또 사회체제와 관습에 깊은 영향을 준 요소는 없을 것이다. 유교정신에 대해 우리는 일반적으로 인의예지정신을 말한다. 예의 구체적인 모습으로 맹자에 의해 확정된, 삼강오륜이라는 것이 있다. 삼강오륜은 유교에서 인간 사이의 예를 중시한, 부자유친, 군신유의, 부부유별, 장유유서, 붕우유신, 즉 친, 의, 별, 서, 신의 정신으로 동양인의 생활에 하나

의 사회윤리로서 절대적인 영향을 끼쳤다.[92]

이런 유교의 정신은 한국국민에게 상하의 질서의식을, 집단 속에서의 위치가 확정되는 존재가 개인이라는 것, 뿌리 깊은 제사의 열정 등 의식을 낳았다. 종교학자 최준식은 제사를 '미래에도 영원히 존재하고 싶은 바람', 즉 제사를 통해 주기적으로 자식들에게 기억됨으로써 영원히 존재하고 싶은 인간의 보편적인 욕구를 충족시키는 것으로, 간접적인 영생법으로 규정했다.[93]

이런 점에서 볼 때 이 제의가 가져온 문화적 영향도 막대하다. 나는 제사라는 의미로 많은 작품에 삼베라는 제의적 물체로서 유교적 의미를 표현했고 작품 〈창살에 비친 세 개의 그림자〉에서 이조 여인의 유교정신의 통치하에서 억압당하는 여인 이미지/의미를 그렸었다. 물론 이후에도 여러 작품에서 제의적 의미를 부각시켰다.

단순히 제사라는, 인간의 미래의 영생에의 바람과 유교 교리에 맞추어 설명하지 않더라고 우리가 가지고 있는 문화적 상징성을 들 수 있다. 제사가 끝난 뒤 항상 축문을 불에 태워 하늘로 올려 보내는데 이것은 자손들이 자신들의 소원이나 뜻을 조상에게 보낸다는 의미를 지닌 매우 상징적인 행위이며,[94] 또 장의에서 사용되는 삼베, 내가 죽음의 상징성을 띤 소품으로 곧잘 사용하는 삼베도 유교의 종교적 의례에 해당하는 제사에서 사용되는 것이다.

한국예술의 형상을 결론적으로 검토해 보면 앞에서 무교, 불교, 유교 세 종교의 한국인의 정신세계에 끼친 영향을 간략하게 분석해 보았다. 이런 종교적 요소는 우리의 역사 형성과 문화, 예술, 가치관 형성에 절대적인 영향을 끼치고 그런 제 요소가 우리의 전통 형성을 하게 되었다. 우리 미술사의 권위인 권영필 교수는 "한국미술의 미적 본질이라는 논문에서 한국의 美"에 대해 조선 후기가 우리나라 역사상 최초로 기층문화와 상층문화가 만나 섞이는 시기로 보았다.

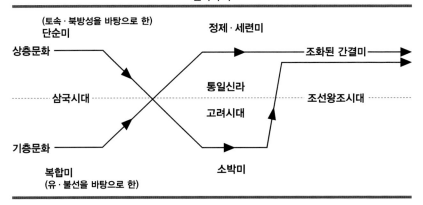

위의 표에 대해 최준식 교수는 자유분방미가 조선 초기부터 있다고 설정한 것은 설득력이 없고, 임진왜란과 병자호란 이후부터 발생한 것이므로 도표상 조선 후기부터 발생한 것으로 보아야 한다는 입장을 취하면서 아래 표와 같이 수정 제시한 바 있다.[95]

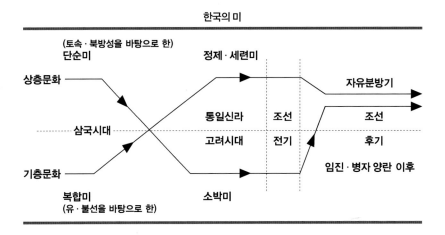

역사의 형성은 또 예술의 창작은 보수적인 세력과 진보적인 세력 간의 다툼에 의해 일어난다고 한다. 전통과 문화에 대해 보수는 전통을 옹호하고 고수하려 하고 반면에 새로움을 형성하려는 진보에게는 그 전통이 짐이 될 수도 있다.

춤으로 삶의 집을 짓다

역사 형성적인 측면에서 볼 때 전통 자체가 사람의 태도가 마땅히 지향해야 할 진보적 권력을 결정하는 규범이나 표준은 아니다. 전통은 선과 악을 포함하고, 그리하여 그 자체는 역사적 규범에 종속된다. 심지어는 진보적 방향은 그 출발점을 전통의 생명력적인 문화요소로부터 취해야 한다는 기준도 아직은 충분하지 않다.[96] 이런 논의와 다툼은 끊임없이 계속되고 있다.

미의 기본 형태로서 대체로 다루는 소재나 주요 관점에 따라 자연의 미, 예술의 미, 인간 정신의 미로 나누어 볼 수 있지만 이 세 범주가 적절히 어우러져 서구에선 순수미, 우아미, 숭고미, 비장미, 희극미 또는 익살미를 의미하는 골계미(滑稽美), 추(醜)미 등으로 나누어진다.[97]

이 서양의 관점과 조지훈이 나눈 힘, 꿈, 슬픔, 멋의 예술이란 네 분류를 비교해 보면 힘의 예술은 자연의 미요, 꿈의 예술은 예술의 미-우아미 숭고미, 슬픔의 예술은 비장미 희극미요, 멋의 예술은 인간정신의 미, 자연미, 소박미라고 할 수 있겠다.

여기서 우리는 한국인의 예술에 자연의 미 외에 추의 미가 있었던가 하는 자문을 한 번 해 볼 수 있을 것이다.

나는 서양의 추의 미 개념에 버금가는 것이 우리 한국 예술에서의 해학의 미일 수 있다고 말하고 싶다. 물론 이 추의 개념은 서양의 예술의 기저가 이성주의와 연관 속에 놓여 있다고 보면 표현주의는 표현을 통해 비이성적인 것을 추구함으로써 서구의 전통적인 태도와 이념에 반하게 되고 표현주의 그림은 그림의 내용을 형태의 완성보다 중요시하는 내용주의 미학 위에 그 기초를 두고 감정과 이념을 자유롭게 표현하려 했다고 인정된다.[98] 그 결과 추도 미의 일종으로 편입된 것이다.

그런데 한국의 탈바가지의 경우 한 얼굴로 이별도 하고 사랑도 한다는 말이 있다.

여러 가지 종류의 탈들, 얼굴을 가리는 기능에 그치지 않고 본디의 얼굴과는 다른 인물이나 초자연의 존재인 신 등을 표현하는 조형성과 꾸밈을 가진 것이 탈이고 그 탈이 표현하는 캐릭터가 두려운 존재로도 둔갑하기도 한다. 먹중, 말뚝이, 영노의 모습이 반드시 아름다운 美를 각인시키는 것은 아니지 않은가. 그러나 그것도 우리에게는 아름다움으로 느껴지지 않았던가. 그런 측면에서 서양에서 추의 개념이 학문적으로 우리에게 들어오기도 전에 우리에게도 이런 해학적 표현이, 추(醜)의 아름다움으로 앞서서 존재하고 있었다.

예술을 포함한 모든 문화영역에서 지배와 종속, 중심과 주변의 개념이 사라지고 있으며, 여러 가지 이념과 주장, 그리고 운동이 병렬적으로 공존하고 있다. 기존의 예술에 대한 고정관념이 유동적이 되고 있으며 이제 닫힌 개념이 사라져 가고 있다[99]고 한다.

최근의 공연예술들을 보면 개념예술이다 뭐다 하면서 이런 경향을 실제로 자주 목격할 수도 있지만 이런 주장에 대해 나는 다소의 이견을 가지고 있다. 지배와 종속이 없다든가, 중심과 주변의 개념이 사라진다는 주장을 하기에는 아직 이르다고 믿는다. 다만 전위와 실험이 진행되고 있다는 것에 대해 동의하면서 아직은 우리의 전위도 주변으로서 중심을 모방하는 단계에 있다고 할 수 있다.

"우리의 예술문화의 건설은 마땅히 꿈의 예술의 창조적 계승으로서 새로운 르네상스를 가져야 한다. 힘과 꿈의 합일에서만이 슬픔과 멋의 예술이 지닌 약점을 극복할 수 있다."

이 말은 한국 예술이 지향해야 할 콘텐츠가 어떤 것이어야 할 것인지에 대한 조지훈의 제안이다.

우리가 어떤 한국적 예술을 창조할 것인가?

미래학자 앨빈 토플러는 한국인과 한국 문화에 대해

춤으로 삶의 집을 짓다

"정말 강한 문화를 갖고 있어요. 전통을 중시합니다. 하지만 아랍 국가들과는 다릅니다. 아랍 국가들은 과거에 매몰돼 있거든요. 최근 아랍 지식인 30명이 만든 보고서를 봤는데, 매우 충격적인 통계가 있었어요. 매년 헝가리어로 번역되는 아랍의 저서는 900개 정도 된다고 합니다. 하지만 아랍 국가들에 번역되는 헝가리 책은 '0'입니다. 아랍 사회가 그만큼 문을 꽁꽁 닫고 산다는 것을 의미합니다. 아랍 국가들은 폐쇄적입니다. 한국은 개방됐습니다"[100]라고 말한 바 있다.[101]

세계적인 미래학자 앨빈 토플러가 한국과 한국인에 대해 주목한 것은 두 포인트였다. 하나는 강한 문화, 전통을 중시하는 문화를 가졌다는 것이고 또 다른 하나는 개방적이라는 점이다. 나도 논문 "한국성이란 무엇인가-그 개념과 형태"의 결론적 검토에서 "한국적 문화의 귀결은 전통이다. 한국성의 귀결을 생동하는 문화, 생동하면서 또 다른 문화를 만들고 전통에 천착한 한국성을 주장하기에 이른다"고 주장한 바 있다.

우리가 만드는 한국적 예술은 힘도, 꿈도, 슬픔도, 멋도 다 함께 어우러지는 것이어야 한다. 문화 종교적 현상에 따라 우리의 예술이 그렇게 변화되어 왔지만 기독교 이후 신문화를 접하게 되었다. 그러나 보편성을 지닌 한국적 이미지의 예술을, 앨빈 토플러가 놀라움으로 지적한 '강한 문화, 전통을 중시하는 문화'를 반영한 우리만의 예술을 만들어 내는 것은 이 시대 예술가들의 과제이다.

게오르그 짐멜은 미켈란젤로, 렘브란트 그리고 로댕이 가장 이상적으로 예술의 낡은 형식을 극복하고 자신의 시대적 체험에 적합한 양식을 창조했다고 말한 바 있다.

우리 예술가들도 시대를 거치면서 그 시대 특유한 삶을 예술의 대상이나 내용으로 삼아 창작을 하면서 때로는 힘을, 꿈을, 슬픔을, 그리고 멋을 내어 왔다.

이 시대의 우리들도 바로 토플러가 말한 '개방적 한국인'이 되어 우리 스스로 가장 적합하다고 생각되는 양식의 창조를 해 나가야 한다는 것이 나의 생각이고, 그것이 앞으로 우리 무용가들이 만들어 내어야 할 한국적 이미지의 현대춤일 것 같다.

춤은 관념적인 것이 아니라 몸으로 직접 하는 것이기 때문에 몸의 세포 하나하나에 축적되어 있는 문화적 요소들이 그대로 표현되는 것[102]이라면 우리는 우리 문화가 축적된 춤을 만들기 위해 우리 문화가 축적된 상징물을 찾아내는 것, 또 그것에 대한 이해와 인식을 하는 것이 중요하다는 생각이다.

춤으로 삶의 집을 짓다

사회성과
춤

●

    예술은 아름다운 것만은 결코 아님을 이 책을 읽는 사람들은 충분히 인식하고 있을 것이다. 예술은 아름다운 것도 추한 것도 표현하는 미적 표현의 도구이자 결과물이면서, 그 예술은 또 예술가의 사상을 전달하는 도구이기도 하다. 바로 여기에 정치·문화·사회적 요소가 표현 속에 용해된다. 그렇다면 예술에는 반드시 우리가 사회를 생각하는 요소가 있다는 얘기이다. 바로 예술에서 사회를 생각하는 요소를 예술에서의 사회성이라 정의할 수 있다.

    사회성, 사회적 요소가 예술 표현에 어떤 영향을 주는가, 한 장르에서 표현된 사회성이 다른 장르에서는 어떻게 표현되는지를 나는 나의 동명의 무용작품 창작의 원전으로 사용된 시인 신경림의 시 〈우리시대의 새〉 등 일곱 편의 시와 이를 원전으로 하여 작품화된 무용작품 〈우리시대의 새〉에 담긴 사회성이라는 요소와 그 표현을 분석하며 설명하고자 한다.

예술품은 ① 윤곽과 움직임의 대상을 표현하는 선, ② 실체감을 주는 Tone, ③ 색채, ④ 형태, ⑤ 통일감, 그리고 ⑥ 구조상 모티브 등으로 구성된다고 정의되지만 여기에 나는 예술작업, 즉 무용작품에는 ⑦ 움직임이 발산하는 힘과 그 힘이 종국적으로 만드는 에너지가 미적 요소라는 것이 더 추가할 수가 있다고 정의했다. 그리고 이들 요소들 중에서 ⑧ 작품 구조상 모티브, 즉 예술적 소재, 그중에서도 작가와 작가에게 영향을 주는 환경적 요소, 특히 사회성을 띤 이슈가 예술화되는 경우를 이 글의 요점으로 했다. 창작 이전의 소재가 지닌 특성과 창작 후 작품이 해석한 창작 이전의 소재, 즉 사회성의 특성을 비교하면서 이 글을 전개한다.

나는 신경림의 시(예술작품)와 현실(비예술-실재) 간에도 거리가 있지만 나의 춤 작품 〈우리시대의 새〉와 그 원전이 되었던 신경림의 시 〈우리시대의 새〉 간에도 거리가 있다고 믿는다.

신경림의 시 〈우리시대의 새〉가 나에게 현실적인 것이었다면 내가 만든 춤 〈우리시대의 새〉는 상상적인 것이라고 정의하고 싶다(시는 언어적 표현이기 때문에 춤보다 훨씬 더 실재를 상상하게 할 직접 호소력이 높다는 것도 전제했다). 또한 예술의 소재는 현실적이지만 예술의 요소는 허상의 것이고, 허상은 예술가에 따라서 혹은 창작 시각에 따라서 그 허상이 변화될 수 있다고 생각했다.

분석적으로 본다면 신경림의 시에서 새는 인간, 고통받는 인간을 일반화 혹은 의인화한 것이며, 시인은 자신의 의식을 혹은 예술작업을 실천하는 공간과 일상 공간을 단일화시키고 있다고 할 수 있다. 그 단일화를 통해서 시인을 일상을, 즉 그가 겪던 사회적 압박을 시적 공간에 녹였다고 분석했다.

한편 나는 춤 작품에서 시인의 이런 시적 공간과 일상공간의 단일화를 두 가지 기본 표현 메서드를 통해 표현했었다. 하나는 새의 의인화요, 또 다른 하나는 상징성의 부여였다.

춤으로 삶의 집을 짓다

우리시대의 새 2004.©송인호

시인 신경림이 보여 주는 사회성, 시인이 동질화시킨 시적 공간과 일상의 공간은 시의 표현이 현실에서 독립적이지 않고 현실에의 의존적이라는 사실을 보여 주면서 파토스(Pathos), 즉 비애감을 자극하고 확산시켰다고 할 수 있으며, 반면에 나는 무용작품 〈우리시대의 새〉에서 시인이 시에서 보수적인 인물의 남녀로 특정화시킨 것 같던 이미지에 자유로움을 주어 그들의 일상적인 삶과 남녀의 만남과 헤어짐 등을 일반화하는 표현을 하여 시인이 강조했던 '파랗게 얼어붙은 여름의 거리'가 주던 파토스를 완화시키고 에토스(Ethos), 즉 정서를 더 고양하는 표현을 만들어 넣었다.

이런 방법을 통해 같은 원전에서 출발한 창작이 결국 사회성이라는 요소의 해석과 표현에 있어서 달라질 수 있으며 예술과 현실, 실재와 허상이 예술가들의 눈을 통해 다양한 프리즘으로 볼 수 있다고 생각된다.

예술가가 작품을 창작하거나 혹은 예술에 관한 관심을 가질 때 가장 먼저 인식해야 할 점은 '예술이란 무엇인가' 하는 아주 근본적인 질문이다.

어떤 예술가에게 예술이 무엇인가 정의를 내려 달라고 하면 그는 항상 자신의 종사하고 있는 분야의 시각에서 정의를 내리려 할 것이다. 무용가는 어쩌면 무용예술이 뭔가 하고 정의하라면 "다른 사람에게 보여 주기 위해 하는 시각적 작업"이라 정의할 수도 있을 것이다. 개념적으로 보면 모든 예술가들이 하는 '창조적 작업', 그것을 총체적으로 정의할 단어가 바로 예술이다. 그 예술은 시각 예술작업만을 지칭하지는 않고 조형예술, 문학과 음악 또 건축 등 여러 장르를 총칭하고 있다.

쇼펜하우어(Arthur Schopenhauer)는 "모든 예술은 음악의 상태를 동경한다"라고 했다.[103]

왜 음악이라는 분야만 예술의 개념 정의에 사용했나 하는 지적을 할 수 있지만, 사실 이 말의 의미는 진리를 밝히고 있다. 음악가나 무용가나 혹은 건축

춤으로 삶의 집을 짓다

가나 모든 예술가들은 자신이 만든 표현을 통해 그것을 보는 이에게 즐거움을 주려고 의도한다. 그 즐거움을 주기 위해 자신들이 터득한 형식을 이용하고, 그 형식 속에 자신의 사상과 개인적 체험을 조화와 통일감이 있게 배열한다. 이 배열이 즐거움을 주는 상태, 즉 '음악의 상태'라는 것으로 해석되기 때문이다.

여기서 한 작가가 예술에 담는 사상이 무엇이며, 그 즐거움이 무엇인가 하는 질문이 계속 발생된다. "사상은 작가의 경험이며, 그렇게 하여 추구된 아름다움, 즉 미가 즐거움이다"라는 아주 일반적인 해답을 할 수 있을 것이다. 미-아름다움은 또 쾌감을 주는 것이라고 간단하게 정의될 수 있다. 시대를 거치면서 미의 개념은 제한된 역사적 의의를 가지게 된다.

고대 그리스에서의 미가 인생철학의 소산, 즉 자연의 사상화[104]이었다면, 시대를 거치면서 그 표현의 방식 자체가 바뀌어 가고, 그러면서 미의 개념은 이성에서 감성으로 상당한 변화를 경험하게 된다. 또 비획일적인 예술도 생겨난다. 조형적인 형식으로 실현될 수 있는 모든 이상의 표현인 예술만이 아니라 왜곡된 형체도 또 추한 것도 아름다움이 될 수 있는, 말하자면 비획일적 예술이 존재함을 우리는 예술의 사조를 통해 느끼고 알고 있다.

그러면 이런 논지에서 비교해 보면,

나의 춤 작품인 〈우리시대의 새〉는 시인 신경림의 동명의 시 〈우리시대의 새〉 등 7편의 시를 원전으로 하여 마련된 대본에 의해 창작된 것이다. 이 시가 지닌 사회성과 춤으로 재창작된 사회성 간의 차이는 예술가의 시대적 환경의 차이요 그 시대적 환경 차이 때문에 예술 이미지도 재창작된다고 생각된다.

안무자에게는 신경림의 시가 창작 이전의 소재이다. 반면에 신경림에게는 시의 소재가 된 한국 사회의 현실이 그의 창작 이전의 소재이다. 그리고 내가 창작을 한 무용작품 〈우리시대의 새〉는 창작 이전의 소재(현실-사회성)에서 추출된 특성을 타 장르의 것(시)으로 시인에 의해 예술작품화한 것에서 추출된 특

우리시대의 새 2004.ⓒ송인호

춤으로 삶의 집을 짓다

성(시 속의 현실=사회성)을 춤이라는 장르의 것으로 예술화, 말하자면 나의 관점에서 바라본 사회를 재해석하고, 추상화한 것이다.

나는 〈우리시대의 새〉의 공연 프로그램에서 "예술작품은 그 작품을 만든 예술가가 살던 세상의 거울"이라고 밝힌 바 있는데, 이런 말은 안무자인 나에게만 한정되는 것이 아니고 일반적으로 인식되는 관점이기도 하다.

소재로서의 사회성과 표현의 전개, 그리고 시인 신경림이 보고 느낀, 시로 표현된 사회 현실, 즉 '예술가가 살던 세상의 거울' 이것이 나의 사회 현실이 되어 타 장르(무용)로 예술화된 사회성과 표현에 대해 생각해 본다면, 예술표현의 소재로서 '사회성'이 예술작품이 사회적 감정 혹은 사회적 현상을 소재로 한 것이라면 예술과 그 예술이 모방하는 실재 사이에는 거리가 있다는 논리가 성립되고, 그 논리에서는 또 "오늘날 어떤 예술작품이 비예술작품, 즉 실재와 시각적으로 식별이 불가능할 때 그 '거리'는 어느 정도일까?"[105] 하는 의문도 생긴다.

1. 사회를 분석하라. 그리고 예술과 실재에는 거리가 있다

사실 추상적인 무용작품에서는 예술과 실재 사이에 커다란 거리가 있다 할 수 있고, 비예술(실재)이 예술(작품)화되어도 시각적으로 식별할 수 있는 경우가 그리 흔치는 않다. 그러나 창작무용가 자신은 내적으로 그 거리를 느끼고 인식한다. 미국의 미술 비평가이자 철학자인 아서 단토(Arthur C. Danto)는 "시각적으로 식별 불가능한 두 대상 중 실재로부터 '거리'를 둘 수 있는 것, 하나는 예술작품일 수 있고 또 다른 하나는 비예술작품, 즉 실재일 수 있다는 것을 주장"[106]했었다. 이는 실재를 소재로 사용한 예술과 비예술(실재) 간에는 거리가 분명히 존재한다는 주장이다.

창작무용가가 실재에서 추출한 소재를 혹은 실재 그 자체를 감정이입이라는 작업과정을 거쳐서 예술작품화하는 경우 비록 그가 그 작품에서 예술과 비예술 간의 차이를 시각적으로 식별할 수 있도록 표현하지 않았다 하더라고 창작자 자신만은 분명히 그 '거리'를 느낄 수 있다. 왜냐하면 창작예술가는 바로 감정이입의 단계에서 실재(소재)를 '속으로 향해 느끼기' 때문이다. 감정이입은 동정=sympathy의 유사어인 empathy라는 단어로 번역되는, 본래 '동정을 함께 느낀다'를 의미하는 용어이다. 즉 '속으로 향해 느끼다'는 뜻을 가지고 있고, 이것은 창작가가 소재에서 속으로 향해 느끼는 느낌을 갖게 되고, 그것을 작품에 쏟아붓는 것을 의미한다.

또 예술가는 현실적인 것과 상상적인 것의 구분 및 그 상관관계에 익숙해져 있다.

우리의 사유는 늘 이 두 개념 사이의 변증법적 놀이를 시도한다. 고전 철학이 지성이나 순수 오성에 대해 말할 때에도 문제가 되는 것은 상상작용의 능력에 관련해, 또 그에 대립해 심층적 현실/실재, 참된 현실/실재, 현실/실재 자체를 파악하는 능력이었다. 낭만주의·상징주의·초현실주의 등 이즘(~ism)들은 때로는 현실적인 것과 상상적인 것이 서로 관통하고 서로 결합하는 초월적인 점을 제시한다. 또 때로는 그들(현실적/상상적인 것들)의 날카로운 경계선을 그들의 차이를 가르는 선으로 제시한 것을 보면 예술은 항상 현실적인 것과 상상적인 것을 구분하면서도 서로 관통하고 결합함을 알 수 있다.[107]

이런 이론적 관점에서 보아도 또 예술가의 입장에서 체험적 관점에서 생각해 봐도 신경림의 시(예술작품)와 현실(비예술=실재) 간에도 거리가 있으며 또 나의 춤 〈우리시대의 새〉와 그 원전이 되었던 신경림의 시 〈우리시대의 새〉 간에도 거리가 있다.

시 〈우리시대의 새〉가 나에게 현실적인 것이었다면 춤으로서 〈우리시대의 새〉

춤으로 삶의 집을 짓다

는 상상적인 것이다(시는 언어적 표현이기 때문에 춤보다 훨씬 더 실재를 상상하게 할 가능성이 크기 때문이다).

예술가는 사물을 보통과 다르게 본다. 즉 추상적으로 바라보게 하기 위해서 감각에 호소하는 환영을 만들어 낸다. 그리고 예술은 일반화하지 않는다.[108] 바로 이런 이유에서 예술은 현실과 거리가 있게 되고, 예술가는 예술을 현실과 거리가 있도록 만든다.

이 두 〈우리시대의 새〉 간에, 나의 상상적인 현실과 시인의 실재 간에는 분명히 거리가 있다. 어느 정도의 '거리'인지 실측할 수는 없지만 그 거리를 분명히 느낄 수는 있을 것이다.

인간은 살아서 의식하는 존재이며 경제적·정치적·사회적·지적·종교적 현실이라는 주위 세계 속에 놓인 존재이다. 인간의 이 세계의 총체적 행동을 감수하면서 또 그것에 반응한다. 이것이 바로 변증법적 관계라고 부르는 것이다.[109]

사회적 주체로서의 한 개인의 활동은 그가 만난 사상의 선택뿐만 아니라 그 선택 때문에 그가 겪게 되는 변화에도 작용을 한다. 토마스 아퀴나스의 철학에 대한 아리스토텔레스의 영향, 칸트에 대한 흄의 영향, 파스칼에 대한 몽테뉴의 영향이 그런 변화에의 작용을 증명한다.[110]

이런 측면에서 본다면 모든 인간의 삶과 행위의 영역이 혹은 사고 그 자체가 그 환경의 지배와 영향을 받고 있다. 더욱이 인간이 만드는 예술 그 자체가 환경에서 영향받고, 영감을 받고, 소재화됨은 당연한 귀결이다. 그러므로 영향을 받게 되는 주요한 원인은 영향을 받은 집단의 경제-사회적 또는 정신적 구조 속에서 찾을 수밖에 없다.

우리나라의 한 저항 시인이 쓴 시를 이해하려면 또 그것이 또 다른 예술가의 표현의 소재가 되었다면 먼저 그 시를 이해해야 할 것이고, 그 시를 이해하기 위해 그 시인에게 영향을 준 집단과 환경에 대한 이해와 원인을 찾아야 한

우리시대의 새 2004.ⓒ송인호

다. 다시 말해 춤 〈우리시대의 새〉를 만든 내가 먼저 시 〈우리시대의 새〉를 이해

해야 한다. 그 이해를 위해서 시인 신경림에게 영향을 준 집단과 환경에 대해 이

해를 해야 한다는 것이다.

　나는 신경림의 일곱 편의 시의 내용을 춤에 담았다. 〈우리시대의 새〉, 〈불〉,

〈잔칫날〉, 〈비〉, 〈농무〉, 〈어둠 속에서〉, 〈심야〉 등이다.

　신경림의 이 시들의 세계가 보여 주는 현실 세계는 두 가지 키워드로 되어 있

다. '가난'과 '암울한 정치 사회 현실'에 대한 불만이다. 시인 신경림에게 이 불

만을 유발시킨 집단과 환경은 바로 우리나라 사회였다. 우리나라가 1960년대

이후 산업화되면서 국민소득 증가가 시작하기 전까지 국민 전체가 가난 속에

서 아니 극빈 속에서 살았던 그 현실, 그리고 정치적으로 보면 해방 이후 이승

춤으로 삶의 집을 짓다

만의 독재정치, 박정희의 18년 통치, 5공의 군부통치 등으로 인해 제한적인 자유 상황에서 국민들은 기본권까지 제한을 받은 역사의 점철, 그 현실이었다. 이런 상황에서 지식인들은 자신이 처한 현실에 대해 비판하고 비판하고 투쟁했다. 저항주의 시인 신경림도 나도 그런 현실을 경험한 인물이다. 시인은 그 현실에 안주하지 않고 사회 현실을 타개하고 바꾸고 싶은 열망과 외침을 시 속에 담았다. 비록 불가항력인 현실을 언어로 그리고 있긴 하지만 말이다.

어떤 예술작품이거나 거기에는 환영적 요소와 현실적 요소가 섞여 있지는 않다.

2. 예술의 소재는 현실적이지만 예술의 요소는 허상이다

예술의 소재는 현실적이지만 예술의 요소는 허상의 것이다. 예술가는 하나의 가상, 즉 하나의 표현형식을 구성하는 것이 바로 그 예술요소이다. 허상은 예술가에 따라서 언제나 바뀔 수가 있다. 창작 시각에 따라서 그 허상이 변화될 수 있을 것이다. 신경림의 현실 타개적인 열망과 외침은 언어적 방법으로 현실적 요소를 표현하고 있다. 언어가 가진 높은 이해성 때문에 시 속의 사회적 요소는 현실감 있게 독자들의 상상력을 유발시킨다. 특히 나처럼 동시대를 산 사람들의 독자들에게는 더 절실히 상상할 수가 있다.

예술이 그것이 발생되는 사회를 반영한다는 생각은 사회 안에서 다양한 문화 양상 사이의 대응관계가 존재한다는 유서 깊은 가정에 기초하고 있다. 이것은 사회와 문명이 근본적으로 동질적 총체라는 것을 의미한다.[111]

인간의 삶을 예술에서 전체적으로 보여 주려고 한 움직임은 자연주의자들에 의해서였다.[112] 톨스토이, 도스토예프스키, 발자크, 스탕달, 디킨즈, 플로베르 등

작가들은 가난, 몰락, 비천함 등을 소재로 삶의 추한 면을 강조하는 예술활동을 했다. 사실 소재적으로 자연주의자들의 작품은 사회참여 혹은 사회 고발적인 성격이 짙은 것이었다. 그러나 사실주의나 자연주의가 국민의 제한된 일부 엘리트를 상대로 한 문학운동이었기에 민중시-민중극, 즉 민중 문학이 제기되기 시작하고 민중문학파, 즉 Populistes 문학운동이 일어난다.[113]

사회성이라고 할 때 두 가지 인식이 있을 수 있다.

하나는 충실히 현상만을 거론하는 사회성이고, 또 다른 하나는 그 사회성에 함의된 이미지까지 거론하는 사회성, 즉 저항성으로서의 인식이다.

3. 사회성과 저항성을 동시 인식하라

안무가가 바라보는 사회성은 이 두 가지 인식 중 어느 하나를 취하는 것이 아니라 그 두 인식을 동시에 다 취할 수가 있다고 믿는다. 현상만 충실히 거론하는 사회성의 작품에의 반영도 유효하고, 그 사회성에 함의된 이미지를 작품에 반영하는 저항성적 사회성도 그 나름의 가치가 있기 때문이다. 또한 한 안무가가 그 두 가지 측면의 사회성을 다 거론할 수 있다.

사회현실에 함의된 사회성을 거론하는 작가를 우리는 보통 저항작가라는 말을 쓴다. 내가 원전으로 삼았던 시 〈우리시대의 새〉를 쓴 신경림 시인을 우리 사회에서 저항작가라고 했다. 이런 저항작가는 사회 구성원이 현실에서 비인간화를 느낄 때 그 비인간화를 소재로 삼아 비판적 시각으로 창작을 하는 사람이다. 이런 것이 곧 예술이 가지는 사회비판적인 기능이기도 하다.

그런데 작품을 통하지 않는 사회비판도 물론 있다. 아주 단적인 예가 '예술가들의 망명'이다. 1966년 발레리노 루돌프 누레예프(Rudolf Nureyev)의 서방

춤으로 삶의 집을 짓다

으로의 망명이나 1974년 발레리노 바르쉬니코프(Mikhail Barishunikov)의 망명은 누가 봐도 소련의 체제가 주는 예술에 대한 억압에 반기를 든, 그래서 자유를 찾아, 자신의 예술 속에 그 이전의 사회가 제공해 주지 못하던 자유로움을 구사하기 위해 서방을 찾는 경우의 예이다.

역사적으로 보면 예술가들이 사회적 종교적·정치적 관심을 예술에서 배제한 적도 있다. 예술을 위한 예술(Art for Art's sake)이라는 기치의 움직임이 바로 그런 것이었다. '예술을 위한 예술'이라는 용어는 보들레르나 고티에의 주장에서 따온, "예술활동을 하는 데 반드시 도덕이나 사회적 정당화가 필요한 것은 아니다"라는 주장으로서 영국의 미학주의자들이 만든 용어이다. 19세기 중반 프랑스에서 고티에 등은 오직 예술만 추구하자고 외쳤고 그것이 바로 유마주의이다.[114]

이에 반대되는 주장도 있다. 톨스토이(Tolstoy, Lev Nikolayevich)는 예술은 종교적·도덕적 생활에 봉사해야 한다는 이론을 폈었다. 예술은 그 자체가 목적이 아니고 인간의 품성을 바로잡고 사회를 개량하는 기능을 가진다는 주장이며, 이 주장이 바로 사회성에 초점이 맞추어진 주장이다. 인간이 하는 예술이 예술로서만 존재할 것이 아니라 이를 보고, 이를 평가하고 즐기는 모든 사람들의 삶에 이바지해야 한다는 주장이다. 말하자면 '삶을 위한 예술(Art for Life)'이 되어야 한다는 것이다. '삶을 위한 예술'에서는 예술은 인간을 가르치거나 사회를 개량하는 내용의 것이어서 사회적 공감이 있는 것이라는 주장을 하고 있다. 예술의 사회적 기능을 강조한 점에서 비판적 사실주의, 사회주의 사실주의, 프롤레타리아 문학 등이나 이에 속한다고 볼 수 있다.[115] 더 쉽게 삶을 위한 예술의 예를 우리 한국의 민중미술에서 찾을 수 있다고 본다.

나는 작품을 하면서 예술가의 정치성에 대해서는 별로 생각해 보지 않았다. 그러나 사회성은 언제나 비판과 현실의 묘사를 불문하고 중시해 왔었다. 민중

미술에서도 보면 정치색을 띤 것이 있고 사회성만 강조된 것들이 있는데, 정치성이 강조된 사회성과는 항상 거리를 두어 왔다.

러시아가 대표적이었지만 사회주의 예술에서 현실이 예술보다 우선이고 그렇기 때문에 예술 그 자체를 말살시킨다는 비난이 있었던 것이나, 누레예프가 망명을 한 것이나 일맥상통한 이야기이다. 바로 사회성과 정치성의 경계가 예술 그 자체가 우선인가, 예술을 통한 현실이 우선인가 하는 인식의 경계라고 생각된다.

사회성에 대해, 실재작품을 통한 시에 대해

신경림의 시는 우리나라 사회의 전환기 때의 것이다. 군부에 의한 권위주의적(authoritarian) 통치에 대한 반발이 시에 담겼다고 해석되는데, 이 신경림의 시에서 사회와 예술 간의, 사회와 시 간의 관계를 볼 수 있다고 말할 수 있다.

전환기의 사회변동은 정치적 이데올로기의 변화에 기인할 수도 있고 사회 경제적인 구조의 변화 때문일 수도 있다. 우리나라의 경우는 짧은 시간에, 말하자면 1960년부터 20~30년 안에 농업사회에서 산업사회로 탈바꿈해 오면서 여러 사회경제적인 변동을 겪었다. 농촌의 전통문화가 파괴되고, 급격한 도시화가 이루어지고, 가치관이 흔들리거나 사회규범이 약화되고 갈등이 심화되었다. 이런 환경에서 새로운 정신적 태도나 모럴이 요구되는 것은 당연했다.[116]

미국의 현대미술관(MOMA)과 화가 알프레드 바(Algred Bar)는 "정치적인 연대성이 예술로 직접적으로 번안되지는 않는다"라는 확언을 한 바 있다.[117]

그러나 역사적 흐름이 진보적인 방향으로 나가야 한다는 관점에서 본다면 한국의 근대화가 지향하는 한국 사회의 변화가 정치적·경제적·문화적인 민주화라든가 혹은 사랑과 평등의 개념에 입각한 인간적인 삶을 관련 지어 해석해 볼 수가 있을 것이다. 그러므로 무엇이 인간적인 삶의 형태인가 하는 문제가

춤으로 삶의 집을 짓다

제기될 수가 있다. 삶에 대한 주체적인 관심과 해석이 중요하다는 얘기이다.[118] 바로 이런 관심과 해석이 민중시의 유행을 가져왔다.

1970년대에 유행한 민중시는 70년대 민족문학론의 발전개념으로 나타나는 민중문학의 한 장르이다. 일반적으로 민중시란 민중의식을 토대로 한 실천성의 개념을 중시하는 시이다. 주요한이 일찍이 1924년 "나에게 개념으로 된 민중시는 호감이 가지 않는 시이나, 시는 본질적으로 민중에 가까울 수 있는 것이며, 그렇게 되려면 그 시에 담긴 정서와 사상과 말이 민중의 마음과 같이 울리는 것이어야 한다"고 말한 바 있다. 70~80년대의 민중시는 대체로 자유, 민주, 통일 등 민중 지향적 노래로 깊은 자의식의 고뇌와 현실에 대한 성찰을 통해 사회적 모순과 부조리를 고발하고 물신적 가치관을 비판한 시이다.[119]

이들 대열 속에 시인 신경림도 있었다. 그는 긴급조치 발동 후 올바른 직장도 구하지 못하고, 암울한 시대를 보낸 인물이다. 70년대 그의 아침은 기관원의 방문으로 시작될 정도의 '요주의-사회 참여적 시인'이었다. 반정부활동을 한 것도 아니고 반체제 사상가도 아니었다. 유신체재와 군사독재를 반대하는 문학인의 모임인 자유실천문인협의회 간사 역을 맡았고 긴급조치 해제를 요구하는 모임과 데모에 참가하고, 성명서에 서명을 하고, 정부를 비판하는 글을 썼다. 당시에 이들 모임에 참석했던 사람들은 그 시대를 야만과 광기의 시대로 기억한다. 그는 또 김대중 내란 음모에 연루되어 구치소살이도 했다.[120]

그런 행동파 시인 신경림은 '삶을 위한 예술(Art for Life)'을 추구한 예술가이다. 예술활동을 하는 데 사회적 도덕이나 정당화가 필요하다고 믿는 예술가이었던 것이다. 그의 시 중에서 사회성의 문제를 가장 짙게, 현실을 직설적으로 다룬 것은 내가 춤의 모티브로 중심적으로 사용한 시 〈어둠 속에서〉와 〈우리 시대의 새〉이다.

"빗발 속에서 피비린내가 났다.

바람 속에서도 곡소리가 들렸다.

한여름인데도 거리는 새파랗게 얼어붙고

……

(중략)

친구여 나는 무엇이 이렇게 두려운가.

……

(중략)

보라 보라고 내 눈은 외쳐대고

들으라 들으라고 내 귀는 악을 썼지만

이 골짜기에 얽힌 사연을

안다는 것이 나는 부끄러웠다."

_시 〈어둠 속에서〉 중에서[121]

그가 사용한 언어 '피비린내', '곡소리', "한여름인데도 거리는 새파랗게 얼어붙고"는 차갑고 잔인한 현실을 상징한 부분이고, "친구여 나는 무엇이 이렇게도 두려운가", "보라 보라고 내 눈은 이렇게 외쳐대고 들어라 들으라고 내 귀는 악을 쓰지만……"은 현실을 개선하고 싶은 열망을 주변에 확산시키고 격려하면서 한편으로 그도 내면적으로 두려움을 느끼고 또 그 두려움을 부끄러워하는 인간 신경림 나름의 도덕을 표현하고 있다.

현실의 변화를 꿈꾸거나 혹은 이 현실에서 도피하고 싶은 신경림의 마음은 시 〈우리시대의 새〉에서 더욱 명료해진다.

춤으로 삶의 집을 짓다

홀쩍 날아올라 온 마음을 굽어본다.

더 높이 날아올라

산 넘어 강 건너 이웃 마을까지 내려다본다.

......

(중략)

내려다보니 세상은 온통

검은 땅과 푸른 물뿐

그래서 새는 쇳된 소리로 노래한다.

......

(중략)

높은 데로만 먼 데로만

날아오르는 우리시대의 새여

_시 〈우리시대의 새〉 중에서[122]

이 시에서 새는 인간을 상징한다.

신경림 자신이 새이고 당시 한국적 암울한 정치적 현실을 겪어야 했던 모든 한국인이었다. 그 새가 현재 사는 세상에는 잿빛 하늘 아래 검은 땅만 있어 더 높이 저 멀리 날아가야만 이상향이 있다는 암시를 하면서 우리가 노력하면(더 높이 날아가면) 변화된 현실(이상향)에 도달할 수 있다는 것을 상징하고 있다. 잿빛 하늘은 암울한 현실을 의미하기도 하지만 나아가서 그 하늘 높이 날려는 새의 존재이유를, 날고 싶은 간절한 욕망의 상징이기도 하다. 기관원의 방문을 받으며 시작하는 아침이 아니라 더 높고 푸른 하늘 아래서 내려다보이는 현실이 검은 땅일 뿐이라면 자유롭게, 이상을 펴면서 살고 싶은 그의 염원은 당연한 것이고, 그 염원이 당시 우리 사회 구성원들의 마음을 대변한 것임을 웅변한다.

그도 아주 가난하게 생활했다. 그래서 시 속에 가난한 농촌 현실이 있다.

"징이 울린다 막이 내렸다.

오동나무에 전등이 매어 달린 가설무대

구경꾼이 돌아가고 난 텅 빈 운동장

우리는 분이 얼룩진 얼굴로 학교 앞 소줏집에 몰려 술을 마신다.

답답하고 고달프게 사는 것이 원통하다"

_농무 중에서[123]

고달프고 원통한 현실을 소주 한 잔으로 달래는 암울한 농촌 현실이 이 구절에 집약되어 있다.

"아침부터 당숙은 주정을 한다.

......

(중략)

새색시는 신랑 자랑에 신명이 났다.

......

(중략)

잊었느냐고. 당숙은 주정을 한다.

네 아버지가 죽던 꼴을 잊었느냐고."

_시 〈잔칫날〉 중에서[124]

사실 이 시에서 보면 결혼하는 잔칫날에 마저도 즐거워할 수 없는 현실이 엿보인다.

춤으로 삶의 집을 짓다

"아내가 고향에 가 묻히던 날은 비가 내렸다.

······

(중략)

삶은 남편의 무능과 용렬을 단죄하면서

그날도 비가 왔다. 철없는 짓거리에

대들기도 하고 부끄러워 스스로 자술서에 도작을 찍고

아무렇게나 유치장 마루에 널브러지던

도시의 소음이 그리움으로 다가오던 밤도

비가 내렸다······

······

(중략)

그날도 비가 오리라 내가 세상 뜨는 날······"

_시 〈비〉 중에서[125]

그의 시 〈비〉에서 그는 아내를 보내는 마음에 빗대어 그가 보는 한국적 현실에 대한 체험을 이야기했고, "그날도 비가 오리라 내가 세상 뜨는 날" 하고 썼지만 그건 아내 간 날처럼 비가 올 것을 바란 심정이 아니라 제발 '비가 오지 않았으면' 하는, '밝은 세상'의 갈망을 역설적으로 표현한 것이다. 이 마지막 시 〈비〉에서 보면 남자와 여자의 관계 혹은 그와 그의 아내 간의 관계는 어려운 시기의 관계 그리고 아주 보수적인 관계였음이 인지된다.

이상에서 보면 그는 앞에서 언급한 사회성이라는 혹은 민중문학이라는 어떤 요건, 즉 실천하는 시적 공간과 일상 공간의 단일화가 확인된다. 이는 사실 앞에서 연구자가 규정한 비예술(실재)과 예술 간에 거리가 있다고 규정했던 것이 어느 정도 무너지고 있다고 할 수 있다. 시적 공간과 일상 공간 간의 거리가 있어야 비예술(실재-현실)과 예술 간에 거리가 있게 되는 것이다. 그런데 언어적 예술이 가진 호소력 때문에 '거리'가 굉장히 좁혀져 있다. 언어가 직접적으로 상징할 수 있고, 충분히 상상할 수 있는 구체적 표현을 만들어 낼 수 있기 때문이다. 그만큼 현실을 비판한 '삶을 위한 예술'에서는 예술적 허상이 적을 수 있다는 해석도 가능하다.

춤에서의 사회성 표현

마리 비그만은 "나는 인간에 관해, 인간을 소재로, 인간을 위해 춤을 구성하고 만들고 다듬는 작업을 해 왔다. 인생이 우리에게 다가오는 대로 그냥 그것에 직면하는 것, 심지어 견디기 어려운 삶일지라도 그대로 수용하는 것……(중략)…… 다시 말해 삶을 창조적인 몸짓으로 긍정하며 고양시키며, 찬미하며 영위해야 하지 않는가?"라고 말한 바 있다. 또 사회학자 호르크하이머(Horkheimer)와 아도르노(T. W. Adorno)는 "원래 예술 표현의 본질은 아름다움의 창조이긴 하지만 내적 미학과 사회활동의 순간들이 서로의 관점에서 어떻게 전개되냐 하면 예술의 내용과 형식 사이의 긴장에 초점을 맞추어지게 된다"[126]고 주장했다.

신경림의 시적 공간과 일상 공간의 일치는 비그만이 말하는 "어려운 삶의 수용이고 창조적인 몸짓으로 긍정하며 고양시키는 것"과 동일한 개념이고 또한 실천적 작업이다. 신경림의 이런 사회성에, 시적 공간과 일상 공간을 일치시킨 바로 그 예술적 감정이입에 전적으로 공감이 간다.

그런데 여기서 언급되어야 할 것은 시인의 일상 공간, 즉 시인의 사회-시인이 느끼는 사회성이 반드시 타 예술가가 느끼는 일상 공간, 즉 무용가의 사회-

춤으로 삶의 집을 짓다

무용가가 느끼는 사회성은 아니라는 점이다. 나도 시인처럼 시의 소재가 된 현실과 실재를 경험하고 직시한 것만은 사실이지만 그것에 저항하거나 분노하는 사회적 열정을 가지지는 못했었다. 시인이 느끼는 저항을 아예 느끼지 않을 수도 혹은 느껴도 그렇게 절실히 느끼지 않을 수도 있을 것이다. 혹은 (개인에 따라서) 시인이 느낀 시점보다 더 늦게 현실을 감지할 수도 있을 것이다. 나의 상당히 주관적인 의견이지만 아마도 환경과 개인의 차이 때문일 것이다. 그럼에도 불구하고 타 예술가가 시인이 인내를 느껴 예술화시킨 시인의 사회성을 이해하지 못하는 바도 아니고 이를 타 예술로 그리지 못하지도 않는다.

신경림의 시의 감정을 무용가가 춤으로 옮기면 그 시의 감정은 무용 안무자에게는 소재, 즉 비예술=실재가 된다. 말하자면 시의 무대가 된 사회의 현실이 시인의 미적·저항적 감각에 의해 걸러지고 인식되어 그가 만든 시어로 재창작된다. 이것이 그에게는 결과적으로는 상상의 세계, 즉 예술이다. 그러나 그의 예술이 만들어 낸 세계가 나의 춤 작품을 위해서는 비예술=실재가 된 것이다. 시인의 시적인 감정이 안무자의 예술적·정신적 일상 공간화가 되는 것이다.

이 창작과정에서 안무자는 시인이 시에 담은 사회성을 (이미 나도 경험한 사회성이니만큼) 있는 그대로, 현실감 있게 상상하면서 느끼려는 시도를 한다. 그렇지만 나의 일상 공간의 감정과 신경림의 시적 공간의 감정이 반드시 일치하도록 하지는 않았고 일치될 수도 없을 것이다. 나는 안무적 정신공간의 감정을 시인의 시적 공간과 일상 공간에 보다 가까이 가려고 노력하고, 그리고 또 나아가서 보다 폭넓은 감정의 것이 되도록 의도했기 때문이다. 바로 이 폭넓은 감정의 것이 되도록 하는 것이 예술가가 만드는 허상이다.

춤 창작에서는 시에서 발견되는 사회성과 예술로 승화된 사회성 간의 뉘앙스의 차이가 어쩔 수 없이 존재해야 한다고 믿어진다. 그것은 바로 춤이 가진 본성적인 특성 때문이다.

춤은 추상예술이다. 언어가 가진 직접적인 호소력이 아니라 추상적으로 표현된 몸 언어가 그 사회성을 전달해야 하기 때문에 창작자의 일상 공간이 원전의 시인의 시적 공간의 감정과 일치하도록 하려는 시도 간에는 항상 본태적인 거리가 있을 수도 있고 추상적으로 표현된, 즉 비예술–실재의 추상화인 허상(예술표현) 간에는 거리가 있고 관객에게 전달되어 해석되는 것에는 차이가 있다.

분명 우리 모두는 사회적 동물이고, 변화기에 사는 예술가는 외면할 수 없는 현실이 있다는 것을 받아들인다 해도 춤 〈우리시대의 새〉에서는 사회를 있는 그대로 춤으로 표현하는 것은 결코 아니다. 예술가는 현실을 더 이상화하고 보편화하려는 노력을 해야 하기 때문이다. 바로 여기에 예술과 실재 간에 거리가 있고, 현실과 예술, 즉 실재와 허상 간에 거리가 생겨나는 것이다.

시인 신경림이 남자와 여자의 관계를 보수적인 관계로 잡았지만 나는 춤 속에서 좀 더 자유로운 관계로 설정을 했고, 제목 〈우리시대의 새〉가 주는 의미를 더 음미했다.

1987년 나의 안무작 〈흙으로 빚은 사리의 나들이〉에도 '새'가 존재했었다. 그 작품에서 상징적 표현 소재였던 사리새는 지옥과 아귀와 축생 등 삼악도가 없는 불국토에 있는 이상의 새이다. 이 이상의 새, 사리새가 중생들의 현실적 사회에 내려와 보는 세계, 즉 시대의 아픔과 고결한 사랑을 깨닫고 다시 돌아가는 의미와 어두운 현실에서 탈출하고 싶어 하는 '우리시대의 새'로 연결되는 생각을 하면서 안무를 했다.[127]

이런 작품 의도에서 두 가지 기본적인 표현 메서드가 사용되었다.

하나는 새의 의인화였다. 새가 주역일 수도 있고, 새가 화자일 수도 있었다. 두 번째 메서드는 상징성의 부여였다.

신체로 만들어 가는 형상을 통해 이미지가 전달되는 것이 춤인 만큼 움직임으로 새를 만들었다. 또한 큰 부채에 화가 이병현이 눈, 귀, 입을 그린 소품을 통해 '거리의 기억들', '겨울 하늘' 등을 상징케 했고, 목발을 사용하여 가해자에게는 무기를, 피해자에게는 핍박의 상징이 되도록 했다. 이런 상징은 시인이 이용하는 언어적 직접 호소력에 미치지는 못하지만 춤의 추상성이 가진 표현력을 높여 주는 요소이다. 그리고 무용수의 등에 지고 나오는 (푸른 잎이 달린) 나무로 생명의 영원함과 자연속의 인간을 표현함으로써 나의 사상을 추가하기도 했다.

나는 이 작품을 프롤로그와 에필로그를 그리고 3장으로 나누었다. 춤 작품 〈우리시대의 새〉의 1장은 겨울하늘이다.[128] 암울한 시대, 즉 가난과 핍박에 반항하고, 적응하는 인간성이 표현된 장이다.

나는 춤 〈우리시대의 새〉의 창작자로서 목발과 눈과 귀가 그려진 부채, 그리고 요령을 소품으로 사용하면서 천장에 흰 천을 치면서 우리들 예전의 결혼식이나 장례식에 쳐진 차일을 의미하면서 삶과 죽음을 상징해 주기도 했다.

가해자와 피해자가 동일함을, 운명이 그렇게 변화되고 삶의 윤회를 표현하기 위해 남녀 무용수들이 목발이라는 소품을 사용한다. 이들이 가해자일 때는 총이나, 칼, 창으로, 피해자일 때는 다친 다리를 지탱하는 목발로 사용하면서 누가 가해자이고 누가 피해자가 될 것인지 짐작할 수 없는 현실, 말하자면 신경림이 보여 준 시적 공간과 일상 공간이 동일함(그만큼 신경림은 절실함을 노래했다)을 표현했다. 이 총이 되고 목발도 되는 소품을 통해 상처받은 인간의 아픔이 더 부각되도록 의도했다.

눈을 커다랗게 그린 커다란 부채, 귀가 그려진 부채 등을 들고 무용수들이 추는 춤을 통해 시인이 의도했던 "보라고 외쳐대고, 들으라고 악을 썼던 현실" 그것 또 그것을 외쳐대던 피해자 입장에서 본 '저항'을 상징하게 하면서 언제나 감시하고 감청하는 가해자 입장에서의 핍박을 동시에 상징하게 했다. 그 주시와 감청의 대상이 누구이며 누구에 의해 이루어졌느냐 하는 것은 관객의 해석에 맡겼다. 입장과 세대의 차이에 따라 관객의 해석도 달라질 것을 기대하면서였다.

2장은 〈거리의 기억들〉이다. 이 장에서는 일상적인 단면을 그렸다. 시인 신경림이 남녀의 관계를 보수적인 관계로 봤다는 것은 앞에서 언급한 바 있다. 나는 이 장에서 사실 시에서 그렇게 중요하게 보이지 않던 인간형을 다소 부각해서 그려 넣었다. 여러 유형의 인간들의 움직임을 작품 속에서의 관계의 보편화 도구로 사용했다. 남녀의 만남과 헤어짐, 초상날이 잔칫날이라는 시각과 시점의 차이에 따라 운명의 의미가 달라짐을 역설적으로 표현하기 위해서였다. 시 〈불〉에 나와 있는 인간형들 "뻔질나게 미장원엘 드나들어 파마라는 별명이 붙었던 양조장집 딸이며, 결혼날짜를 받아놓고는 한밤에 동료고사와 줄행랑을 놓던 교장의 딸이며, 수리조합 급사며……(하략)" 이런 인물들이 시가 절박하게 표현하려던 암울한 사회성과는 큰 연관이 없어 보이는 보통사람들이다. 이 시도는 나의 일상공간이 예술 공간화된 것으로 규정할 수 있다. 그러면서 나는 춤 작품에서 인간의 삶과 만남과 이별과 죽음을 보편화하려고 했다. 떠나보내는 아픈 가슴을 오히려 잔칫날로 표현한 시인의 마음을 오히려 더 부각할 수도 있기 때문이었다. 이를 통해 기쁨과 슬픔이 대비된다.

3장은 하늘 높이, 저 멀리 날기를 갈망하는 슬픈 새의 노래를 몸으로 부르게 했다. 6명의 여성 군무수가 만드는 날갯짓, 이것은 핍박받는 모든 사람들이 보다 나은 현실 혹은 그들을 현재에서 탈출시켜 그 나은 현실에서 살리고 싶어 하는 시인의 마음의 표현이었고, 나의 '새들의 노래'였다. 이 무용수 새들의 움직임은 날고 싶어도 날지 못하는 새, 결국 인간은 인간일 뿐이라는 메시지를 춤에 담아 현실을 떠나서 살고 싶어 하는, 그러나 지금 당장은 외치고 격려할 뿐인 시인의 마음이 담긴 표현이도록 의도한 것이었다.

춤으로 삶의 집을 짓다

여기에서 보이는 요령 흔들기와 나무에 지전을 붙여 바람에 날리게 하는 표현을 통해 이미지적으로 또 소리적으로 죽은 자와 산 자를 위한, 영혼을 부르고 영혼을 위로하는 제의를 연출했다. 이 제의적·상징적 표현을 통해 작품 속에서의 이미지 극화, 한국적 이미지의 구현이 나타난다.

특히 이 작품에서는 무용수들이 대사를 많이 했다. 나의 1993년 김소월 시를 무용화한 작품 〈진달래꽃〉에서 많은 대사를 함으로써 나는 무용평단에서 지나친 대사라는 지적을 심하게 받은 적이 있지만 오늘 시점에서 보면 그런 평단의 지적이 미시적이었다고 평가되고, 생각이 앞선 작품이 아니었나 하는 자평을 하게 된다.

옛 그리스인들은 음악이 운명과 성격, 생명과 길흉화복을 좌우할 수 있는 마술적 힘을 지니고 있다는 고대인들의 생각을 체계화해서 에토스(Ethos) 이론을 만들었다. 시의 이론이 에토스, 즉 정서를 고양시키는 데서 비롯되었다면 극의 이론은 파토스, 즉 비애감을 자극하는 데서 시작했다.[129]

춤 작품 〈우리시대의 새〉의 소재로 선택한 일곱 편의 신경림의 시는 에토스, 즉 정서를 고양시키기보다는 파토스, 즉 비애감을 더 자극한다고 판단된다. 시인 신경림이 보여 주는 사회성, 시인이 동질화시킨 시적 공간과 일상의 공간은 시의 표현이 현실에서 독립적이지 않고 현실에 의존적이라는 사실도 보여 주었다. 그러면서 파토스-비애감은 더욱 자극되고 확산되었다. 특히 그의 시 〈홍수〉에서는 이 파토스를 더 강하게 느끼게 된다.

혁명은 있어야겠다
아무래도 혁명은 있어야겠다
썩고 병든 것들을 뿌리째 뽑고
너절한 쓰레기며 누더기 따위 한파람에 몰아다가

서해바다에 갖다 처박는

보아라, 저 엄청난 힘을.

온갖 자질구레한 싸움질과 야비한 음모로 얼룩져

더러워질 대로 더러워진 벌판을

검붉은 빛깔 하나로 뒤덮는

들어보아라, 저 크고 높은 통곡을.

혁명은 있어야겠다

아무래도 혁명은 있어야겠다.

더러 곳곳하게 잘 자란 나무가 잘못 꺾이고

생글거리며 웃는 예쁜 꽃목이

어이없이 부러지는 일이 있더라도,

때로 연약한 벌레들이 휩쓸려 떠내려가며

애타게 울부짖는 안타까움이 있더라도,

그것들을 지켜보는 허망한 눈길이 있더라도

_신경림〈홍수〉[130]

예쁜 꽃목이 부러지고, 연약한 벌레들이 휩쓸려 가고, 울부짖는 안타까움이 있더라도 혁명이 있어야 한다고 노래한 그의 사회 참여적, 어쩌면 선동적이랄 수 있는 외침이 권위주의 사회에서는 비애감만 더욱 짙게 할 수도 있는 것이 아니었을까.

물론 나도 '예술은 그 사람이 사는 세상의 거울'이라는 개인적 관점에서 신경림의 현실관과 예술관을 이해했다. 그러나 그의 시를 춤이라는 다른 장르의 예술로, 춤 〈우리시대의 새〉를 창작함에 있어서는 에토스와 파토스를 함께 표현하려고 의도했었다.

시인의 시와 나의 춤 간의 이러한 작품적 차별성은 아마도 나와 시인 신경림 간의 예술 장르의 차이 그리고 세대의 차이 때문에 발생된 것이라고 생각된다. 나는 신경림이 산 시대를 뒤따라오면서 살아온 세대이다. 같은 시대의 같은 경험을 어느 정도 공유하고 있지만 내가 시인처럼 그 시대를 통탄할 경험을 하지 못했고 또 내가 시대 현상을 보는 사유의 폭과 직관의 범위가 될 수도 있었기 때문이다.

물론 춤 작품 속에서 파토스적인 면을 상당히 강조된 면도 있다.

그것은 움직임 그 자체에 의해서라기보다는 여성 화자가 끊임없이 외쳐대는 후렴식의 대사, "친구여! 나는 무엇이 이렇게도 두려운가. 보라, 보라고 내 눈은 외쳐대고 들어라, 들어라 하고 내 귀는 악을 썼건만……" 하는 대사는 비애감이 유발되도록 관객의 청각에 직접 호소했다.

상징적 의미를 띤 소품, 목발의 끝에 플래시를 달아서 그것이 가해자가 사용하는 총을 상징할 때는 불이 켜져 총의 발사가 의미되도록 하여 핍박을 더 짙게 실감나도록 했고, 또 그 '총'에 의해 발생된 피해자들이 글자 그대로 목발을 짚고 절룩거리도록 한 표현들은 강한 파토스 그 자체였다.

그러나 시인이 시에서 보수적인 인물의 남녀로 특정화시킨 것 같던 이미지에 자유로움을 주어 그들의 일상적인 삶과 남녀의 만남과 헤어짐 등을 일반화하는 표현을 통해 '파랗게 얼어붙은 여름의 거리'가 주던 파토스를 완화시키고 에토스, 즉 정서를 더 고양하려 했다.

그럼에도 불구하고 나는 시인의 마음의 현실을 이해하고 그 현실 속의 한 사람이 되어 보려고 노력했다. 시인의 마음의 현실을 읽으면서 상상력을 통해 무한의 체험을 하고 그의 현실의 사상과 내용을 해석해서 바로 나의 상상력 속의 현실로 만들었다. 안무자가 만든 몸놀림과 구성이 단순한 몸놀림 너머에 있는, 보이지 않는 영혼의 격동이 전달되길 기대한 것이었다.

결론적으로 보면 춤 〈우리시대의 새〉에 담으려 했던 메시지는 신경림이 노래했던 시대에 대한 이해였으며 그 시대에 대한 나의 이해를 오늘 우리 모두에게로 전달하려는 의미로도 확산되었다. 예술가들이 몸으로 체험하고 느낀 현실이 예술이라는 마술을 통해 상상의 세계를 거쳐서 시대를 건너가 '사회성'이라는 이름으로 전해지고, 그리고 그것을 전해 받은 세대는 또 상상을 통해 현실을 느끼고 이해하게 될 것이다. 사회성은 그렇게 예술 속에 녹아들고, 재해석되고 또 전해진다고 하겠다.

이런 의미에서 나의 또 다른 작품 〈다시 새를 날리는 이유〉를 연관시킬 수 있다. 미국 소설가 토니 모리슨의 작품 『Jazz』를 원전으로 그 당시 사회상과 인간상을 표현했다. 물론 이 작품도 소설을 원전으로 했으므로 원전으로 한 〈우리시대의 새〉와 유사성 있는 소재 선택이라 할 수 있겠고 또 한 시대적 아픔을 노래한 작품으로서 사회성 있는 작품이라 할 수 있다고 생각된다.

붉은 여인에게서 탄생된 인간들이 사랑하기도 하고 질투하고 죽이고 헐뜯고 하는 우리 인간의 일반사를 이 작품에서는 크게 2개의 부분으로 생각하도록 했다.

하나는 나신 같은 몸에 가면을 쓰고 상징적으로 여러 움직임들을 한다. 그 속에 인간사 희로애락이 담긴 장면이고 다음 하나는 하얀 종이옷을 입은 사람들이 무대를 채우고 그들의 종이치마는 전등갓에 씌워져 천장으로 올라가면 푸른빛이 돈다. 마지막 한 여인이 등장하여 〈검은 상처의 블루스〉라는 곡에 맞춰 춤을 춘다. 인생은 한판 춤이며 그 혼란스러움도 결국 남는 것은 혼자일 뿐이라는 것을 느끼게 해 준다.

여기에서 나의 예술적 철학과 인생관, 또 나의 작품의 전개방법의 하나의 큰 맥을 생각할 수 있다.

나는 작품 속에 원전에 따른 인간상과 이야기를 담으면서도 언제나 그 밑바

춤으로 삶의 집을 짓다

닥은 불교적 자아의 깨침 그리고 윤회의 의미를 담는다. 그러면서 결국 이 작품도 작가의 인종적 생각과 함께 사회를 노래한 소설이라는 것과 연결되면서 두 장면의 분위기가 전자는 원초적·본능적 느낌이라면 후자엔 환상적이면서도 현실적인 의미와 만난다. 특별한 무대세트가 없지만 나신과 흰 종이옷과의 대비, 가면과 인체와의 대비 등이 이 작품의 특징이 된다.

민족적 정서와
춤

●

인간은 움직임을 통해서 자신을 표현하는 방법을 태어나면서부터 소유한다. 만약 인간이 그런 특성을 타고나지 못했다면 말을 할 수 없는 갓난아이는 전혀 자신의 의사를 표현할 수가 없게 된다. 바로 태어나면서부터 몸으로 표현하는 특성을 타고났기 때문에 배고픔이나 배설을 울음을 통해서 알리게 된다. 이런 관점에서 보면 울음도 언어이다. 언어적 언어가 아니라 움직임 언어이다. 또 바로 이런 사실에서 보면 움직임 언어는 언어적 어휘보다도 훨씬 더 전에 존재하고 또 존재해 왔다고 상상할 수 있다.

인간이 그렇게 태어나면서부터 타고나는 특성, 즉 몸으로, 움직임으로 표현하는 것을 가장 잘하는 사람이 무용수들이다.

20세기 춤의 한 형식으로 인정받는 포스트모던 댄스에서는 "어떠한 움직임도 춤이고 훈련을 받았건 받지 않았건 간에 누구든지 걸을 수만 있는 사람이라면 무용수가 될 수 있다"라는 주장이 펼쳐지기도 했지만 사실 일상적인 소통을 위한 신체적 움직임 그 자체를 무용이라고 부를 수는 없는 것이다.

역사의 시간을 거꾸로 돌려 '최초의 움직임'을 생각해 보면 그것은 갓난아이의 울음과 같은 타고난 움직임 언어처럼 자연발생적인 것이다. 자연발생적인 움직임 언어로 확립되는 춤도 물론 있지만 최초의 자연발생적인 움직임 자체를 춤이라고 할 수는 없는 것이다. 다만 일상적인 혹은 자연발생적인 움직임이 어떤 목적을 가지고 의도적으로 행해진다면 그것이 좀 더 비일상적인 움직임으로 발전될 수가 있을 것이다. 그리고 그런 비일상적인 움직임에 무엇인가를 전달하거나 혹은 소통하려는 의도가 가미된다면 그것을 최초의 '움직임적 충동'이라고 부른다. 그런데 이 최초의 움직임적 충동이 리듬적인 움직임으로 형성되고 그것을 통해서 어떤 특정한 감정의 표현으로 혹은 하나의 제의적인 것으로 형성된다면 그것은 곧 춤이 된다.

이렇게 형성된 춤이 다른 사람에게 전해지기 위해서는 좀 더 형식화·체계화의 과정을 거치게 된다. 그렇게 형식화와 체계화된 춤을 만드는 작업을 일반적으로 '안무'라는 단어로 지칭한다. 자연발생적인 혹은 일상적인 움직임에서 시작된 움직임 언어가 체계화와 형식화를 거치면서 '사전에 정해진 움직임 언어화'된다. 발레와 민속무용 등에 포함되어 있는, 사전에 확립된 움직임 언어들이 바로 그런 것들이다.

이런 움직임 언어는 '움직임 어휘적' 측면에서 바라볼 수가 있을 것이고, 또 그 움직임이 담고 있는 정신적 측면에서 바라볼 수가 있을 것이다.

마리 비그만(Mary Wigman)은 춤은 인간에 관해 표현하는 살아 있는 언어[3]라고 말했다. 비그만의 이런 말은 춤이 무엇인가 하는 것에 대한 정의를 내리기 위한 것이었다. 춤이 무엇이며, 춤이 어떤 것인지에 대해 말하기 위해서는, 춤 움직임이 담고 있는 정신적인 측면을 바라봐야 하며, 이를 위해서는 먼저 인간이 왜 춤을 추는가 하는 것에 대해 질문을 던져야 한다.

인간은 왜 춤을 출까? 이 질문에 대해 이런 대답들이 있다. ① 인간은 즐거움과 휴식을 위해 춤을 춘다.-이때 춤은 단지 여가와 오락의 도구이다. ② 그들은 생물학적, 생체 심리적 혹은 본능적 필요 때문에 춤을 춘다.-이때 춤은 언어적 언어의 전신으로서의 존재가 된다. ③ 그들은 자기 자신을 표현하기 위해 춤을 춘다.-이때 춤은 현실 삶과 동떨어진 상징적 행위로서의 존재이다. ④ 그들은 자신들이 성적으로 매력적이도록, 행복하게 혹은 슬프게 혹은 또 다른 느낌 때문에 춤을 춘다.-이때 춤은 감정의 일차적인 저장고로서의 역할을 한다. ⑤ 그들은 선한 영혼이나 악한 영혼에 의해 지배되고 있기 때문에 춤을 춘다.-이때 춤은 신경증적·히스테리컬적 혹은 반종교적 현시의 존재이다. ⑥ 그들은 자신의 억압된 감정을 나타내기 위해 혹은 완화하기 위해 춤을 춘다.-이때 춤은 카타르시스로서의 존재 혹은 인간 감정의 조절판으로서의 존재이다.

위에서 보는 바와 같이 어떤 순간에 어떤 목적으로 춤을 추느냐에 따라서 춤의 존재감과 그 역할이 달라진다. 그런데 미국의 무용학자 드리드 윌리암스(Drid Williams)는 "이런 대답들이 그럴듯하지만 또 인정할 것은 인정하지만 왜 춤을 추느냐를 완전히 설명하진 못하고 있다. 감정적-심리적, 지적-사회학적, 종교적-유사종교적, 그리고 기능적 측면에서 다양하게 설명할 수 있을 것이다"[132]라고 했다.

춤을 왜 추느냐에 따라서 춤의 존재감이 그리고 춤에 담기는 내용물이 달라지는 위의 여섯 가지 해답 중에서 무용가들이 일반적으로 대답할 수 있는 것은 세 번째의 것, 즉 '자신을 표현하기 위해 춤을 춘다'이다. 나머지 해답들, 즐거움, 본능적, 히스테리컬적, 감정조절판적 춤 등은 춤에 담길 수 있는 주제들이고 표현될 이미지들이 될 수 있을 것이다.

애초의 춤의 본질은 그 춤이 율동을 통한 넘쳐나는 열정의 분출이건 혹은 엄숙한 종교적 행위이건 간에 관객을 필요로 하지 않았었다. 그러나 역사적으

춤으로 삶의 집을 짓다

로 보면 종교의식적인 춤에서부터 큰 변화가 생기기 시작한다. 그 변화란 춤이 무의식적인 운동충동 혹은 광란에 가까운 동작과 격식에 얽매인 종교제의를 하면서 관중을 의식하게 되고, 관중을 위한 예술작품으로 점차 변모하기 시작하였다는 것이다.[133]

일상적인 움직임 언어가 춤이 되지 않기 때문에 일상적 움직임을 하면서 내가 왜 그런 움직임을 하는지를 반드시 설명할 필요는 없을 것이다. 그런데 일상적인 움직임이 비일상적인 움직임화되어 그것이 춤이 되고, 그 춤이 또 관중을 의식해 변모해 가면서 무용가는 왜 그런 움직임을 하는지, 그것이 무엇을 담고 있는지 혹은 그것이 어디에서 나온 것인지에 대해 직접적으로 혹은 간접적으로 설명을 해야 한다.

1. 아이덴티티를 잊지 마라

그런데 시대가 감에 따라 춤이 변해 가도 또 춤에 담기는 내용물이 달라져도 춤에는 결코 변하지 않는 표현적인 요소가 있다. 그것은 바로 그 춤추는 사람의 아이덴티티이다. 춤에는 춤추는 사람이 가진, 그 사람만의 특수한 개성이 담겨 있고, 그것은 세월이 가도 변하지 않는다. 한국인이 한국 창작무용을 추든, 현대무용을 추든, 추는 춤의 메서드가 한국적이든 혹은 서양적이든 간에 결코 변하지 않는 것은 한국인이라는 사실이다. 이는 단지 춤추는 주체의 개념에 국한된 것이 아니다. 그가 추는 춤 어딘가에 '한국인'이라는 것이 실려 있다는 것이다. 이것은 마치 우리가 외국의 거리를 걸으면서 만나는 동양인들을 보고 '아, 저 사람은 일본인 같다, 저 사람은 중국인 같다'라고 구분할 수 있는 것과 같이 그 사람들에게 자신의 아이덴티티를 느끼게 하는 외적인 DNA가 실려 있기 때문이다.

춤추는 한 개인의 특수한 개성의 단위와 존재 차원을 확대하여 춤추는 동족 집단-민족으로 정했을 때 그 집단의 개별적 특성, 전통적 심리 등을 우리는 민족성이라고 부른다.

민족성과 민족적 정서

민족성이란 한 민족의 특이한 성질[134]을 의미하는데, 이 민족성은 어떤 민족이 생성하는 과정 중에 그 민족에게 고유하게 나타나는 것이다. 그런데 그것이 인간성 전반의 표현이 아니라 그 민족 집단이 뚜렷하게 지닌 몇 개의 특수한 성격(인간성)이다. 이런 민족성은 민족문화의 바탕이 된다.[135]

세계는 풍토로나 역사적 경로로나 사회 발달 상태로나 동질적인 공간이 아니요 이질적인 공간이기 때문에 그 속에 생성되는 민족 성격이 개성의 차이를 지닐 것은 틀림이 없다.[136] 그러므로 각기 다른 민족성을 가진 민족문화는 서로 다르게 마련이다.

예술-문화적인 시각을 좁혀서 보면 약간의 뉘앙스의 차이는 있지만 민족성과 전통을 하나의 같은 의미의 것으로 간주할 수도 있다. 왜냐하면 민족성이나 전통이나 둘 다 인간을 역사적인 존재로 만들고 또 후세의 문화 창조를 근본적으로 '규제하는 힘'이 되기 때문이다. 말하자면 민족성도 전통도 일정한 집단이나 공동체의 역사적 발전 속에 형성되는 정신적 경향 또는 성격이 여러 시대를 통하여 전승되어서 그것이 또 하나의 '규범적인 힘' 혹은 창조를 이끌어 가는 요소가 된다는 말이다.

민족적 정서라는 용어에서 '민족적'이라는 말이 생략되고 단지 정서라는 단어만 사용을 해도 사실 같은 의미의 단어가 된다.

정서란 '움직이는 힘, 태도의 형성, 가치관의 유발의 의미'를 내포하고 있다.

춤으로 삶의 집을 짓다

요즈음 우리가 곧잘 사용하는 정서의 개념은 '습속과 문화적 풍토, 취향과 심의적 경향 등의 뜻'을 염두에 두고 사용되는 단어이다. 그런데 이 단어가 국민정서, 지역정서 혹은 민족정서 등으로 사용되는 경우에는 그 정서라는 단어를 규정하는 수식어들, 즉 '국민', '지역', '민족' 등이 다소의 정치적인 뉘앙스를 환기시키는 배타적인 감정을 전제하게 한다.[137] 그럼에도 불구하고 한 국가의 혹은 한 민족의 정서는 민족성과 거의 유사한 의미로 사용될 수 있다.

무용은 몸짓을 통해 자신을 나타내는 예술이다. 그런데 현대춤에서는 몸짓을 통해서 나타내는 '자신'은 민속무용에서 부각되는 것만큼 춤추는 주체들의 민족성이 직선적으로 혹은 대화체적으로 부각되지는 않는다. 그래서 나는 현대춤에서 발견되는 민족성적 요소, '민족성' 그 자체보다는 '민족적 정서', 즉 춤추는 주체의 정서로 이해해야 한다고 주장한다. 특히 사회 인문학적 연구가 아니라 무용작품에 포함되는 작품 정신의 문제라면 민족성이든 민족적 정서이든 혹은 안무자의 정서이든 엄격하게 구분하기보다는 거의 혼용하여 사용할 수 있다고 본다.

나는 1971년부터 한국적 현대무용을 추구해 오고 있다. 그런데 이 '한국적 현대무용의 개념'에 대해 내가 여기에서 말하고자 하는 것은 '현대 춤에서의 한국 민족성 혹은 한국 민족적 정서'라고 할 수 있다는 것이다. 나의 오랜 창작활동에서 추구해 온 한국적 현대무용이란 '큰 틀에서는 현대무용적 메서드로 춤을 추면서 우리 민족성을 담자는 것이고 좁게는 한국적 정서를 담자는 주장'인 것이다.

'한국적'이라는 용어는 우리 문화예술계 전반에서도 아주 평상적으로 쓰이지만 그 의미의 실속이 있느냐 하는 문제는 물론 존재한다. '한국적이란 단어의 의미가 한국사람의 주체성'으로 풀이될 수 있다면 우리는 주체성에 대해서도 생각이 머물게 된다. 한국사람이 없는 한국을 생각할 수 없듯이 주체성이

결여된 한국도 존립할 수 없고, 이 양자는 서로 불가분의 연관성을 갖는다.[138]

인간이 환경의 지배를 받는다는 자명한 이치의 관점에서 생각해 보면 내가 우리의 정서를 현대춤에 담자는 주장을 하는 것은 아주 당연하다. 그 민족성이나 정서도 환경에 따라서 변해 갈 수도 있다. 그런데도 어떻게 여러 시대를 통하여 전승되고 그것이 민족문화를 창조하는 기본적으로 규제하는 요소가 되느냐 하는 의문도 나온다.

그것에 대해 민족문화 연구가이기도 했던 시인 조지훈은 "한 집단이나 공동체의 민족성은 역사의 주체로서의 고유소, 곧 기본소를 지니고 있어 역사를 움직인다. 그런데 그 민족성에는 변하는 요소와 잘 변하지 않는 요소가 있으며 잘 변하지 않는 요소는 자연적인 성격을 띠고 있는 요소이며 환경과의 조화, 인간의 노력에 의해 얻어지는 문화적 속성을 띠는 요소에 의해 민족성이 변화해 간다. 각 민족의 특수한 개성이 표현되는 것이 바로 민족문화가 되는 것이다"라고 설명하고 있다.[139]

그는 민족성의 구성요소와 그 구성요소들이 형성하는 문화의 성격까지 논하면서 한국의 민족성과 문화의 성격을 이렇게 분류했다. 민족성의 구성요소인 풍토는 지리적 환경의 특질과 정치적 환경을 특질을 준다. 반도인 한국은 해양적이면서 대륙적일 수밖에 없는 지리적·반도적 풍토를 가져 우리 민족이 평화성과 격정성을 가지게 했다. 한국의 자연은 한국인에게는 꿈과 슬픔과 힘을, 한국의 역사는 한국인에게 멋과 끈기를, 그리고 우리 문화는 은근과 맵짭의 형태가 되도록 했다며 민족성과 민족문화의 상관관계를 도식화했고 이런 기조하에서 우리 한국민의 예술을 힘의 예술, 꿈의 예술, 슬픔의 예술, 멋의 예술, 네 가지 유형으로 분류했다. 힘의 예술은 장엄하고, 비조각적인 가구 조형의 발달은 있지만 예술적 사고로서의 명상의 정서가 없는 것이라고 했고 꿈의 예술은 불교와 같은 세련된 외래문화의 도입 이후 한국민의 야성과 혼연합일

되어 이루어진, 그 사상적 근거가 화엄사상에 통해 있는 생동하는 정신(내용)과 이상하는 육체(형식)의 표현이 균정을 이룬 예술이라고 했고, 슬픔의 예술은 꿈의 예술이 그 정신에 내포된 힘을 상실하면서 싹트는, 규격은 산란되고, 절제는 저회하여 그 기법은 불균정해서 비상칭으로 흐르는 예술, 그 허무한 슬픔 속에 반성과 명상, 희구와 신앙, 체념과 달관 등 감정이 순화되어 별다른 이상계를 예술작품 속에 찾고 세우는 예술이라고 하고, 멋의 예술은 슬픔의 예술이 힘보다 꿈에 치우친 데 반해 그것에 대한 반발로써 일어나기 시작한 것으로 유교 정신을 바탕으로 한, 슬픔 속에 신념을 갖춘, 소박하고 구수하면서 밝은 특징을 가진 것으로 규정했다.[140] 그의 이런 명석하고 명쾌한 분류와 분석은 민족성이 그리고 예술에 반영되는 민족적 정서가 매우 다면적임을 알려준다.

불교적이고 유교적인 우리 한국의 문화-정신적 요소를 주제로, 상징으로, 표현으로 사용하면서 나는 주제의 해석과 재해석이라는 정신적 과정을 거쳐서 내가 만든 움직임 언어를 사용하여 창작 발표된 '한국적 현대무용' 작품들 중에서 가장 민족적 정서를 강하게 표출시킨 2007년 작품 〈삶꽃 바람꽃Ⅲ-신부〉와 2009년 작품인 〈흙의 울음〉을 풀어서 해석해 보고자 한다.

춤에서의 민족성이란, 문화는 전통 없이는 존재할 수 없다. 우리는 아주 어린 시절부터 전통 안에서 양육을 받고, 그래서 전통이 지닌 본질적인 가치를 평가하지 않고 당연히 수용하기 때문에 전통은 일반적으로 지극히 무의식적인 상태에서 우리를 문화 영역의 구성원으로 형성시킨다.[141] 그렇게 전통은 우리의 정신 속에, 정서 속에 스며들게 되고 그것이 한 민족의 혹은 한 개인의 아이덴티티가 된다.

춤은 발레, 현대무용, 포스트모던 무용, 컨템포러리 무용 등으로 분류된다.

역사 초기에 춤이 사랑과 성스러운 종교적 기능만을 수행했었다면 시대를 지나면서 춤은 예술춤, 오락춤, 전문춤으로 빠르게 도약했다. 그런데 실제로는

삶꽃 바람꽃Ⅱ 2009.ⓒ송인호

춤으로 삶의 집을 짓다

흙의 울음 2011,ⓒ송인호

그런 변화과정이 매우 점진적으로 또 세계 곳곳에서 오래전부터 일어나기 시작
해 변화가 시작되었다. 춤이 이렇게 변화되어 오는 것은 시대와 사회의 변화, 이
에 따른 의식과 정서의 변화 때문이라고 할 수 있다.

춤은 기능적으로 신체적이고 심리적인 효과를 유발한다. 신을 경배하는, 조
상을 숭배하는 한 방법이기도 하고 마법을 창조하는 방식 혹은 수단도 될 수
있는 게 춤이었다. 중세시대까지만 해도 춤은 경의를 표하는 종교적 거행의 일
상적인 방법이었지만 기독교회가 춤의 비도덕성을 비난하면서 다신적인 제의
의 기능을 하던 춤이 억제되기도 했다. 그러나 중세 교회가 춤을 완전히 억압
하지는 못했었다. 그리고 춤은 인간의 삶의 과정에서의 정서를 표현하는 춤으
로 발전해 왔고 그러면서도 또 여전히 의식의 일부를 형성하기도 했다.

역사적으로 발레는 17세기 프랑스 궁정에서부터 발전되어 왔고 기교와 디자인과 춤 표현이 정형화되어 있다. 18세기 말 유럽에서 새로운 경향의 발레가 나오기 시작했었다. 노베르나 블라시스 등에 의해서 새로운 형태의 무용을 위한 기초가 다져지기 시작했고, 이러한 시도는 차갑고 형식적인 클래식 발레 메서드에 대한 반발이었다. 창작가의 감정과 감성이 이성보다도 더 중요했고 객관적인 것보다는 주관적인 것에 더 가치를 주었다. 창작가가 접하는 세상에 대한 감정적인 반응은 새로운 영감을 주었고 새로운 시도는 음악에서 더 앞서서 나갔다. 자연의 초상화 같은 베토벤의 〈전원 교향곡〉 같은 작품은 베버나 멘델스존의 더 풍부한 감정이 담긴 작품으로 이끌었다.[142]

현대무용은 20세기 발레에 대한 반동으로 발생한 것이다. 이런 것과 유사하게 20세기 중반 현대춤에서의 새로운 경향이 발전하는데 그것이 포스트모던 춤이다. 그런데 포스트모던 댄스가 현대춤에 대한 완전한 반발은 아니었다. 인간의 심리적 주제에 근거하고 있던 현대춤의 안무적 개념에 대해서만 반발/반동을 일으켰다고 볼 수 있고 원래 주장한 신체적 움직임의 실험적 형태로서의 춤은 그대로 수용했다고 볼 수 있다. 컨템포러리 댄스는 현대춤에서 불안한 현실을 맞는 예술가들에 의해서, 그들의 개인적 표현의 필요성에 의해서 발생한 것이다.

창작은 그렇게 창작가의 사회적 환경에 따라 그 사고가 달라지고, 앞서 언급한 것처럼 새로운 형태의 시도가, 그 환경 속에 사는 한 개인의 의식에 침잠해 있는 정체성이나 정서에서 출발하여 새로운 시도가 끊임없이 이루어지게 된다. 그런데 그 새로운 시도 속에서도 결코 변치 않는 요소가 또 결코 빠지지 않는 요소가 바로 민족성이나 정체성이다.

문화발전은 전통 없이 존재할 수도 없지만 또 전통 없이, 정체성이나 민족적 정서 없이 발전이 가능하지도 않다. 모든 새 세대가 새롭게 출발하려는 진지

춤으로 삶의 집을 짓다

한 노력 속에서 과거를 지워 버리려고 시도한다면, 그런 정보를 가지고는 아무 것도 만들 수도 없고 그 시도에서 아무것도 나올 수 없다. 그렇게 되면 세계는 사막이요 혼돈일 것이다.[143] 전통의 능력이, 전통이 준 정서가 피조질서 속에 근거되어 있기 때문이고 진정한 역사 발전 속에서 문화는 과거 위에서 성장·재현할 것이고 또 문화적 삶을 통해 역사가 유기체적인 생명과 연계성을 유지하기 때문이다.

미국에서 현대무용이 왜 발생했는가 하는 것을 생각해 보면 그것은 미국의 발전단계에서의 한 사회적 상황에서 발생한 것이다.

미하일 포킨은 클래식발레가 정점을 향해 발전해 가던 시기인 1914년 7월 6일 영국의 '더 타임즈(The Times)'지에 한 서한을 보내면서 발레 안무의 다섯 가지 원칙을 언급한 바 있다. 그중에 첫째가 "개개의 발레는 교과서적인 클래식 언어로 안무되기보다는 주제에 적절한 스타일로 안무되어야 한다"였다.[144] 포킨의 이 말은 많은 것을 시사한다. 춤이 정해진 언어로만 할 것이 아니라 주제, 그것에 담긴 정체성에 맞게 안무되어야 한다는 것을 그가 제기하고 있고 춤의 변모의 신호탄이었다. 클래식 언어에 대한 이런 반동은 그 이후 현대무용의 발전을 위한 개혁적인 아이디어의 강력한 원천이 된다. 특히 독일과 미국의 무용가들은 '나는 무엇에 관하여 춤을 추고 있는가? 이것은 나라는 사람의 관점에서, 그리고 내가 살고 있는 세계의 관점에서 볼 때 가치 있는 것인가? 만약 그렇지 않다면 다른 어떤 형태의 무용이란 어떠해야 하며, 그것은 어떻게 만들어져야 할까?' 하는 질문을 했다.[145]

내가 한국적 현대무용을 추구하기 시작한 1970년대 역시 우리나라에서는 가난과 피폐를 벗어나려는 사회의 발전이 빠르게 이루어지고 있었고 그 속에서 자기 상실이라는 내면적 갈등도 있던 시기였다.

1950년 한국전쟁이 일어났었다. 그 전쟁으로 인해 피폐해진 우리 한국인에게 가장 중요한 것은 문화도 전통도 아니라 끼니를 해결하는 것이었다. 우리 나라가 그만큼 가난했던 그때 그런 피폐하고 다급한 현실에서 사람들은 문화 라는 요소에 신경을 쓸 겨를이 없었고 게다가 그 이전에 일본의 압제하에서 우 리 전통문화가 억압·멸시되고 강제 폐기되게 되면서 상당히 많이 상실-유실되 었었다. 전통문화유산의 중요한 것들이 그렇게 수없이 상실되었다. 1960년대 부터 한국사회가 산업화되면서 서구 지향적 가치관과 교육이 우리 정신과 가 치관 형성에 중요한 요소로 작용했다. 이런 과정에서 전통적인 미의식과 가치 가 무너졌으며, 또 매체의 발달과 생활의 윤택으로 인해 한국적인 요소가 점점 더 우리 생활에서 멀어져 갔음은 주지의 현상이다.[146]

전통과 문화 예술에서의 민족성 상실 현상을 극복하기 위해 조치된 것이 문 화재보호법이다. 1964년 이 문화재보호법이 발효되고 그해 말부터 중요무형 문화재 제도가 정착되게 된다.[147] 무용부분에서는 1967년 〈진주 검무〉가, 1969 년에는 〈승무〉가 중요무형문화재로 지정되는[148] 과정을 거치면서 우리 예술인 들도 또 무용가들도 '문화적 자각' 속에서 정체성을 추구하게 되었다.

나는 1971년 개인무용단 김복희, 김화숙 무용단을 창단하여 1971년 11월 21일 명동 예술극장에서 나의 처녀작 〈법열의 시〉 같은, 한국적 정서의 작품을 창작 발표하면서 우리의 문화유산, 우리의 정서를 현대춤에 담는 길을 걷기 시 작했다. 당시 나의 이런 시도는 비록 서양적 메서드를 사용하고 그 메서드를 신봉하는 무용가이긴 했지만 전통과 문화 예술에서의 우리 민족성 상실이라 는 사회적 현상에 대한 나 개인의 반발이었다고 볼 수 있다.

현대무용이라고 하는 것은 발레의 격식과 규범에 반발하여 발생된 것이고 '자유의 추구'가 그 기본이념인데 그런 이념에서 출발한 현대무용에 민족성을 담자고 하는 것이 그 자유스러움과 배치되는 것이 아니냐 하는 반문이 나올 수 있으나, 현대무용에서 추구한 자유스러움은 오히려 내용보다는 형식의 문제에서 시작되었던 것이고, 여전히 형식적 자유에 기대어 있다고 믿는다. 그것이 현대예술에서 공통적인 현상이다.

액션 페인팅 화가 혹은 추상표현주의 화가로 불리는 잭슨 폴록(Jackson Pollock)은 전면균질적 공간 구성, 드립 페인팅의 개발 또 그린다는 행위 자체에 중점을 둔 액션적 제작 태도를 가진 화가였다.[149] 그는 물감을 양동이에 담아 캔버스에 쏟아붓고 청소 걸레로 쓱쓱 문지르는 행위를 통해서 그림을 생산했다. 그런가 하면 1929년 발표된 초현실주의 제2 선언에서는 "예술품을 만드는 게 중요한 일은 아니다. 우리가 거의 자각하지 않는 미나 애정이나, 재능으로 훌륭하게 빛나고 있음에도 불구하고 지금까지 표현되지 않았던 것이 있다. 그러나 이것은 표현할 수 있는 것이다. 이 미개척 부문을 밝히는 것이 초현실주의의 목적이다"라고 밝히고 있다.[150] 또 초현실주의 화가 마르셀 뒤샹(Marcel Duchamp)은 "예술품을 만드는 것이 중요한 게 아니다"라는 초현실주의 선언문의 구절을 몸소 실천했었다. 공장에서 제조된 남성용 변기에 R. Mutt라는 서명만을 해서 전시를 했었다. 공업적으로 제조된 변기일지라도 예술가가 그것을 선택한다면 그 선택에 의해서 공산품이 예술품이 된다는 주장을 했던 것이었다.

이런 변혁적인 주장들은 분명 그 주장을 편 예술가들의 예술을 바라보는 시각과 정신적 변화의 결과이다. 그러나 내가 보기에 이 두 경우의 예술가들은 작품의 '근본적' 내용에 대한 변화가 아니라 형식에 대한 변화를 의도한 것이다. 그러나 나의 중심 포인트가 되고 있는 춤에서의 민족적 정서 문제는 형식의 문제가 아닌 내용의 문제이다. 물론 형식이 내용을 규범화할 수도 있을 것이다.

정서를 춤으로 표현하기 위해서는 '기술'이 필요하고 기술의 문제가 제기된다. 기술은 몸의 특별한 사용이다. 우리가 일상생활에서 몸을 사용하는 방법과 공연이라는 상황에서 몸을 사용하는 방법 사이에는 큰 차이가 있다. 일상적인 생활 속에서 몸에 대한 기술은 문화 사회적 상황과 직업 등에 따라서 조건 지어진다. 그러나 작품이나 공연이라는 상황에서 몸에 대한 기술은 일상생활 속의 몸의 기술과는 다르다. 거기에서 일상적인 기술과 탈일상적인 기술의 구별이 생긴다. 일상적인 기술들은 무의식적인 것이기 때문에 그만큼 더 기능적이다. 몸의 일상적인 기술들은 일반적으로 최소한의 에너지 사용으로 최대의 효율을 내는 최소의 노력의 원칙을 따르는 특성이 있다. 탈일상적인 기술들은 반대로 에너지의 낭비에 토대를 두고 있다. 말 그대로 몸을 인위적·예술적인 것으로 만들고 그러면서 몸을 형식화시킨다.[151]

2. 자신의 사상, 감정, 심중의 영상을 구상화해라
감성과 이성으로 '정서=주제'를 해석하고 형상화하는 움직임 언어 개발

모든 무용창작자의 궁극적인 목표는 자신의 사상, 감정, 심중의 영상을 구상화하는 무용을 창조해 내는 것이다. 그것을 위해 형식화된 몸을 사용, 즉 의도된 동작을 하게 된다. 그런데 그 무용 동작만으로 그런 목표를 달성할 수는 없다. 정서를 형상화하고 내면적인 의도를 외적인 표현으로 만들어 내기 위해서는 또 다른 기술이 필요하다. 몸의 특별한 사용으로서의 기술이 아니라 창작자의 정신적인 기술이 만들어 내는 움직임 언어가 필요한 것이다. 즉 감성과 이성으로 '정서=주제'를 해석하고 이를 형상화하는 기술이다. 이런 기술로 안무자는 관객을 시각적으로, 촉각적으로, 관념적으로, 또 감정적으로 자극을 하도록 소재를 형상화해야 한다. 이것 역시 '기술'이라고밖에 할 수 없다. 신체적-물리적인 효과를 내는 기술과는 다른 구성과 안무를 할 수 있는 순전히 정신적·감성적 기술이다.

스잔 랭거는 "예술의 배경에 변동하는 주된 요소를 ① 예술가가 표현하고

춤으로 삶의 집을 짓다

싫어 하는 관념, ② 새로운 고안에 의한 예술적 제작의 기법, ③ 물리적·문화적 환경이 주는 기회, ④ 어떤 일에 영향을 받아 일어나는 일반의 반향", 이 네 가지로 꼽았다. 물론 이 중 어느 한 가지도 연관되지 않는 게 없겠지만 특히 민족성/민족정서 문제에서는 '③ 물리적·문화적 환경이 주는 기회'가 연관성을 갖는다.[152]

춤 작품에 민족적 정서를 담자고 하는 노력과 시도가 우리처럼 전통을 중시하는 민족들의 전유물은 아니다. 현대무용의 발생지인 미국에서도, 세계 현대무용을 선도한 대무용가들마저도 자신들이 개발한 현대무용적 메서드를 자신들의 조국의 정서, 즉 아메리카니즘을 담는 데 사용했다. 마사 그라함의 〈Appalachian Spring(아팔라치안 봄)〉이나 〈American Document〉 등이 그 예가 된다.

33분 정도의 작품인 〈아팔라치안 봄〉은 그라함이 미국적 음악을 작곡하는 작곡가 아아론 코플란드에게서 받은 〈Ballet for Martha〉 곡과 미국계 일본인 조각가 이사무 노구치의 무대미술을 사용, 안무해 1944년 10월 30일 워싱턴 미 의회 도서관에서 자신이 주역으로 출연, 초연했고, 1958년 64세의 마사 그라함이 리바이벌하면서 여주인공 신부(新婦) 역을 했던 이 작품은, 펜실베이니아 팜하우스의 건립 이후 미국 개척자들의 봄 축제를 주제로 한 것으로 새로 결혼한 신랑과 신부와 동네사람, 부흥목사 한 사람과 그의 네 명의 여성 신도들, 그리고 여성 개척자 어머니의 남성적 일과 여성적 감정 간의, 성(性) 간의 상징적 갈등과 상호 관계를 다룬 것이다.[153]

〈아팔라치안 봄〉에 대해 당시 발간된 '더 부시 엔 호크스(The Boosey & Hawkes)[154]사의 악보 서문에 "펜실베이니아 언덕에 새로 지은 농가 주변 봄날, 한 개척자의 축하연, 새신부와 젊은 농부인 남편의 감정, 기쁨과 이해 그리고 초대된 사람들 간의 감정교류, 한 늙은 이웃은 경험이 최고라고 주장을 하고 부흥 목사와 그의 신도들은 인간 운명의 이상하고 무서운 일면만 주장하고, 결국 두 사람만 남겨지는 작품"이라고 언급되어 있다. 이 작품의 음악에는 또 세이커교 찬송인 〈단순한 재능(Simple gifts)〉라는 옛 미국 노래 중의 하나가 들어 있다.[155]

이런 점에서 보면 아아론 코플란드가 시인 하트 크레인(Hart Crane)의 동명의, 산의 봄을 노래한 시의 제목을 가져다 작품에 붙인[156] 마사 그라함을 위해 'Ballet for Graham'이라고 제목을 붙였던 이 음악(후에 음악도 Appalachian Spring으로 개명)에 미국인의 연설하는 '습관적' 억양에 나타나는 음조의 변화를 음악 리듬화했으니, 두 창작가 코플란드와 그라함이 춤 작품의 내용도 그리고 형식까지도 모두 미국적인 것으로 만들고 있으니, 아메리카니즘에 눈을 뜨고, 아메리카니즘을 작품에 담았다고 할 수 있다. 화가 잭슨 폴록은 이 작품을 '신부(新婦)의 눈으로 본 사회를 묘사한 심리극 모노드라마'라고 했고, 무용평론가 에드윈 덴비는 "〈아팔라치안 봄〉은 미국의 자연 정경 그 자체를 표현할 뿐만 아니라 사람이 사는 땅을 표현했다. 외딴곳의 외로운 존재들의 표현을 통해 그 언덕에서 자연에 순응하여 언제나 외로운 시간을 보내고 있는 존재들을 표현했고 농촌의 외짐을 통해서 이웃 간의 관계의 가치를 선명하게 설득적으로 전달했다. 또 부흥주의 목사란 캐릭터를 통해 복음주의가 토착적인 애니미즘과 합쳐져 내국인들 간의 관계의 가치를 더욱 빛내었다.[157] 이 작품에 나오는 세 캐릭터, 개척자 여인, 신랑 그리고 부흥목사는 서로 다른 집단적 아이덴티티의 소유자들인데 이들의 개인적 개성은 모두 더 넓은 의미의 개인주의, 개척주의, 그리고 애국주의라는 아이덴티티 속에서 합쳐지고 용해된다"[158]고 평가했던 이 작품, 어딜 봐도 미국적이다.

그라함의 〈American Document〉도 미국성을 담은 작품이다. 그라함은 이 작품에서 미국의 역사를 치욕과 힘의 역사로 해석하고, 이를 통해서 미국의 궁극적인 영광을 보여 주려는 의도로 미국적 정서, 미국적 민족성을 담았다. 인디언 솔로를 추는 무용수로 출연까지 한 그라함은 시인 조나탄 에드워즈(Jonathan Edwards)의 시 구절을 하나 암송하면서 패트리오티즘-애국주의라는 메시지를 보여 주었다.[159]

미국에서 아메리카니즘의 추구의 예는 그 외에도 굉장히 많다. 미국의 천재 음악가 조지 거쉰(George Gershwin) 역시 아메리카니즘의 작곡가였고, 그가 파리로 유학을 가서 세계적인 음악교육가 나디아 블랑게(Nadia Blanger)에게서 지도를 요청했을 때 블랑게 교수는 "클래식이라는 딱딱한 교육을 받기 위해 당신이 가진 아메리카니즘-재즈적 영향을 망쳐서 되겠느냐"하면서 그를 학생으로 받아 주지 않았었다. 세계적인 음악교육가의 눈에도 그가 클래식 음악가가 되는 것보다는 그만이 지닌 독창적인 정신세계-민족적 정서를 존중하고 그것을 지켜야 한다고 가르쳤다.

현대무용의 발상지에서 아메리카니즘이 옹호될 때 한국에는 뒤늦게 미국에서 직수입된 현대무용 메서드가 교육되고 그것에 의해 창작 공연이 이루어졌었다. 이 이후의 한국에서의 현대무용의 작품들은 미국 무용이나 문화의 직접적인 영향하에 있었다고 해도 과언이 아니다. 이는 우리 한국인의 대표적인 정서로 손꼽을 수 있는 멋, 은근함과 끈기, 정, 신바람, 한 그리고 깨달음[160] 등에 대한 자각이 상당히 더뎠던 것에 기인했었다고 생각된다.

한국 창작무용가들의 춤 작품에 한국적 정서와 한국인의 독창적인 가치관이 표현되어야 한다는 원로 평론가 박용구의 말을 인용해 보자.

"서양예술의 해체작업인 포스트모더니즘에 맹종하는 한심스러운 작태로는 희망이 없다. 그렇다고 새로운 질서의 재편성을 앞둔 Chaos(혼돈) 속에 팽배한 내셔널리즘의 열풍을 나는 예술의 세계에서도 경계해야 한다고 보는 사람이다. 내셔널리즘은 자기희생을 돌보지 않는 무욕의 측면이 있는 반면에 우리가 아닌 남에 대한 증오와 공포에서 오는 병적 측면이 있기 때문이다.[161]"

"세계화라는 약간은 공리적인 관점에서가 아니더라도 지역적·민족적 특성을 살려서 보편적인 공감대를 얻을 수 있는 방법론을 찾지 못하면, 살아남을까 하는 존망의 위기초자 맞게 될 만큼 반성과 깨달음으로 거듭나야 할 백척간두(百尺竿頭)에 있다. 우리의 거듭나기 위한 깨달음과 반성은 우선 배타성과 편파성을 지양하고 탈피한 눈높이[시야(視野)]에서 동(東)과 서(西)의 동질성보다는 이질성의 뿌리를 확인하는 데서부터 비롯되어야 한다."[162]

박용구 선생의 이 언급 중에서 '서양예술의 해체작업인 포스트모더니즘에 맹종하는 작태'라는 말과 '깨달음과 반성 그리고 세계화는 동(東)과 서(西)의 동질성보다는 이질성의 뿌리를 확인하는 데서부터 비롯되어야 한다'는 것에 나는 무게를 둔다. 한 원로 평론가의 이런 사고는 우리 창작무용가들에게, 특히 현대무용 창작가들에게 커다란 채찍이고 격려이다. 그는 우리의 현대무용이 현대무용 메서드를 개발해서 전수해 준 서양인들의 춤의 모방에 혹은 그 아류에 머물러서는 안 된다는 지적을 하고 있고, 동양과 서양의 경쟁에서는 동질성보다는 이질성으로 경쟁해야 한다는 것을 요구하고 있기 때문이다.

나는 1997년 〈삶꽃 바람꽃〉이라는 제목의 작품을 처음 발표했고, 이후 같은 제목으로 연작이 공연되었다. 때로는 그 연작에 부제를 붙이기도 했다.

내가 수십 년 전부터 추구해 오고 있는 '한국적 현대무용, 그곳에 담을 한국적 정서'가 제목에 표제되는 대표적인 제목이 없을까 하고, 생각한 결과가 '인간의 존재와 현실적 삶 그리고 꿈을 삶꽃으로, 삶의 배신이나 비극, 죽음과 허무를 총체적으로 바람꽃으로 설정'하여 소품들을 연작화하기 시작했다.

작품 〈삶꽃, 바람꽃I〉은 사랑과 인생과 죽음의 허무함, 동시에 생존에 강한 여성과 죽음에 강한(죽음도 불사하는) 남성을 통해 우리 한국인의 정서를 보여주려 했던 작품이다.

삶꽃 바람꽃Ⅰ 1997.ⓒ송인호

폭 2미터, 길이 30미터에 달하는 하얀 천과 흙더미가 상징물로 사용된다. 객석을 향해 머리를 두고 무대 중앙에 누운 한 남성무용수의 머리 앞에 놓인 황토흙더미는 무덤을, 무대 하수 뒤쪽에서부터 낫 모양을 그리며 중앙으로 뻗어 나오는 하얀 천을 온몸에 감았다 풀었다 하면서 흙더미로 접근하는 여자무용수의 움직임은 여인이 겪는 깊은 슬픔과 무덤에서부터 구천을 건너 극락까지 편안히 가라는 이승에 남겨진 여인의 염원의 상징이었고, 그 긴, 굽이진 하얀 천은 극락까지 가는 길을 상징했다.[163] 이런 이미지들을 나는 한국 여인이 겪는 대표적 심성으로 설정했었고, 그것들로 여인의 애절하고, 슬픔 속에 감추고 있는 체념하고 달관하는 마음과 그리고 신념적인 사랑을 상징적으로 표현하려 했었다. 조지훈이 말하는 '슬픔의 예술'의 한 전형으로 만들었다고 할 수 있다.

그리고 〈삶꽃, 바람꽃Ⅱ〉에서는 커다란 공이 사용된다. 무용수가 딛고 선 땅, 그 땅에서 여성은 여성이 받는 힘듦을 공을 굴리고 공을 머리에 이면서 공에다 여인의 삶을 실었다. '인간 세상', '삶'을 인간이 주무르고, 인간이 억압당하는, 그리고 세상을 다 짊어져야 할 고난의 삶을 공이 표상하도록 하면서 작품을 풀어 갔다. 그리고 그 고난의 삶을 삶꽃으로 설정했다.

나의 이런 의도의 창작은 '삶꽃 바람꽃'이라는 같은 제목의 연작인 〈삶꽃 바람꽃Ⅲ-신부〉에서도 이어졌다. 한국인만이 가진 정서가 춤 작품에 담긴 것이다. 이 작품을 위해 나는 주제를 시인 서정주의 시 〈신부〉를 원전으로 사용했다.

신부는 초록 저고리 다홍치마로 겨우 귀밑머리만 풀리운 채 신랑하고 첫날밤을 아직 앉아 있었는데, 신랑이 그만 오줌이 급해져서 냉큼 일어나 달려가는 바람에 옷자락이 문돌쩌귀에 걸렸습니다. 그것을 신랑은 생각이 또 급해서 제 신부가 음탕해서 그 새를 못 참아서 뒤에서 손으로 잡아당기는 거라고, 그렇게만 알고 뒤도 안 돌아보고 나가 버렸습니다. 문돌쩌귀에 걸린 옷자락이 찢어

춤으로 삶의 집을 짓다

삶꽃 바람꽃Ⅱ 1999.ⓒ송인호

진 채로 오줌 누곤 못쓰겠다며 달아나 버렸습니다. 그러고 나서 40년인가 50
년이 지나간 뒤에 뜻밖에 딴 볼일이 생겨 이 신부네 집 옆을 지나가다가 그래
도 잠시 궁금해서 신부방 문을 열고 들여다보니 신부는 귀밑머리만 풀린 첫
날밤 모양 그대로 초록 저고리 다홍치마로 아직도 고스란히 앉아 있었습니다.
안쓰러운 생각이 들어 그 어깨를 가서 어루만지니 그때서야 매운재가 되어 폭
삭 내려앉아 버렸습니다. 초록 재와 다홍 재로 내려앉아 버렸습니다.

_시(詩) 〈신부(新婦)〉 원문[164]

춤 작품 〈삶꽃 바람꽃Ⅲ-신부〉는 무표정의 한 남성무용수가 들고 여인의
얼굴에 씌워 주는 딱딱한 재질의 표정 없이 차가운 하얀 가면과 종이로 만든

초록 저고리와 다홍치마를 입은 여인과의 혼성 2인무였다. 40~50년간 한스러운 기다림을 마다하지 아니한 지극히 인종(忍從)적인 여인의 비극적인 삶과 여인을 하시라도 버릴 수 있는, 여성 지배적이고 남성우월적인 남성성-마치스모(Machismo)[165]라는 한국인 정신 속 어딘가에 박혀 있던 '정서'가 시로, 춤으로 이미지화되었다.

이 작품에 사용된 딱딱한 재질로 된, 아무것도 관심 없다는 냉담하고 무관심한 표정의 새색시 가면은 기다리는 여인의 속과 관계없이 겉으로 드러나는 태도와 모습을 연출하는 도구요 상징이었다.[166] 초록 재와 다홍 재가 되어 내려앉아 버리는 이미지는 여인이 종이로 된 초록 저고리와 다홍치마를 찢어 버리는 것으로 이미지화-형상화되었다. 표현적으로 보면 인종하는 여인과 첫날밤 소박을 시켜 버리는 남성 간에는 '인권이라는 현대 사상적 요소'가 전혀 개입되어 있지 않다. 그것이 우리 사회에 존재해 왔고 잔존해 왔던 전통적 정신이요 한 시대의 사회적 정서였다는 점이 시 〈신부〉에서, 그리고 춤 〈신부〉에서 제기되고 표현되었다.

한국무용가 윤미라는 "현대 한국창작무용은 단순히 현대적인 춤을 말하는 것이 아니라 전통춤이 가지던 여러 의식적인 측면이 내재되어 있다고 볼 수 있을 것이다. 외국무용과 우리의 춤이 구분되는 것 중의 하나가 이러한 의식적인 춤이 주제, 내용으로 표현된다는 것이다"라고 했다.[167]

나는 이 작품 〈삶꽃 바람꽃〉 제하의 연작에서 메서드적인 측면이 아니라 표현적인 측면에서 윤미라가 지적한 우리 춤과 외국무용의 구분의 경계를 허물려고 했었다. 한국적 정서, 한국성이 중심적 사상이 된 작품을 통해서 한국적 현대무용이 보편적인 외국무용화되도록 하려는 시도였던 것이다.

또 하나의 작품 2009년 〈흙의 울음〉의 안무에 민족적 정서를 생각하면서 나는 안무의도를 만들었다.

흙의 울음 2011.ⓒ송인호

　"유교적이고 불교적 문화유산의 한국, 그 문화유산은 늘 땅 위에, 그 땅 위에 사는 한국인의 정신 속에 존재해 왔다. 인간은 언제나 변하지만 흙은 언제나 살덩이나 핏덩이나 모두 받아들여 다시 흙으로 되살린다. 인간의 칠정(七情), 즉 기쁘고[희(喜)], 노엽고[노(怒)], 슬프고[애(哀)], 두렵고[구(懼)], 사랑하고 [애(愛)], 싫어하고[오(惡)], 바라는[욕(欲)]이란 일곱 가지의 정, 그리고 운명과 윤회를 생각하는 불교적 사고, 그 모든 정신적 유산을 춤에 담고자 한다."

_안무의도에서[168]

　이 춤 작품에는 흙 위에서 벌어지는 한국의 역사가 상징적으로 나열된다. 땅은 말없이 존재하고 그 위를 어떤 것, 어떤 인간들이 지나가는 곳이라는 의미였다. 프롤로그의 첫 장면은 "흰 가마 앞에 놓인 흰 고무신, 그 가마에서 내려선 소복의 여인"이다. 그 상징적인 '흰색' 가마와 '소복'의 여인을 통해 흙으로 먼저 돌아간 남편에 대한 그리움이 표현된다. 이 여인은 모든 여인을 상징할 수도 있고 이 땅의 역사의 시작인 웅녀로 상징될 수도 있다. 그의 춤은 그리움의 표현이요, 과거 역사로의 회고이다. 무대는 남성이 지배하던 사회(땅)가 된다. 그리고 흙 위에서 벌어지는 골육상쟁과 피의 역사는 삼베천으로 가려진 사각 공간이나 사람이 천에 둘둘 말리는 이미지로 표현된다. '뒤주-사도세자의 죽음' 혹은 '사육신의 죽음과 염습(殮襲)' 또 침략을 많이 받은 땅의 힘듦이 천으로 만든 공간과 천을 가지고 하는 행위를 통해서 표현되면서 우리나라의 피의 역사가 또 죽음에 대한 우리의 의례가 상징적으로 표현된다. 작품의 3막에서 남성무용수들이 긴 막대기를 들고 돌을 후벼 파듯 꽂는 행위나 무용수들이 들어 올린 긴 막대기 더미 위에 올라서는 여인 이미지는 '피의 역사'의 반복과 삶과 생명의 윤회를 의미했다.

특히 여기에서 사용된 가면은 가산산대놀이의 가면에서 힌트를 얻어 활용했다.

그리고 음악적으로 우리나라의 가곡 동심초를 프롤로그와 에필로그에서 사용함으로써 시작과 끝이 없음을 암시하기도 했다.

무용평론가 김예림은 "흙을 통해 사람, 즉 한국인을 그려 내기 위해 한국인의 뿌리인 역사에서 한국성 찾기를 시도했다. 역사를 설명하거나 구체화시키기보다는 역사의 큰 줄기를 이미지화하는 것으로 한국인의 민족성과 감성을 그려내었다. ……중략…… 현대춤의 매력은 상징적 표현을 만나 관객이 스스로 상상력을 발휘하는 데 있다. 한국적 정서를 표현하면서 현대춤의 함축, 은유, 상징을 추구하는 견고한 작품색이 있는 작품이다"[169]라고 평가하고 있다. 또한 무용평론가 고석림은 "남성무용수 4인이 조작하는 천 소품은 트로이 전쟁에서의 목마처럼 운명을 바꾸는 소품이다. 그 천은 또 다른 가마요 운명의 수레였다. 그것에 여인이 태워지고 던져지는 표현은 역사 속에서 한국 여인들이 겪은 얄궂은 운명으로 이해되었다. 나무를 든 무용수들, 소를 탄 무용수들이 나오는 3막에서는 동양적 철학, 음양오행의 표현이 담겨있다. 나무는 남성, 양(陽)의 상징이고 나무가 꽂히는 구조물은 여성, 음(陰)을 상징하고 있으며, 그 나무가 세워지면서 다산을 바라는 인간들의 욕구가 잔치처럼 흙 위에 펼쳐졌다. 흙의 꿈이라는 제목을 가진 에필로그는 끝이요 시작의 표현이었다. ……중략…… 한국적 현대무용이 세계적 문화상품이 될 날을 고대하는 많은 사람들에게 이 작품은 하나의 견본이 된다는 것이 결론이다"[170]라고 해석하고 있다.

앞에서 나는,

"한국인이 한국 창작무용을 추든, 현대무용을 추든, 추는 춤의 메서드가 무엇이든 간에 결코 변하지 않는 것은 한국인이라는 사실이다. 이것은 단지 춤추는 주체의 개념에 국한된 것이 아니다. 그가 추는 춤 어딘가에 '한국인'이라는 것이 실려 있다는 것이다"라고 기술했었다.

그러나 한국사람이 추는 춤이기 때문에 한국적이라는 말은 맞지만 위에 언급된 "그가 추는 춤 어딘가에 '한국인'이 실려 있다"는 것은 춤추는 사람이 의도하지 않은 기본적인 인상일 수가 있다. 일상적인 움직임과 탈일상적인 움직임의 차이에 대해 기술하면서 나는 비일상적인 움직임도 의도를 가지고 사용했을 때 춤이 된다고 정의했었다. 그렇다면 의도하지 않은 '한국인이라는 느낌'은 마치 의도가 없는 탈일상적인 움직임과 다를 바가 없을 것이다. 이런 관점에서 보면 현대춤에서의 민족성 혹은 민족적 정서는 그것을 표현하겠다는 의지에 의해 창작과정에서 표현되었을 때 담길 수 있는 것이라는 결론에 도달한다. 단순한 신체언어 기술에 의해서가 아니라 정신적인 기술-구성력과 안무력에 의해서 한국적 정서가 만들어지고 춤 속에 담기고, 그렇게 만들어지는 사실적 표현들이 상징과 은유를 통해서 더 깊은 의미를 띠게 된다.

결과적으로 현대춤의 표현에 있어서 민족성이나 민족적 정서를 담는 것은 춤의 표현의 여러 방법들 중 하나의 방법일 뿐이고, 그것은 안무가가 자신의 성향이나 추구 방향에 따라서 선택할 사항이다.

표현주의 화가 칸딘스키는 러시아 태생이었지만 그는 러시아적 정신이 아니라 완전한 추상을 추구했었고 스페인 출신의 피카소는 구상의 변형으로 큐비즘이라는 새로운 사조를 만들어 내었다. 이는 그들이 창작자로서 가진 내면이나 사물에 대한 인식, 즉 예술의 본질에 대한 정신적이고 철학적인 사고를 통해서 발견해 낸 그들 나름의 표현 형식이었지 민족적 정서와는 상관이 없는 것이다. 그렇게 다양한 표현방식이 발생하고 존재하는 것은 당연한 일이다.

나도 원로 평론가 박용구의 지적처럼 동양인과 서양인의 창작 활동은 달라야 한다고 믿는다. 왜냐하면 춤을 바라보는 동서양의 시각이 서로 다르기 때문이다. 서양사람들은 "서양의 춤 발레는 신체의 확장적인 사용으로 공간을 극복하려는 충동, 자신의 환경을 장악하고 있다는 스스로에 대한 믿음을 주로 표현한다. 반면에 비교적 정적이고 작은 동작들에 의존적인 동양춤은 동양인들의 관조적인 내적 생활을 표현한다"[171]고 믿고 있다.

그렇기 때문에 '동양의 춤'이 내적인 문제 혹은 뿌리와 같은 그들의 춤과 이질적인 것을 보여 주면 오히려 서양인들이 기대하는 것을 보여 주는 격이 되며, 자연히 그들이 쉽게 이해하게 된다고 연구자는 믿는다. 물론 이에는 서양인과 다른 것을 보여 주면서 시선을 사로잡을 수 있는 이점도 따른다.

나는 나의 무대 인생 전반에 걸쳐 모든 나의 작품들 속에는 한국적 정서, 우리 민족에게 전해져 오는 정신적 요소들을 표현했다. 이런 창작과정을 통해서 나는 소재가 반드시 한국적인 것이 아니더라도 그 주제의 재해석을 통해 한국인의 정서가 담긴 작품으로 창작하여 서양인의 작품과 다른 '이질적'인 것으로 만들어 대비시킬 수 있다.

이런 작업을 위해서는 몇 가지 요소의 응용이 필요하다는, 즉 문화적 환경과의 관계가 연결되어야 한다.

첫째, 주제의 선택이다. 우리 정서에 맞는 소재를 먼저 찾아내어야 한다. 서양의 발레가 세기를 걸쳐 성공적으로 전해지고 성업을 하고 있는 것은 탄탄한 주제, 문학이 뒷받침해 주는 주제 덕분이라고 해도 과언이 아니다. 역사든 문학이든 우리 정서를 담고 있는 원전을 발굴해서 창작을 하기 위한 주제의 범위의 설정이 필요하다. 그러나 그 원전이 반드시 한국의 원전이어야 하는 것은 아니라고 할 수 있다. 나의 이런 생각의 근저에는 서양에도 한국적 정서와 유사한 단면이 있고 또 그런 원전에서 한국적 정서와 유사한 주제를 선택, 그것을 한국적인 방식으로 풀어 표현할 수도 있기 때문이다. 나의 작품 중 1997년 작인 〈슬픈 바람이 머문 집〉의 원전은 스페인의 시인 페데리코 가르시아 로르카의 〈베르나르다 알바의 집〉이다. 1930년대 스페인 사회, 내실보다는 명예를 중시하는 억압적이고 완고한 어머니의 가정을 다스리는 규율과 그것에 따른 비극이 '가부장적 유교 사회에서의 한국의 여인의 삶'과 유사한 면으로 재해석될 수도 있어 박경리의 소설 『김약국의 딸들』과 연관되기도 한다. 그래서 이를 한국적인 표현으로 승화할 수 있었다.

둘째, 민족적 정서를 표현하는 상징은 무엇을 어떻게 선택하느냐의 문제이다. 〈삶꽃 바람꽃I〉에서의 저승길을 상징했던 하얀 천, 〈삶꽃 바람꽃Ⅲ-신부〉에서 종이로 만든 초록 저고리와 다홍치마, 그리고 찢어져 상징되는 '죽음과 재', 그리고 〈흙의 울음〉에서 나무막대기와 땅, 하얀 가마 등이 '양과 음' 그리

삶꽃 바람꽃| 1997.ⓒ송인호

고 '죽음의 상징'이었고, 이런 요소들이 충분히 한국적인 정서를 표현한 상징물이었다고 평가된다. 그러므로 상징물의 선택에 따라 작품의 선명도나 관객과의 소통에 더욱 근접할 수 있다고 판단된다.

세 번째는 순수무용적 요소, 즉 춤 언어이다. 모방적인 춤 언어가 아니라 독특한 정신이 가미된 몸 언어의 개발을 통해서 이것이 수입한 움직임 언어 바로 그것만이 아님을 보여줄 수 있을 것이다. 포킨이 20세기 초에 말한 "개개의 발레는 교과서적인 클래식 언어로 안무되기보다는 주제에 적절한 스타일로 안무되어야 한다"라는 것이 21세기에도 유효한 것이며, 이 말처럼 창작자는 주제에 맞게 독특한 정신이 가미된 춤 언어가 창안되어야 한다. 나의 창작품을 중심으로 분석한 표현요소에 대한 언급이 창작무용에서의 표현확대 혹은 서양의 것과의 차별화를 위한 유일한 해결책은 아닐 수도 있겠지만, 이런 창작방식의 선택은 최소한 현대무용을 하되 남다른, 모방하지 않는다는 긍지를 주고 또 서양의 현대무용과 차별화할 수 있는 하나의 방안임을 강조하고 싶은 마음이다.

한국성과
현대무용

●

불교의 가르침에 자각각타(自覺覺他)라는 말이 있다. 스스로 깨달아 증득[172]하여 모든 것을 환히 아는 것, 또 중생이 자신의 어리석음을 돌이켜서 깨닫는 것을 의미한다.

각국의 사회-문화적 현상이 전 세계를 향해 순간적으로 전파되어 가는 디지털 문화시대를 사는 우리 예술 창작가들은 무엇이 내 것이고 무엇을 어떻게 창작해 갈 것인지 혼란함을 느끼고 고민하게 된다. 이럴수록 창작가들은 '스스로 깨닫는 것을 통해 모든 것을 환히 아는 사람' 말하자면 내가 나를 깨닫고 내 주위의 모든 것들이 깨닫게 해 주는, 자각각타를 행하는 사람이 될 필요가 있다. 이 디지털미디어 시대에 내가 나를 깨닫지 못한다면, 그리고 깨닫지 못한 채 만든 나의 예술작품이 세계의 관객을 사로잡지 못할 것은 지극히 당연한 결과일 것이다.

한국적 현대무용의 창작을 목적으로 한국적 이미지와 한국적 움직임 언어개발 작업이란 쉬운 일도 아니며 또한 끝이 있는 길도 아니다. 단지 창작무용가로서 무엇(어떤 개념과 형상)을 표현해야 하는가? 한국의 창작무용가로서 우리 문화에서 춤 언어화할 수 있는 '나의 것'은 무엇인가? 한국인의 정신과 가치가 서양무용을 하는 나에게 어떤 영향을 주고 어떤 작업을 하게 할 수 있는가 하는 점에 대해 조금 더 가까이 다가가서 추적하고 모색함으로써 현대무용에 한국성을 합친 우리만의 춤 언어 확장을 통해 우리의 정체성을 찾고자 하는 데 그 의미를 둔다. 여기에서 나는 자각각타를 깊게 생각해 본다. 스스로 깨닫는 가치관, 즉 우리의 뿌리, 한국성으로 잡았다.

사실 한국인이라면 한국성이 무엇이라는 것쯤은 몸으로 느끼고 머리에서 이해를 하고 있을 것이다. 그런데 자각각타가 쉬운 것 같지만 사실 지극히 어려운 것이듯 우리가 익히 알고 느끼는 것 같은 한국성의 의미를 구체화해 보려면 쉽지만은 않을 것이다. 우리의 막연한 이해가 학문적인 정의가 아니기 때문일 것이다.

나는 국어대사전과 민족문화대백과사전에서 '한국성'의 의미를 구하려 했지만 아무 데서도 한국성을 정의하는 구절을 발견하지 못했다. 한국의 예술가가 예술을 창작하면서 천착해야 한다고 믿는 단어에 대한 정의가 사전에 없다는 것이 의외였다.

다만 몇몇 타 분야의 논문에서 한국성이라는 용어가 사용되고 있는 것으로 확인되었지만 어느 것에도 명쾌하게 이것이 한국성이라는 정의가 내려져 있지도 않았다. 그렇다면 과연 한국성, 일본성, 영국성 등 총체적 개념의 용어가 있을 수 있는가, 있다면 그것이 무엇이고 그것은 어떤 형태로 나타나는가 하는 관점에 초점을 맞추어 보았다.

우리 무용계도 1988년 서울 올림픽 개최 이후 한국무용(혹은 한국 예술)의 세계화의 필요성과 기능성을 인식하게 되었고 그러면서 '가장 한국적인 것이 가장 세계적이다'는 구호를 외쳤었다. 그 '가장 한국적인 것'이라는 것이 '한국성'의 다른 표현이었을 것으로 짐작되는데, 그렇게 외쳤으면서도 '한국적인 것'의 본질에 대해 학문적인 접근이 많지는 않았다. 많은 무용가들이 '전통무용-정신을 기반으로 한 창작'이라는 의미에서 그 용어를 사용해 왔고 또 산발적으로 그런 관점에서 창작 시도를 했을 뿐이었기 때문인지 최초의 외침과 바람에 비해 뚜렷한 결실이 상대적으로 빈약했다고 생각된다.

이런 관점에서 한국성이 제기하는 문제-한국성의 정의, 한국성의 원천에 대해 접근하면서 한국성의 형성과 형태 순으로 연구를 해 보면 우선 초점을 맞춘 선행 학문적 연구가 미진한 관계로 마치 역사학자가 전혀 개척되지 않은 역사를 연구하면서 하는 경험적이고 실습적인 방식으로 하는 발견적지도법(heuristic)과 같은 방식으로 나의 상당히 주관적인 방법으로 용어를 정의해야 할 것으로 판단되며, 상당한 주관성이 개입된 내용이라는 점을 언급해 놓는다.

한국성이라는 용어의 전체적인 의미는 한국인이 가진 정체성, 즉 한국-한국인으로서 변하지 않는 존재의 본질을 깨닫는 성질, 그런 독립적 존재의 의미이다.

이 용어의 개념을 이해하기 위해서는 국어적으로 접근하기보다는 사회과학적 개념에서 정의해야 할 것 같다. 한국성 혹은 한국인이 가진 정체성의 단어적 의미는 "한국사람이 공통적으로 가지고 있는 특성"을 지칭한다. '한국인의 공통적인 특징' 또한 상당히 다양한 시각에서 말할 수가 있을 것이다. 국민성이라고 번역될 'nationality'나 민족성으로 번역될 'ethnicity'의 문화적 개념을 다 포괄하는 것이 한국성이다. 물론 예외도 있을 수 있을 것이다. 위키아 백과사전에 의하면 비영어권 국가에서 문화적 자질에 근거한 국가의 개념으로 민족성(ethnicity)과 국민성(nationality)을 동의어로 해석하고 있다는 것을 보면 그 예외가 인정된다. 이런 관점에서 나는 "한국성이란 바로 국민성과 문화적 자질을 외칠 수 있는 제 요소가 포함된 민족성"을 지칭한다고 정의할 수 있다.

춤으로 삶의 집을 짓다

예술에서 형태를 보고 이해하려면 예술가의 생각을 가시화시킬 수단이 필요하다. 무용에서는 이 수단이 바로 움직임이다. 한 예술형태가 존재하기 위해서는 가장 중심적인 행위는 상상적인 내용(Imaginative content)과 정신적 단련(mental discipline)이다.

이런 필요성은 예술형태에 속한 두 가지 단계를 요구한다.

하나는 보이지 않는 내적 춤, 말하자면 내용에 대한 정신적 공헌을 말하며 또 다른 하나는 외적인 것, 관찰될 수 있는 춤, 즉 중심적 요소의 집행 결과, 움직임의 조직화를 말하는 것이다. 이 내적인 것과 외적인 경험이 함께 융합되었을 때 춤의 형태는 가장 의미 있는 예술형태로 탄생하는 것이다. 여기에서 한국성은 바로 이 내적인 정신적 규율을 의미하는 것이며 움직임 원리적인 측면이 아니고 사상적인 측면에 치중을 하는, 희박해져 가는 한국성을 예술가에 의해 회복되어야 할 대상으로 설정하고 있다고 할 수 있다.

한국성이 무엇인가

미술 전문지인 월간 미술세계가 한국미술의 영원한 화두 '한국성'이라는 주제로 지상 대담을 벌인 적이 있다. 이 대담에 참가한 미술 평론가 김진엽은 90년대 미술계 현상에 대해 "한동안 화단의 화두는 우리 미술의 '정체성' 찾기, 과연 한국 미술은 무엇인가 하는 점이었다. 90년대 들어 눈에 띄게 늘어난 젊은 작가들, 특히 외국에서 공부를 하고 들어온 유학파 화가들의 국내전을 보면 이들이 얼마나 한국미술의 정체성 문제를 고민하고 있는가 하는 것을 절감할 수 있다"고 했고, 평론가 박우찬은 "80년대 후반에서 90년대에 들어 많은 작가들이 한국성에 관심을 갖고 작품을 만들고 있지만 어려움이 많았다. 첫째, 무엇이 한국적이냐 하는 한국성에 대한 개념의 혼란이 있었고 둘째, 한국성에 대한 이해부족으로 인해 소재주의가 범람했었다. 한국성이란 결국 좀 더 자신을 잘 표현할 수 있는 미술언어를 찾으려는 노력이라고 이해하면 된다"고 말을 한 바 있다.[173] 이론 연구가 활발한 미술분야에서도 무용분야에서처럼 똑같은 고민에 봉착하고 있음을 보여 준 대담이었다.

자국의 문화적 특성을 논의하면서 자국성이 무엇인가 하는 것에 대해 격렬하고 깊은 토론이 있은 외국사례가 있다. 영국에서 특히 건축분야에서 영국성 문제를 논의하고 그 논의를 바탕으로 실제 건축에서 영국성을 구현시킨 사례이다.[174] 시기적으로 영국에서의 영국성 논의는 우리나라에서 한국성에 대한 논의가 있기 50년 전의 사건이었고, 분야로서는 건축-미술계에서의 논의였다. 영국의 건축계는 2차 세계대전 이후 파괴된 도시들의 복구를 함에 있어서 영국적인(건축-미술적) 언어로 해야 한다는 커다란 전제하에서 대토론을 벌였다. "전후 파괴된 도시의 재건축에 대한 영국에서의 건축 토론은 영국성이라는 언어 안에서 포함되어 있는 것이고 이 담론은 국가적 정체성, 영국의 과거와 미래와의 관계 또 미국의 현재와도 관계가 있는 것이다"라는 전제하의[175] 토론이었다. 또한 영국의 학자 안소니 이스트호프(Anthony Easthope)는 『영국성과 민족문화(Englishness and National Culture)』라는 저서의 서문에서 "민족적 집단성은 국가나 대통령 같은 국가를 나타내는 명백한 상징물을 통해 인지할 수 있지만 한 국가만이 가지고 있는 광범위한 구성물로 입증할 때 더 깊은 의미를 느낄 수 있으며 그런 것을 영국성으로 꼽는다"고 했다.[176] 영국에서의 영국성에 대한 이런 논의에서 우리는 '민족문화의 정신의 계승'이 전제되어 있다는 점과 또 그 전제가 과거 방향으로 고정되어 있지만은 않다는 점을 파악할 수 있다. 바로 이런 관점에서 볼 때 내가 하려는 '한국적 현대무용 개발과 한국적 움직임 언어 개발'은 시간적 개념에서 보면 미래 개념의 것이고 그것을 위해 시간적으로 과거적 개념의 민족문화-한국성에 대해 연구하려는 것이다.

여기서 한국성에 대해 깊이 생각해 볼 필요가 있다.

춤으로 삶의 집을 짓다

한국성이란 '대부분'의 한국사람들이 가지고 있는 동질성이라고 정의해 볼 수 있다. 좀 더 현대적인 개념으로 한국성을 표현하자면 한국의 문화적 DNA(Deoxyribonucleic acid)라고 부를 수도 있을 것이다. 이 정의에서 말하는 동질성이란 인종적·문화적·정서적 특질이다. 그런데 이 개념 정의에서 특히 중요한 것은 '대부분'이라는 수적 개념이다.

우리가 개성을 얘기할 때 흔히 '특이성(Idiosyncrasy)'이라는 용어를 사용하는데 이는 '어떤 특정한 개인을 다른 사람들과 구별할 수 있는, 고유하고도 특수한 온갖 성격과 기질'을 의미한다.[177] 그런데 이 특이성이라는 용어는 수적으로 볼 때 단수의 개념이다. 말하자면 특이성에는 '개인-개별'이라는 수적 개념이 들어 있다. 물론 이것을 집단화하여 문화 대 문화의 비교를 하기 위해 문화적 특이성이라는 용어를 사용한다면 그것은 복수개념이 되기도 한다. 내가 이렇게 굳이 이 수의 개념이 들어 있는 단어를 언급하는 것은 한국성이라는 용어를 사용할 때 바로 수적 개념, 즉 특이한 사람들 개개인의 산발적인 문화적·정서적 특질이 아니라 구성원 '대다수의 문화적·정서적·동질성 개념'이라는 것이 필수적이라는 점을 강조하기 위해서이다. 그렇다면 여기서 또 다른 한국성은 불변적인 것인가, 가변적인 것인가 하는 의문이 발생하게 된다. 이것에 대한 나의 해답은 보는 시점(혹은 그 의문을 가진 시점)에서 느끼는 동질성으로 이해하라는 것이다. 우리가 오늘 느끼는 한국성이라는 것이 분명히 존재한다. 이것은 또 분명히 지난 수천 년간 진화되어 온 것이다. 또 오늘 우리가 느끼는 한국성은 앞으로도 수천 년간 진화해 갈 것이다. 이렇게 한국성에는 확실히 가변성이 내재하고 있다.

그런데 오늘 우리가 몸으로 마음으로 느끼는, 그리고 우리 문화와 역사 속에 무형적으로 분명히 존재하는 한국성은 어제 형성된 것이 아니고 또 내일 변할 것도 아니라는 점을 이해하면서 그 한국성은 오늘의 시각에서 느끼는 동질성을 의미한다고 해야 할 것이다.

그러면, 한국성이 가변적인가 불변적인가 하는 것에 대해 나는 한국성은 유유히 흐르는 역사와 함께한다는 시각을 가지고 있다고 하겠다. 그러나 그 결과는 계속 언급되겠지만 언제나 답은 명확하지 않다는 것을 전제로 하고 싶다.

예술가들에게 한국성은 왜 필요한가?

한국성은 '대부분'의 한국사람들이 가지고 있는 동질성이라고 앞에서 간략히 정의를 내렸다. 그런데 우리 예술가들에게 한국성은 왜 필요한가?

안방에서 호평을 받으려면, 남보다 먼저 세계적으로 유명한 무용가들의 작품을 보고, 모방 혹은 적당히 개조하여 공연하면 될 것이다. 또 그런 무용가들도 많다고 믿는다. 그런데 왜 나는 왜 지난 수십 년간 굳이 한국성이라는 것을 주장하고 내세워 왔을까?

그 이유는 한국성이야말로 우리 창작 예술가들이 활용해야 할, 외국 문화와 예술과 경쟁하는 데 도움이 되는 우리들만이 가진 차별적 자산이기 때문이다. 좀 더 구체적으로 '한국사람들이 지닌 동질성'=한국성에 대한 종합적인 정의를 내리자면 한국의 풍토, 한국의 민족성 그리고 한국 민족문화가 준 우리 문화의 성격이라고 할 수 있을 것이다.

그러면 민족성이란 '어떤 민족의 특유한 성격'이라고 규정되고,[178] 한국인의 민족성이라는 것은 한민족의 특유한 성격이라고 할 수 있다. 결국 한국성에 대한 연구는 한 민족성의 연구와 이어진다고 할 수 있다.

민족성도 두 가지 측면에서, 고정적 혹은 가변적 면을 볼 수 있다. 전자는 민족성을 존재의 측면에서 보는 방법이고, 또 후자는 민족성을 생성의 측면에서 보는 방법이다. 존재의 측면에서 보는 민족성은 문화와 민족의 특성이 사회적으로 절대 보편화된 고정적·개체적 성격의 존재가 있다는 방법이고, 생성의 측

춤으로 삶의 집을 짓다

면에서 보는 방법은 민족과 문화를 시대적 시각에서만 보면서 민족성은 생성되고 유동되는 그 어떤 것으로 보는 견해이다. 이들 두 견해에 장단점이 있다. 전자의 경우에는 민족문화가 가변적이라는 면을 경시할 수 있고, 후자의 경우에는 민족성의 가변성을 파악할 수는 있지만 변화하는 주체, 즉 '무엇'이 변하고 흐르는가 하는 것에 대해 해명할 수가 없다는 단점이 있다.[179]

한국의 문화는 한 민족이나 사회의 전반적인 삶의 모습이고 한국 민족문화란 한민족이 살아온 삶의 모습 전반이라고 정의된다.[180] 문화가 인간 삶의 일반적 표현이라 한다면 민족문화는 그 일반성 속에서 각 민족의 특수한 개성이 표현된 것이고 그것이 한국사람만의 특수한 개성의 표현인 경우에 한국의 문화라고 규정된다. 그러므로 민족문화가 다르다는 것은 바로 민족의 차이가 있다는 것을 의미한다. 한국 민족의 문화가 중국민족의 문화와 다른 점은 바로 한국의 민족문화가 한국인의 특수한 개성의 표현이기 때문이다. 이렇게 보면 결국 민족문화가 민족문물을 낳으며, 그 결과적으로 민족문물의 원형은 민족문화이요, 민족문화의 바탕은 민족성이 된다.[181]

민족성의 기본 구성요소가 되는 풍토와 문화에 대한 연구를 한 시인 조지훈은 한국 풍토가 우리 민족에게 양면성을 주었다고 분석했다. 풍토는 지리적 환경의 특질과 정치적 환경의 특질을 주는데 반도인 한국이 해양적이면서 대륙적일 수밖에 없는 지리-반도적 풍토를 가졌기 때문에 풍토가 우리 민족에게 평화성과 격정성을 동시에 주었다고 분석했다.

이 평화성과 격정성은 우리 문화에 낙천성과 감상성으로 각기 표현되었으며 이 낙천성은 꿈으로, 감성성은 슬픔으로 예술에 나타났다고 했다. 그러나 "우리의 슬픔은 퇴폐의 슬픔이 아니고 꿈과 희구의 슬픔이었다"라고 했다. 풍토가 정치적환경의 특질로 준 다린성(多隣性)과 고립성은 우리의 민족성에 적응성과 보수성이라는 두 가지 대조적인 특질을 주었고 이 두 특성이 민족문화에서 기동성과 강인성으로 표현되었다고 했다. 또한 풍토가 준 문화적 환경의 특질은 주변성과 중심성인데 이것들이 문화에서 감수성과 조형성으로 나타난다고 했다. 시인 조지훈이 이런 민족성과 민족문화의 상관관계를 다음과 같이 도식화하고 또 민족성과 민족문화와 민족문물은 서로 상생의 관계에 있다고 말했다.[182]

풍토와 문화의 관계성[183]

자연	해양성 → 낙천성 → 명상성	꿈
	반도성 → 평화성 → 격정성	슬픔
	대륙성 → 웅혼성 → 감상성	힘
역사	다린성 → 적응성 → 기동성	멋
	고립성 → 보수성 → 강인성	끈기
문화	주변성 → 수용성 → 감각성	은근
	중심성 → 난숙성 → 조형성	맵짭

한국성의 형성에 대해서 한국성을 앞에서 한국의 풍토, 한국의 민족성, 그리고 한국 민족문화가 준 우리 문화의 성격이라고 정의했고 그리고 풍토와 민족성, 그리고 민족문화의 개념과 특성을 정리해 보았다. 민족문화가 형성되려면 민족이 있어야 하는데 그 민족의 주체인 인간이 존재해야 한다. 그 인간의 시원적 존재에 대한 이야기, 즉 창세신화는 한국 민족에게는 없다. 다만 단군신화나 동명왕신화와 같은 건국신화만 전해지고 있다.

앞서 한국성은 '쉽사리 변하는 것이 아니다'는 것을 언급한 바 있지만 변하느냐 변하지 않느냐 둘 중에서 선택적 대답을 해야 한다면 '변한다'라고 말하지 않을 수 없다. 왜냐하면 한국성 자체가 우리 민족의 문화적 성격이고 또 그 문화는 끊임없이 이동하고 복합하는 것이기 때문이다.

문화가 가진 속성은 ① 문화는 집단 구성원에 의해 공유되며, ② 문화는 그 사회 구성원이 태어나 자라면서 공유된 문화를 사회화를 통해 학습하고 ③ 문화는 세월이 가면서 축적되고, ④ 다양한 문화적 요소는 긴밀한 관계를 맺으면

서 체계성을 가지고 ⑤ 문화는 끝없이 생성하는 단계를 겪는다는 것 등이다.[184]

풍토와 민족성도 역사 속에서 역사에 의해 변해 갈 수도 있고 한국의 민족 문화가 주는 문화적 성격도 변화되어 갈 수가 있다면 우리 문화의 근저에 깔려 있는 한국성과 한국적 사상 역시 가변적일 수 있다는 등식이 성립된다. 말하자면 영원 불변적인 한국성은 존재하지 않고, 한국성도 문화가 이동하고 복합하면서 변해 가듯이 서서히 변화하면서 새롭게 형성되어 간다고 할 수 있다. 문화가 가진 본질적인 속성 때문에 "문화는 이동을 하면서 생명을 유지하고 복합을 하면서 발전해 간다"면 한국성도 가변적일 수밖에 없을 것이다. 그러나 문화가 시간의 흐름과 더불어 변해 간다고 하더라도 그 근간을 이루는 근간문화는 반드시 존재한다. 그렇다면 한국의 고유 복합문화를 형성하는 근간문화는 무엇일까?

이에 대해 조지훈은 한국의 문화의 근간은 시베리아 문화권에서 찾아야 한다고 주장한다. 우랄 알타이어라는 언어적 원류를 봐도 짐작할 수 있는 사항이긴 하다.

조지훈은 "한국 문화는 시베리아 문화에서 요람을 보내고 한(漢)문화권에서 배우고, 인도 문화권에서 성숙했다. 고구려 문화는 시베리아 문화에 한문화가 들어간 형이고, 신라 문화는 시베리아 문화에 인도 문화가, 그리고 백제 문화는 한문화에 인도 문화형이 첨가된 것이며, 고려문화는 불교문화형, 조선의 문화는 유교 문화형"으로 분석했다.[185]

이런 문화형의 바탕에서 형성된 한국 문화의 성격이 한국성을 형성한다면, 위와 같은 조지훈의 주장에서 우리는 두 가지 사실을 알 수 있다. 하나는 외래문화의 수용이고 또 다른 하나는 한국 문화에 있어서의 종교성이다. 정신문화연구원이 발행한 민족문화대백과사전에 "한국의 문화가 다른 나라의 문화와 구분되는 특징적인 성격은 종교문화에서 찾을 수 있다. 한국인과 한국의 문화는 역사나 현상, 어느 면에서 보더라도 종교적이다. 다종교의 공존은 한국 문화의 커다란 특징이다"라고 하며 한국 문화에서의 종교적 요소의 중요성을 강조하고 있다. 이 말은 한국성의 기조에 다종교성이 중요한 요소로 작용하고 있음을 언급한 것이다.

또 전통적 문화의 특성이 현대 한국인의 생활 원리가 된다는 측면에서 보면 한국의 문화는 인간 중심의 성향을 강하게 띠고 있는 인간본위의 문화이고 주기적-순환적 시간구조에 순응하는 문화이며 이에 가족주의와 강한 내 집단 의식과 범신론적 상대주의적 세계관, 말에 신중한 유교 문화의 영향으로 형성된 '표현적 말보다는 비언어적 교류를 중시하는 경향', 현재적 삶의 강조 등 특성이 부가된 문화[186]라고 분석하기도 한다.

어느 분석을 보든 한국인의 정신은 다종교적임을 알 수 있다.[187] 한국인의 다종교적 신앙을 형성하고 있는 종교는 ① 샤머니즘(무교, 민간신앙), ② 불교, ③ 유교, ④ 도교, ⑤ 예수[188]교(천주교, 기독교), ⑥ 신흥종교(천도교, 대종교 등) 여섯 가지 계통으로 분류된다.

우리 선인들이 최초로 가졌던 문화양식을 바탕으로 해서 다른 민족의 문화와는 다른 개성적 형식을 성취하였다면 그것을 한국의 고유문화라고 부를 수 있다. 이 고유문화는 생활문화에서만 개성적 형식을 취하는 것이 아니라 정신문화에서도 마찬가지이다. 이들 정신문화에 한국의 다종교적 특성이 큰 영향을 주는 것이다.

불교는 AD 372년에 전진왕 부견이 중 순도를 고구려에 보내면서 한반도에 유입된 외래종교이다. 그런데 이 불교가 고유신앙과 융합을 하면서 토착화해 갔다.[189] 오늘날 절에서 볼 수 있는, 원래 불교의 신앙에 속하지 않던 산신각, 칠성각 등이 불사에 머물게 된 것이 바로 그런 증거이다.

이 다원종교적인 면에서 특기할 것은 무교에 관한 것이다.

유교사상으로 통치를 했던 조선왕조는 개국 초부터 무와 불교에 대한 탄압을 했었다. 서양의 기독교와 합리주의가 한국에 들어오면서 무와 민족 신흥종교는 부정시되어 왔다. 그럼에도 불구하고 아직도 한국국민 의식과 삶에 깊이 뿌리를 박고 있는 巫, 이것이 신앙체계인가 아니면 글자 그대로 무속인가 하는 문제가 제기될 수도 있다.

민속학자 조흥윤은 무의 범주를 두 가지로 이해할 수 있는데 하나는 무를 복합적인 종교현상으로 보아 넓게 다루는 방식이고 또 다른 하나는 무당을 중심으로 하여 무속으로 좁은 의미로 이해하는 것이라고 했다. 그러면서 하늘 신, 땅 신, 산신 등의 자연신과 시조신 조상신 등 각기 종횡의 기능을 담당하는 신계가 짜여 있는 무는 하나의 신앙체계라고 주장한다.[190] 아무튼 한국의 무가 무교이든 무속이든 간에 우리나라의 민족성-한국성 형성에 지대한 영향을 끼친 요소임은 틀림없으며 그 영향이 한국의 전통 풍습과 예술에 깊이 남아 있다. 재미있는 사실은 한자 巫를 풀이하면서

$$巫 \rightarrow + \sim\sim\sim\sim + \underline{\hspace{1cm}} + | + 人人$$

하늘(신령)　땅(인간)　무당　춤추는 모습

으로 해석한 것이다.[191] 무당이 춤을 추면서 신령과 인간을 연결하는 종교적 의식을 하는 기능을 그려 넣은 것이다. 무속인가 무교인가는 한자의 창조에서부터 있어온 개념이었을까.

한국성의 형태

영국성(Englishness), 즉 영국다움 혹은 영국적 특성을 참고자료에 의존하지 않고 당장 떠올릴 수 있는 것에는 어떤 것이 있을까. 깊이 생각하지 않아도 '여

왕과 왕실, 셰익스피어, 천일의 앤, 로빈 후드. 국기-유니언 잭, 갓 세이브 더킹(퀸), 스톤헨지, 헤로즈 백화점, 이상한 나라의 앨리스, 카르타 마그나 인권 대헌장, BBC 방송, 처칠 수상, 아서왕, 노동당과 보수당, 철의 여인 마가렛 대처 수상, 존 레논, 버킹엄 궁, 홍차' 등 수많은 것을 떠올릴 수 있다.

우리의 한국성은 어떤 형태로 이미지화되어 부각될 수가 있을까?

사실 한국성을 상징할 수 있는, 영국성처럼 많이 알려진 요소는 그렇게 많지 않다. 물론 우리의 머릿속에 이미지화된 것, 예를 들면 '농악대' 같은 것이 있지만 영국성을 생각하면서 내가 떠올린 개수만큼 한국성의 요소로 열거하기가 쉽지는 않을 것 같다. 그만큼 한국성을 상징할 수 있는 요소들은 유명세를 타지는 않는다. 그렇게 튀어나지 않고 은은하게 배어 있는 것이 또 한국 문화의 특징이다.

문화관광부의 홈페이지에 '한복, 한글, 김치, 불고기, 불국사, 석굴암, 태권도, 고려인삼, 탈춤, 종묘제례악, 설악산 등 한국의 문화적 이미지를 주는 상징 아홉 개'가 나와 있다.[192]

이것들이 얼마나 한국성을 집약할 수 있는 이미지들인지, 어떤 기준으로 이 요소들이 한국의 문화적 이미지의 상징으로 선택되었는지 하는 과정과 사유에 대한 설명이 명기되어 있지는 않다.

그럼 우리 국민들에게 한국을 상징하는 이미지를 꼽아 보라고 한다면 공통적으로 이 아홉 가지 요소들을 꼽을까? 물론 공통적으로 나오지 않을 수도 있을 것이다. 한국성을 논하면서 한국을 상징하는 요소들이 영국적 요소처럼 세계에 알려져 있지 않다고 해서 그것이 부족하다고 할 수는 없다. 진정으로 중요한 한국성은 먼저 우리 한국인을 설득할 수 있는 요소에 의해 인식되어야 하는 것이다. 그런 요소가 존재한다면, 그것에 대한 우리의 파악과 이해가 우선이고 세계적으로 알리는 것은 그 이후에 충분히 행할 수도 있기 때문이다.

춤으로 삶의 집을 짓다

대체로 그 아홉 가지가 지닌 의미는 아주 크다. 나는 문화관광부의 홈페이지에 열거된 그 상징요소들 중에서 한국성이 가장 절실하게 느낄 수 있는 요소로서 지목하는 것은 한글과 석굴암 그리고 탈춤이다. 그것들을 만든 선조들의 정신, 그 정신에 한국성이 깊게 뿌리를 내리고 있다고 생각되기 때문이다.

　한글에 대해 문화관광부 홈페이지의 설명은 "단일 민족국가로 고유한 말과 글자를 가지고 있다는 점, 만든 사람과 만든 목적이 뚜렷한 언어, 인체의 발음기관과 우주 구성의 3대요소인 삼재(三才: 하늘, 땅, 사람)를 본떠서 만든 언어"라고 자랑하고 있다. 다 맞는 말이다. 그러나 내가 볼 때 이 설명에는 한국성을 집약할 수 있는(말하자면 민족문화의 특징을 다 담고 있는) 상징물인 한글의 마력을 충분히 설명하지 못했다고 보인다. "토착 언어를 음운학적으로 분석하고 기호로 정형화시킨 지극히 과학적인 언어이고, 이렇게 발명된 한글은 인간이 사용하는 모든 언어의 발음을 표기할 수 있는 세계 유일의 글이라는 점에 큰 가치가 부여되며 이를 위해 또 세종대왕과 집현전 학자들이 이의 창제를 위해 최고의 창의와 합리주의 정신으로 접근하여 현실사회에 적용할 수 있도록 만들어 낸, 위대한 발명품이요 민족문화의 요소"라는 점을 명기했어야 한다고 본다. 한글이 지닌 진정한 한국성은 바로 그 정신에 있는 것이다.

　석굴암에 대해서는 문화관광부 홈페이지에는 "석굴암은 치밀한 수리체계와 비례체계를 보여 주고 있으며, 깊은 생각에 잠긴 듯, 가는 눈과 웃음 머금은 입술, 두툼한 얼굴과 풍만한 몸체는 근엄하면서도 자비로움이 풍겨 동양 조각 최고의 걸작이다"라고 설명하고 있다. 이 설명은 참으로 부실한 설명이다. 왜냐하면 석굴암이야말로 한국의 문화적 정체성, 한국성을 설명할 수 있는 엄청난 위상의 것이기 때문이다. 많은 사람들이 중국 돈황 석불에 대해 대단한 감탄을 한다. 길이 1.8km의 절벽에 492개의 동굴이 있고 2,415기의 석불이 있는 돈황.[193] 그 규모와 거대함이 놀라운 인상을 주니 당연한 감탄일 것이다.

나는 앞에서 한 나라의 문화는 그 나라의 풍토에서 영향을 받는다고 전제를 했었다. 그래서 한국의 풍토에서는 '규모'가 결코 중요한 요소가 아니다. 단기의 석굴암은 우리 풍토와 환경에 맞게 조성된 것이다. 그것에 우리의 정신문화를 용해시켜서 고도로 해탈한 정신을 석굴암의 본존의 얼굴에 구현해 낸 것이다. 문화관광부 홈페이지에 설명된 구절인 '깊은 생각에 잠긴 듯, 가는 눈과 웃음 머금은 입술'은 그 고도의 해탈함의 표현이다. 그렇게 석굴암은 우리나라의 풍토, 즉 반도적 규모를 수용하면서 한국인의 조화의 문화와 조화의 정신의 극치를 이룬 것이다.

탈춤에 대하여 여전히 그 사이트에서는 하회나 강릉의 별신굿탈놀이가 마을굿과 아주 밀접한 관계를 맺고 있는 것으로 설명하면서 민중극적인 시각이 전제되어 있다. 정월 대보름에 행해지는 별신굿에서 서낭대에 신이 내리기를 기다려 강신(降神)한 서낭대를 받쳐 놓고 탈놀이를 벌이는 하회별신굿탈놀이에는 굿과 탈놀이가 분리되지 않은 상태로 있다.[194] 다원종교성의 우리 문화의 일면이 이 탈놀이에서도 나타나는 것이다. 샤머니즘적 요소(굿)가 가면이라는 신성한 요소를 걸친 극과 합쳐지는 것이다.

한국 전통문화의 특성은 자연미, 소박미이다. 그리고 조선 후기 이후의 한국의 미는 자유분방한 미이다. 그런데 이런 특성이 일제 식민시대를 거치면서 한과 신파적 비극미(新派的 悲劇美)라는 문화적 정체성을 가지게 되었고, 80~90년대에 전통예술의 복원을 통해 신명성(神命性)과 흥(興)이 우리 문화의 정체성이 되었다. 그러면서 한의 미학이 현대에 들어서서 흥으로 대체되면서 한이 퇴조한다.[195]

이런 관점에서 보면 흥과 신명의 예술인 탈춤이 한국의 종교성과 놀이성, 그리고 현대문화의 정체성인 흥까지 포괄하는 문화적 상징이요 한국적 이미지를 생산하는 훌륭한 예술원형이라고 볼 수 있다.

한국성의 형태에 대한 분석적 관점에서의 한국성을 바라다보면 한국성은 전통이라는 옷을 입고 있고 한국적 이미지는 전통에 내재되어 있다. 전통은 관련된 사람들에게 자아정체성과 민족적 정체성을 확인하고 그것을 성숙시키는 결정적인 열쇠이면서 개인과 민족의 삶을 가능케 하는 힘이다.[196] 시인 조지훈도 "인습은 역사의 대사기능에 있어서 버려져야 하는 것이지만 전통은 새로운 생명의 원천으로서 좋은 뜻으로 살려서 이어받아야 할 풍습이요 방법이요 눈이다"[197]라고 했다.

한국성과 한국적 예술에 대해 생각해 보면 "전통은 역사와 문화의 개념이므로 전통은 새로운 창조의 재료와 방법이고 주체이고 가치이다. 그러나 옛것을 준수하고 모방만 해서는 안 되며 계승을 하면서 항시 새로운 양상으로 창조되어야 보람될 것이다."[198]

한국성이라는 주제어로 이 글을 쓰면서 나는 조지훈의 한국 문화를 꿰뚫는 시각을 많이 참고하고 사용했다. 그는 "전통을 긍정하는 또 하나의 태도는 순수 한국적인 모색의 태도"라고 했다. 주체 의식을 갖고 전통과 한국성을 탐구하되 시대적 가치관을 가진다면 우리가 추구한 문화의 기본적 주체 의식이 살아 있을 것이라는 말이다.

그럼 이런 의식을 가지고, 말하자면 전통을 긍정하면서 순수 한국적인 것을 모색한 창작 예술가가 도달한 구도의 끝은 어딜까를 생각하면 그건 한국성이 반영된 예술이라고 말할 수 있다.

조지훈은 우리의 문화의 네 가지 기본적인 전형을 꼽았다.

힘의 예술, 꿈의 예술, 슬픔의 예술 그리고 멋의 예술이다. 그는 또 앞의 두 가지를 건설 창조의 시대, 뒤의 두 가지를 계승 모방의 시대라고 불렀다.[199]

영국성에 관한 건축분야의 대 토론에 대해 영국의 오버저버지는 "1945년 2차 대전 이후 영국의 건축은 1600년 이래의 전통사회 가치관의 회복이 목격

되었다"고 보도했었다. 이런 관점에서 보면 우리가 추구하는 예술은 한국인의 사상을 그 기저에 깔고 있는 것이어야 하고 한국성을 담보로 하고 있는 현대 예술작품이라 하더라도 그것을 통해서 전통사회의 가치관의 회복이 이루어진다는 것을 기대할 수 있다.

도회지귤(渡淮之橘, 회수 남쪽에 심으면 귤이 되고 북쪽에 심으면 탱자가 된다)이라는 말이 있다. 우리는 이 말에서 한국성을 추구하면 한국의 작품이 되고 중국성을 추구하면 중국 것이 될 것이라는 논리를 읽을 수 있다. 귤을 경작하려면 회수 남쪽에 심어야 하듯 한국성을 지닌 문화와 예술을 만들어 내려면 한국 땅에, 한국성의 토양에 심어야 한다. 그 한국성이 전통의 혹은 전통색깔의 단순한 모방이라면 가장 한국적인 것으로 믿고 만든 것이 가장 비세계적인 것이 되어 버릴 것이다. 흐름과 변화 속에서 생동감과 창조력을 발휘하고 문화는 그런 과정 속에서 변신하고 또 다른 문화를 낳는다.[200] 전통을 역사와 문화로 읽으면서 과거에 고착되어서는 안 되는 이유가 바로 생동하면서 창조되어 '또 다른 문화-전통-한국성'으로 태어나야 하기 때문이라고 생각된다.

여기에서 나는 한국성을 한국의 풍토, 한국의 민족성 그리고 한국 민족문화가 준 우리 문화의 성격으로 규정하면서 '문화'를 분석했다. 그리고 그 귀결은 전통이다. 한국성의 귀결을 생동하는 문화, 생동하면서 또 다른 문화를 만들고 전통에 천착한 한국성을 주장하기에 이른다. 조지훈이 말한 한국의 '힘의 예술, 꿈의 예술, 슬픔의 예술 그리고 멋의 예술'에 도달하려면 결국 자기를 아는, 자각각타하는, 뿌리인 한국성을 밑바탕으로 하여야 한다는 끝이 보이진 않지만 끝을 향한, 여정은 계속되어야 한다는 결론에 도달하게 된다.

춤으로 삶의 집을 짓다

현대무용에서의 한국성 접목

그렇다면 현대무용에 한국성을 접목한 작업이란 어떤 것이어야 하느냐 하는 의문이 생긴다. 물론 지금까지의 나의 모든 작품의 작업이 이 궤도에서 벗어난 적이 없지만 어떤 것인지에 대해 더 정리를 하여 명쾌한 답을 얻을 수는 없지만 예술적 흐름에 대해서는 어느 정도 언급할 수는 있다고 생각이 든다.

서양화가나 현대무용가들은 서양적인 표현방법론을 사용하는 예술가들이다. 이들은 자신의 예술세계를 전개하면서 공통적으로 자신의 정체성이나 뿌리에 대한 고민을 많이 하는 편이다. 아니 그들만의 고민은 아닐 것이다. 한국적 표현방법론을 사용하여 수묵화를 그리는 한국화 화가들도 한국전통과 민속무용적 메서드로 창작무를 하는 한국 무용가들도 기법의 혁신과 표현성의 제고를 위해 추상화/다양화를 시도하면서 무엇이 한국화이고 어떤 한국화/한국무용의 수단이 어떻게 살아남아야 할 것인지 자문할 것이다. 이처럼 정체성을 표현하고자 하는 욕망은 모든 예술가들에게는 하나의 당위이고 추구점이다.

또 한편에서는 예술가들은 예술의 순수성과 대중성이라는 2개의 완전히 다른 성질 사이에서 상당한 고민을 해야 한다. 특히 의식주를 해결할 재원을 해외에서 벌어들여야 할 대외의존적인 우리나라의 상황은 먼지라도 수출하여 외화를 벌어들일 것을 요구하고 있기 때문에 문화도 예술도 종국적으로는 수출상품화되어 가야 하는 명제를 안고 있다. 한류(韓流)라는 이름으로 불리는 문화수출의 트렌드의 조성과 이의 지속적인 공급과 유지는 대중문화가뿐만 아니라 모든 문화예술인들이 함께 고심해야 할 화두이기도 하다. 이런 상황적 관점에서 보면 예술가들은 대중적 영합이냐 예술의 순수성 유지냐 하는 문제점에 도달하게 된다. 무엇이 그 해결책일까? 결국은 "대중성의 확보는 순수예술의 튼튼한 기반 위에서 이루고, 순수예술에는 한국이라는 뿌리가 확고하게 반영된 예술 창조를 통해 외국의 예술과 차별화를 이루어 가야 한다."

현대무용의 일반적인 표현정신에 대해 언급하자면 우선 모더니즘, 현대주의라는 것은 19세기 말엽부터 유럽의 소시민-지식인들 사이에서 발생하기 시작한 예술적 경향으로서 20세기 들어와 크게 유행한 것이다. 기존의 리얼리즘과 합리적인 기성도덕이나 전통적 신념 등을 일체 부정하고 극단적인 개인주의, 도시문명이 가져다준 인간성 상실에 대한 문제의식 등에 기반을 둔 다양한 문예사조를 통틀어서 일컫는 용어가 모더니즘이다.

이 모더니즘이 표현주의, 다다이즘, 초현실주의 주지주의 등 다양한 이즘(~ism)으로 여러 지역에서 전개되었고 미술에서도 입체파, 야수파, 추상적 표현주의 등으로 음악에서도 스트라빈스키의 실험적 음악 등으로 전개되었다.[201]

미국과 독일에서 발생한 현대무용(modern dance)도 실험적이고 인습타파적인 개념과 방식으로 기성의 예술적 경향에 반발했었던 미술과 음악과 공통점이 있는, 역시 저항적인 예술이다. 이사도라 던컨(Isadora Duncan), 로이 풀러(Loie Fuller), 루스 세인트 데니스(Ruth St. Denis), 마리 뷔그만(Mary Wigman) 등이 현대무용의 개척자들이고 이들은 그 엄격한 발레의 형태주의, 기교, 피상성과 진부성에 반기를 들고, 새로운 내적 혹은 외적 현실에서 받은 영감을 관객에게 전달하고 느끼도록 하려는 시도를 했던 것이다. 현대무용을 이렇게 사상적인 측면에서 정의를 내리기도 하지만 존 마틴(John Martin)처럼 '움직임(substance), 다이너미즘, 케타키네시스, 음악과 다른 형태에 의존한 움직임의 결과에서 나오는 형태 그 움직임' 등 네 원리에 기초한 춤이 현대무용이라고 움직임적인 측면에서 정의하기도 한다. 물론 사상과 움직임은 현대무용의 동전의 양면과 같은 것이다. 하나이면서 2개의 얼굴을 가졌고, 한 면만으로 동전이 형성되지 않듯이 2개가 항상 표리가 되어 함께한다.

한국의 현대무용은 서양의 현대무용의 움직임 메서드를 도입하여 이를 기초하여 발전해 왔다. 그 움직임 메서드에 현대무용 사상도 함의되어 도입되었지

춤으로 삶의 집을 짓다

만 초기 현대무용을 배우던 사람들에게는 현대무용적 움직임 그 자체가 현대무용이고 그 사상이라고 생각했을 수도 있을 것인데 그건 이론적 접근이 부족했을 때 생길 수 있는 현상이다.

그런데 현대무용을 창작하는 사람의 입장에서 보면 움직임 그 자체가 춤인가, 도입한 움직임을 그대로 고수해야 하는가, 서양적 신화를 서양적 시각에서 해석해서 서양적 메서드로 작품을 만들어 무대에 올린다면 대체 무엇이 우리의 춤이고 나의 춤인가, 그리고 무엇이 오늘의 춤인가 하는 자문을 하게 된다.

1960년대부터 한국사회가 산업화되면서 전통적인 미의식(美意識)과 가치관이 무너졌고, 매체의 발달과 생활의 윤택으로 인해 한국적인 요소가 점점 더 우리 생활에서 또 우리 예술에서 멀어져 간 것은 사실이다.

한국뿐만 아니라 서양의 예술의 역사에서도 그런 현상이 있었다.

연극의 예를 들면 19세기 말까지는 연극의 중심은 배우였다. 대본이라는 것은 일반적인 상황을 제시하는 것이고 그 대본 내에서 배우가 최선을 다하는 것이 그 당시의 연극이었다. 그러나 헨리 입센과 그의 추종자들이 등장하자 연극에서 가장 중요한 요소는 배우가 아니라 대본이 되어 버렸다. 대화체의 연극이 사실적인 수사와 감탄사를 대신했고 제스처는 더 제한적이 되었으며 장면은 더 정확한 장소와 시기를 표현하기 시작했다. 이렇게 예술 표현은 환경이나 조건의 변화에 따라 갑작스럽게 변해 버린다.[202]

우리나라에서의 현대무용도 해방 후의 사회구조의 급격한 변모 이후 대두된 자유주의적 풍조로 빠르게 발전하기 시작했고, 1960년대에 마사 그라함의 현대무용이 국내에 소개되면서 서양무용 복제가 한국의 무용계를 장악하다시피 침범했었다. 그런 현상은 지금까지 계속되고 있다.

인간의 정신적 경험이 육체를 통해서 직접 드러나게 되는 것이 춤이다. 그리고 인류의 역사를 통해서 보면 춤은 개인적인 감정이나 직관의 외적인 표출수단이었음을 알 수 있다. 그런데 인간의 의식이 역사의 흐름과 함께 변해 가듯 춤도 시간과 환경과 인간의 의식 변화와 함께 변한다는 것을 우리가 바로 체험하고 목격해 오고 있다.

오늘날 무용예술의 고도의 기교화와 지나친 추상화는 춤을 추는 행위자와 관객을 유리시켜 행위자는 자신의 내면세계를 표출하고 이에 만족하는 개인주의적 성향을 띠게 되고 작품은 점점 추상화해 간다. 이런 경향은 현대라는 개념에서만 훑어봐도 많은 변화가 있었음을 알 수 있다.

미국 현대무용의 제2세대의 무용가인 마사 그라함은 춤의 원천을 호흡(Breath Pulse)이라고 터득하고 토르소의 과도한 수축과 확장, 호흡에 의해 야기된 척추의 굴절 등의 움직임에 기초하여 인간의 내면적 갈등을 움직임으로 표현하는 방법을 고안했었다. 현대무용 2세대 무용가들이 만들어 낸 수축과 확장, 낙하와 회복이라는 원리는 현대무용의 기본적인 규칙도 세계 제2차 대전 후 무너지기 시작했다.[203]

포스트모던. 사실 이 용어는 1949년 조셉 허드너트가 건축 논문에서 처음으로 사용된 것으로 20세기 건축에서 모더니즘의 전통을 수정하고 확장하려는 의도로 사용된 단어이다. 그 후 미국의 건축이론가 찰스 젱크스(Charles Jencks)가 이를 아주 확대적으로 사용하게 되면서 전 분야에서 모더니즘의 수정적 확장을 표현하기 위한 용어로 사용되었고 무용계도 그 용어를 단 무용이 나타나기 시작했다.

젊은 무용가들은 테마가 없는 춤, 감정을 표현하지 않는 춤 등을 추면서 2세대 현대무용가들이 만든 원리를 무시한 춤을 추었다. 커닝햄(Merce Cunningham)은 공간적 제한에서 춤을 해방시켰고 안무 패턴에서 중심적 초점을 제거해 버렸다. 전통적인 음악보다는 전자음악, 존 케이지 같은 실험 작곡자들의 우연성의 음악을 사용하면서 춤에서도 우연성을 추구했다. 2004년

커닝햄 무용단이 한국에 와서 공연한 〈Splite Sides〉도 완전히 우연성을 보여주려 한 것이었다. 그만큼 춤을 표현하려는 중심적인 콘셉트가 움직임에 의한 형상이지만 그 연결은 주사위를 던져서 나오는 안무, 조명, 의상, 무대 미술 등의 순서를 32개 조합 중에서 결정하는 바로 우연성으로 하겠다는 것을 보여준 것이었다.[204]

1957년 폴 테일러는 미니멀 댄스의 밤을 열었고 평상복으로 무대에 혼자 서서 아주 작은 움직임을 하면서 10초마다 전화 교환수의 소리로 시간을 알리는 녹음을 튼 공연을 하기도 했다. 폴 테일러(Paul Taylor)의 작품 〈기회〉는 루이스 호스트(Louis Horst)로부터 혹평을 받았다. 짧은 글과 LH라는 사인만 있는 빈공간의 댄스 옵저버지에 실린 비평이었다. 이런 평가를 받은 폴 테일러는 기본으로 돌아가자는 주장을 했다.[205] 알빈 애일리(Alvin Ailey)는 현대무용과 재즈, 아프리카의 춤을 혼합한 춤을 만들었다.

1960년대 사회적·예술적 동요는 포스트모던 댄스를 촉발시켰다. 트와일라 타프(Twyla Tharp)가 관객주의를 춤 자체에서 빼앗을 수 있다며 음악을 없애버리기도 했고 극장 바깥에서, 박물관 계단에서 공연하기도 했고 이본느 레이너(Ivonne Rainer)는 일반적 농댄스 움직임에 기초한 즉흥을 사용하기도 했다. 스티브 팩스톤(Steve Paxton)은 더 세속적이고 보통의 움직임, 예를 들면 옷을 입고 옷을 벗는 동작을 춤에 포함시켰는가 하면 닭 한 마리를 가지고 듀엣을 추기도 했다. 이렇게 미국의 3세대 무용가들은 관객과 춤, 예술과 삶 간의 벽을 허물려 했다. 이런 것에서 보면 무용가들은 극단적으로 개인적인 생각을 더 확대시켜 무용화·무대화해 나갔던 것이고 우리는 그런 현상을 일반적으로 포스트모던하다고 규정하고 있다.

20세기 후반부터는 현대무용, 발레 그리고 쇼무용 간의 구분이 과거처럼 그렇게 엄격해지지 않게 되었다. 발레를 하는 사람들도 주제와 무대 효과를 현대무용처럼 하는 경향도 생겨나기 시작했고 현대무용안무가나 무용수가 발레에 초대되기도 했다. 미하일 바리쉬니코프(Mikhail Baryshnikov)가 마크 모리스(Mark Morris)와 함께한 것이라든가 폴 테일러가 뉴욕 시티 발레단에서 춤을 추거나 트와일라 타프가 조프리 발레단에서 작품을 한 것이라든가 하는 것이 그런 경향이다.

독창성으로서의 한국적 현대무용

한국적 현대무용은 변별력이 있는 현대무용, 즉 독창성을 담은 춤이라고 할 수 있다. 프랑스의 세계적인 음악 교육자 나디아 블랑헤르(Nadia Boulanger)는 아론 코플란드(Aaron Copland), 로이 헤리스(Roy Harris), 버질 톰슨(Virgil Tomson), 엘리어트 카터(Elliot Carter), 그리고 아스토르 피아졸라(Astor Piazzola) 같은 세계적인 음악 대가들의 스승으로 유명하다. 피아졸라가 세계적인 탱고 음악 작곡가로 발돋움하는 것은 블랑헤르 여사로부터 받은 지도 덕분이겠지만 이것보다 더 중요한 것이 있었다. 블랑헤르를 처음 면접할 때 피아졸라는 자신이 가장 잘 치는 피아노곡을 연주했다. 그 연주를 들은 블랑헤르 여사의 말은 매우 엉뚱했었다. "연주를 참 잘했다. 그러나 당신의 음악이 없군요."라고 했다. '당신의 음악' 바로 그것이 뿌리에 관한 것이었다. 프랑스에서 가장 보편적인 가치관으로 음악을 가르치는 교수가 '당신의 음악'을 하라고, "당신이 아르헨티나 사람이니 아르헨티나 인으로서 가장 잘할 수 있는 음악을 하라"고 말을 했다니.[206] 블랑헤르와 피아졸라 간의 이 에피소드는 바로 내가 연구 초점으로 잡은 '현대무용에서의 한국성'에 많은 암시를 주고, 바로 그것이 추구되어야 하는 것을 입증해 주는 요소가 된다.

1. 창작자, 고착적인 사고와 시도에 대해 늘 반발해라

나는 1971년부터 한국의 현대무용에 대해 반발을 했었다. 그 나의 현상에 대한 반발이 한국적 현대무용의 추구였다.

1979년 대한민국무용제가 시작된 이래 현대무용이 성장하면서 한국적 작품의 추구 열의는 더 커졌고, 한국의 여러 현대무용가들이 한국적 현대무용을 시도했지만, 일관성 있고 지속적이지는 않았다고 생각된다.

한국적 현대무용을 창작한다는 것은 우리의 것에 현대무용이라는 옷을 입히고, 외국 것에 한국이라는 옷을 입히는 것이라고 연구자는 규정한다. 한국적 음악, 동작, 설화와 같은 주제 등을 그대로 사용하는 것이 아니라 그런 제 요소들을 현대 한국의 무용가/창작가의 시각과 전문적 지식과 예술적 감성에 의해 걸러지고 재해석되고 재창조된 작업을 해야 한다는 것이다.

나는 가장 우리적인 것이 외국의 것과 변별력이 있는 작품일 것이라는 확신을 1971년 이후 줄곧 해 왔다. 그 이후 어떤 작품에도 한국성 그리고 우리의 정신적 뿌리에 대해 천착하면서 작품을 만들어 왔다. 오늘 우리적인 정서를 바탕으로 한 오늘 우리의 현대무용일 때 서양 메서드에 익숙한 외국의 관객들에게 특별한 감성을 전달할 수 있다고 생각했기 때문이다.

한 한국인 화가가 현대화를 그린다고 가정하자. 그가 러시아 출신의 절대주의 화가 카시미르 말레비치(Kasimir Severinovich Malevich, 1878~1935)가 그렸던 것 같은 검은 사각형을 그렸다고 가정하자. 그 사각형이 비록 이를 그린 한국인 화가의 그 순간의 절대적인 미감과 일치한다고 하더라도 그건 말레비치의 것이지 한국 화가가 그렸다고 하지 않을 것이다. 그만큼 변별력이 없는 그림을 추구했다고 평가될 뿐일 것이다. 이런 측면에서 서양 메서드를 사용하는 예술가들은 자신의 얘기, 자신의 뿌리가 담긴 서술을 할 때 또 다른 감동을 유발시킬 수가 있을 것이다.

한국적 현대무용이 완성해야 할 과제

한국학 연구가 최협은 한국사회는 단일민족, 단일문화의 신화에 젖어 있다고 정의한다. 단일문화는 정체성을 확립하는 측면에서는 좋다고 볼 수 있으나 우리 문화의 다양성과 역동성은 간과되고 한국사회를 다원적으로 보지 못하고 획일적으로 보게 됨을 의미한다. 이렇게 단일민족 단일문화주의를 한국 문화를 불변의 초월적인 것으로 상정하는 한 사실 우리문화의 탈지역화는 어려울 수가 있다.

예술에서 가장 특징적인 단면이 다양성인데 '단일 문화가 주는 획일성'은 극복되어야 할 과제이다. 내가 느끼는 이런 극복의 필요성에 대해 해답을 한 또 다른 학자가 있다. 사학자 이성무는 "문화는 잡종이어야 한다. 우리의 전통문화가 중요하다고 하여 그것만을 비타협적으로 고집한다면 낙후되며, 전통문화와 선진적인 외래문화를 부단히 융합하여 새로운 한국 문화를 건설해 가야만 세계 문화의 구성원으로 살아남고 번영할 수 있을 것이다. 앞으로의 국제경쟁에 있어서는 우리의 독자적인 아이디어나 브랜드가 아니고서는 이길 수 없는 세상이 되었다"[207]라고 주장했다. 반면에 최준식은 한국미, 그 자유분방함의 미학이라는 책에서 "우리는 우리 예술을 너무 모른다. 새로운 문화를 만들어 가야 할 시점에 다다라 있지만 지금 우리가 접하는 현대적인 예술 가운데 조선 후기 만들어진 예술, 예를 들어 산조, 판소리, 살풀이춤, 승무 등을 능가할 수 있는 작품들이 있느냐고 묻고, 스스로 '없다'라고 진단하면서 창작음악이나 창작무라는 현대적인 작품들이 많이 소개되지만 몇몇 작품을 제외하면 대개는 아무도 듣지 않고 아무도 보지 않는 것들뿐이다"[208]라고 말하고 있다.

이들 타 분야의 연구학자들의 견해는 매우 중요한 의미를 띤다. 다들 정확한 진단을 하고 있다. 우리 것을 알고, 새로운 문화를 창작해 가야 한다는 것으로 의견을 표출한 것이다. 한국의 문화를 알고 외국 문화를 받아들여 새로운 우리 문화를 만들어 내는, 말하자면 강한 잡종문화를 만들자는 결론이다. 외래문화이고 외래적 메서드인 현대무용을 받아들여 한국적 정체성, 한국성이 담긴 한국적 현대무용을 만드는 것이 우리의 독자적인 아이디어이고 브랜드라는 생각이다. 나는 한국 문화의 큰 뿌리 중의 하나인 불교가 가미되고 소재가 한국적이라 해서 한국적 현대무용이라고 규정하지는 않는다. 그 소재들이 재해석되고, 현대적 메서드에 의해 한국적 정서를 충분히 표현이 이루어지도록 하면서 그것이 보편적인 미감으로 관객들에게 전달되었을 때 한국적 현대무용이라고 규정할 수 있을 것이다.

2. '문화는 잡종이다', '외국메서드+한국적 정서'
한국인의 삶과 정신, 문화와 뿌리를 표현의 중심 도구로 또 중심 주제로

미국의 현대무용 개척자 중의 한 사람인 루스 세인트 데니스는 "삶의 경험으로서의 무용은 외부에서 취해지는 것이 아닌 수고스럽게 배우고 모방함으로 나타내어지는 그 무엇이다"라고 말한 바 있다.[209] 1800년대에 태어나 1967년까지 살다 타계한 루스 데니스의 이 말은 삶 그 자체가 무용이라는 의미이다. 20세기에 태어나고 21세기까지 살고 있는 나도 결국 같은 주장을 하고 있다.

한국성이 세계적이고 보편적인 아름다움이 될 수 있다는 것은 많은 무용가들이 주장이고 또 나의 외침이기도 한데 이것은 한국인의 삶과 정신, 문화와 뿌리를 표현의 중심 도구로 또 중심 주제로 삼자는 말과 같다.

그러나 이런 주장과 표현, 그 표현 결과물이 창작되어 공연되었음에도 불구하고 한국적 현대무용 작품이 세계화를 이루지 못한 것에는 여러 가지 이유가 있을 수 있다. 세계화를 이루기 위해 거국적인 혹은 조직적 노력과 전략의 부재가 가장 큰 이유일 것이다. 이 부분은 국가의 문화정책의 부분이니 논외로 한다면 결국 남는 것은 무용가 개개인의 노력일 것이다.

한국화(韓國畵)라는 것이 한국적 상황 아래서 생성된 세계관의 표현이고 현대 한국화란 이 시대의 세계관이 도출된 표현세계를 일컫는다. 물론 이 세계관은 한국화에서뿐만 아니라 문학, 음악, 무용, 연극 등 모든 예술활동의 분석을 통해서 얻어지는 일관성 있는 것이어야 한다.[210]

한국적 현대무용도 한국적 상황 아래서 생성된 세계관의 표현이고 이 시대의 세계관이 도출된 표현세계이다. 물론 모든 작품이 한국적 한국성에만 머물러서는 안 된다. 춤 창작자들은 한국인이면서 현대인이기 때문에 현대 한국인으로서의 자의식을 가지고 그 현대적 자의식의 발현에 의해 춤을 만들어 가야 할 것을 제안하는 것이다. 현대성을 외국에서 도입한 메서드나 개념에 안착한 채 한국적인 것을 추구해서는 그 한국성이 도입된 메서드 속에서 겉돈다는 점을 강조하기 위해서이다.

우리 예술가들은 전통성을 민족성을, 국민성을 연구하여 확장하고, 이를 현대적 시각으로 해석하고 재해석해서 변형과 새로운 창작을 만들어 가야 할 것이고 한국적 특성이 한국인만 이해할 수 있는 것이 아니라 보편적이고 세계적인 것이 되도록 해야 할 것이다. 우리 젊은 무용가들도 우리가 사는 한국적 상황이 무엇인지 파악하고 그 속에서 그의 예술관·세계관을 형성해 가면 한국적 현대무용은 한국적 현대무용다운 것으로 발전되어 갈 수가 있을 것이다.

마지막으로 현대무용에서의 한국성의 소중함을 강조하기 위해, 또 예술 창작의 험난한 길을 강조하기 위해 두 가지 짧은 말을 인용한다.

화가 박생광이 죽기 전에 화첩에 "역사를 떠난 민족은 없다. 전통을 떠난 민족예술은 없다. 모든 민족예술은 그 민족 전통 위에 있다"라는 글을 남겼다. 또 아방가르드 운동의 선구자라고 할 수 있는 기욤 아폴리네르는 "나는 전통과 창조의 질서와 모험의 그 기나긴 싸움을 생각한다"[211]라고 했다. 박생광은 전통 위에 민족예술을 강조했고, 아폴리네르는 같은 주장을 하면서 끝없는 모험의 길, 기나긴 창작 순간의 갈등을 말하고 있다. 한국의 무용을 세계화시키려는 모든 무용가들에게 하나의 화두를 던져 주는 말이라 생각된다.

현대적인 메서드에 한국성을 접목하는 것이 효과적이고 또 유효하다는 것은 수많은 세월 그리고 수많은 작품을 안무한 내가 가진 확신이다. 또한 한국성의 추구가 예술의 표현 영역을 확장시켜 준다는 것과 그 유효함의 확장을 위해 무용가뿐만 아니라 예술 주체/객체가 함께 노력하면서 한국무용예술의 세계화를 이루어 가야 할 것이다.

참고문헌

1. 방정미, 舞踊美學, 임성애, 共譯, 서울: 형설출판사, p.189.

2. Ibid., p.191.

3. Cobbett Steinberg, The Dance Anthology, New York: New American Library, p.52.

4. 김윤식, 황홀경의 사상, 서울: 홍성사, 1984, p.296.

5. 한국조명가 협회 편저, 무대 텔레비전조명, 서울: 技多利 1975, pp.8~11.

6. Russel Ioan Creative Dance, London: Macolonale & Ellans, 1975, p.57.

7. Natalie Willman Duffy, Modern Dance, New Jersey: Prentice - Hall, Inc., 1982, pp.131~133.

8. 최유찬, 문예 사조의 이해, 실천문학사, 1997.

9. Symbolism art, Edward Lucie - Smith, Thames and Hudson, 1997, p.7.

10. 도날드 레이놀드(전혜숙 옮김), 19세기의 미술, 도서출판 예경, p.122.

11. 최유찬, 앞의 책 pp.237~238.

12. 월간미술, 세계미술용어 사전, 중앙일보사, 1992.

13. 월간미술, 세계미술용어사전 중앙일보사, 1992, pp.203~204.

14. 박영은 유고집, 현대와 탈현대를 넘어서, 역사와 비평사, 2004.

15. 김유찬, 앞의 책, p.104.

16. 빠뜨리스 파비스(신현숙, 윤학로 옮김), 연극학 사전, 현대미학사, 1999.

17. 김유찬, 앞의 책, pp.108 - 109.

18. RG 콜링우드(김혜련 옮김), 상상과 표현, 고려원, 1996, pp.318 - 319.

19. H. 리드, 예술이란 무엇인가. 윤일주 옮김, 을유문화사.

20. 세계 미술 용어사전, 앞의 책, p.204.

21. 세계 미술 용어사전, 앞의 책, p.204.

22. 최유찬, 앞의 책, p.235.

23. Edward Lucie - Smith, Symbolist Art, Thames and Hudson, 1997.

24. 김복희, 춤표현과 상징의 사용, 대한무용학회지 제24호.

25. 김복희, 앞의 논문, p.47.

춤으로 삶의 집을 짓다

26. 조지훈, p.341.

27. 조지훈, p.42.

28. 김열규, 한국의 문화코드 열다섯 가지, 도서출판 마루, 1999년, 목차에서.

29. 김열규, 앞의 책, p.4.

30. 김열규, 앞의 책, p.6.

31. 김열규, 앞의 책, pp.0~23.

32. 고석림, 2002.

33. 이승원, 2000.

34. 마광수, 1992.

35. 양성준. 양성국, 1996.

36. 유종호, 1996.

37. 강대석, 1993.

38. 정한모, 2002.

39. RG콜링우드, 1996.

40. 김열규, 1997.

41. 유지현, 1999.

42. 송희복, 2000.

43. 이경희 외, 문학 상상력과 공간, 서울, 도서 출판장, 1992.

44. 르네위그. 예술과 영혼, 김화영 역, 서울, 열화당, 1979.

45. 이희승, 국어 대사전(제3판), 민중서림, 1999.

46. 오광수, 추상미술의 이해, 서울, 일지사, 1988.

47. 국립현대 미술관 편저, 남관화집, 우일출판사, 1981.

48. 도리스험프리, 현대무용 입문, 김옥규·김말복 역, 서울 청하, 1983.

49. 이경희 외, 문학 상상력과 공간, 서울, 도서 출판장, 1992.

50. 간딘스키, 예술에 있어서 정신적인 것에 대하여, 권영필 역, 서울, 열화당, 1979.

51. 홍법원 편집원, 불교학 대사전, 서울 홍법원, 1988.

52. 잭스펙터, 프로이트 예술미학, 신문수 역, 풀빛출판사, 1998.

53. 서정주, 푸르른 날, 서울, 미래사, 1991.

54. 연극이해의 길, M. S. 베링거, 이재명 옮김, 평민사, p.161.

55. Ibid, op.cit., pp.17~18.

56. Ibid, op.cit., p.27.

57. Ibid, op.cit., p.94.

58. 감정의 소생이란 연기자가 공연하는 동안 감정표현을 위해 자신의 삶 속에 배역의 삶과 상황을 생각해 내는 것을 말함. ibid. p.119.

59. 독일 표현주의 드라마, 조창섭 지음, 서울대 출판부, p.33.

60. 연극의 이해, 김세영 외, 세문사, p.268.

61. 표현주의, 노버트 린튼, 마순자 옮김, p.14.

62. Ibid, op.cit., p.271.

63. 에르나니: 빅토르 유고의 작품 이름으로 프랑스 연극사 낭만주의극의 시대 개막을 알린 작품이다. 상징주의의 에르나니란 상징주의의 효시라는 뜻이다.

64. 20세기 프랑스 연극, 신현숙 지음, 문학과 지성사, pp.307~308.

65. 서사극 이론, 마리안드 캐스팅, 하경아 옮김, pp.120~124.

66. Ibid, 20세기 프랑스 연극, pp.328~330, 아르토는 '초현실주의 혁명'지의 편집위원 으로 있으면서 달라이 라마에게 보내는 편지, 불교학파에게 보내는 편지 등으로 초 현실주의자들 중 동양에 가장 적극적으로 접근했었다.

67. Ibid, op.cit., pp.335~336.

68. Ibid, op.cit., p.337.

69. Ibid, 연극의 이해, pp.160~164.

70. Ibid, 20세기 프랑스 연극, p.328.
   기타 참고 자료, 〈천형, 그 생명의 수레〉 안무 노트
   민족문화 대백과사전, 정신문화연구원 편(남사당)

71. 김복희, "한국성이란 무엇인가 - 그 개념과 형태" 천년의 춤문화 연구회 논문집, 2007, p.87.

72. 조지훈, 한국 문화사서설, 나남출판, p.297.

73. 김광명, 예술에 대한 사색, 학연문화사, 2006, p.184.

74. 조지훈, 앞의 책, pp.292~293.

75. 조지훈, 앞의 책, pp.292~293.

76. 조지훈, 앞의 책, pp.292~293.

77. 김광명, 앞의 책, pp.181~182.

78. 조지훈, 앞의 책, pp.292~297.

79. 조흥윤, 무와 민족문화, 민족문화사, 2003, p.14.

80. 조지훈, 앞의 책, p.113.

81. 조지훈, 앞의 책, p.94.

82. 김광명, 앞의 책, p.188.

83. 최준식, 한국의 종교 문화로 읽는다, 사계절, 2005, p.24.

84. 정신문화연구원, 민족문화대백과사전 권8, p.207.

85. 최준식, 앞의 책, p.94.

86. 최준식, 앞의 책, pp.95~97.

87. 최준식, 앞의 책, pp.95~97.

88. 정신문화연구원, 민족문화 대백과사전 권 10권, p.505.

89. 조지훈, 앞의 책, pp.97~99.

90. 정신문화연구원, 민족문화 대백과사전, 권 16권, p.882.

91. 조지훈, 앞의 책, p.108.

92. 최준식, 앞의 책, pp.144~147.

93. 최준식, 앞의 책, p.215.

94. 최준식, 앞의 책, p.215.

95. 최준식, 한국미, 그 자유분방함의 미학, pp.69~70.

96. 헤르만 도예베르트(문석호 옮김), 서양문화의 뿌리, 크리스찬 다이제스트, 2002, p.110.

97. 김광명, 예술에 대한 사색, 학연문화사, 2006, p.33.

98. 김광명, 앞의 책, p.32.

99. 김광명, 앞의 책, p.75.

100. 조선일보, 2006년 12월 16일 글로벌 피플 포커스.

101. 게오르그 짐멜(김덕영 옮김), 예술가들이 주조한 근대와 현대, 도서출판 길, 2007, p.200.

102. 최준식, 한국미, 그 자유분방함의 미학, 효형출판, 2003, p.13.

103. H.리드/윤일주 역, 2002.

104. H리드/윤일주 역, 2002.

105. 조지 디기/김혜련 역, 1999.

106. H리드/윤일주 역, 2002.

107. 질 들뢰즈/이정우 역, 1999.

108. 질 들뢰즈/이정우 역, 1999.

109. 질 들뢰즈/이정우 역, 1999.

110. 질 들뢰즈/이정우 역, 1999.

111. 베라 클버그/현택수 역, 2000.

112. 김현, 김용준 외, 1992.

113. 김현, 김용준 외, 1992.

114. Thames & Hudson, 1996.

115. 김현, 김용준 외, 1992.

116. 오규원 외 편저, 예술의 이해, 서울여대 출판부, 1988.

117. David Anfam, Abstract Expressionism, Thames & Hudson, 1996.

118. 오규원 외 편저, 예술의 이해, 서울여대 출판부, 1988.

119. 이정일 편저, 시학사전, 신원문화사, 2000.

120. 신경림 외, 2002.

121. 신경림 외, 2002.

122. 신경림 외, 2002.

123. 신경림 외, 2002.

124. 신경림 외, 2002.

125. 신경림 외, 2002.

126. 베라 클버그/현택수 역, 2000.

127. 김복희, 1987.

128. 김복희, 1987.

129. 송희복, 2000.

130. 신경림, 2001.

131. 마리 비그만, 춤의 언어(윤계정 옮김), 현대미학사, 1994, p.22.

132. Drid Williams, Anthropology and the dance: ten lectures, University of

춤으로 삶의 집을 짓다

Illinois Press, 미국, 2004, pp.5~7.

133. 쿠르트 작스(김매자 역), 세계무용사, 도서출판 풀빛, 1983, p.277.

134. 이기문 감수, 동아 새국어사전, 두산동아, 1999, p.854.

135. 조지훈, 한국 문화사 서설, 나남출판, 1997, p.22.

136. 조지훈, 앞의 책, p.20.

137. 송희복, 시와 문화의 텍스트 상관성, 월인, 2000, p.47.

138. 심우성, 한국전통예술개론, 동문선, 2001, p.10.

139. 조지훈, 앞의 책, pp.19~21.

140. 조지훈, 앞의 책, pp.291~297.

141. 헤르만 도예브레트, 문석호 옮김, 서양문화의 뿌리, 크리스찬 다이제스트, 2002, p.107.

142. Mary Clarke/Clement Crisp, Romantic movement, ed. Cobbett Steinberg, The Dance Anthology, New American Library, 1980, p.361.

143. 헤르만 도예브레트, Ibid, p.108.

144. Debra Craine & Jueith Mackrell, The Oxford Dictionalry of Dance, Oxford University Press, 2000, p.186.

145. 도리스 험프리(김옥규 외 역), 현대무용입문, 청하, 1983, p.24.

146. 김복희, 현대무용에 나타난 한국성 연구, Dance Research 학술논문집 한국무용협회 Vol. 13, 2006, p.30.

147. 한국 민족문화대백과사전 권 21, 한국정신문화연구원, 1991, p.123.

148. 문화재연구회, 중요무형문화재 I, 대원사, 1999, p.137.

149. 세계미술용어사전, 중앙일보사간, 1992, p.382.

150. 세계미술용어사전, 앞의 책, p.379.

151. 유제니오 바르바(안치운 외 옮김), 연극인류학, 문학과 지성사, 2000, pp.33~35.

152. 수잔 K. 랭거, 예술이란 무엇인가, 문예출판사, 1984.

153. Helen Thomas, Dance, Modernity and culture, Routledge, London & New York, 1985, pp.149~155.

154. 연구자 주: Boosey & Hawkes사는 스트라빈스키, 바르톡, 코플란드, 브리튼, 프로코피에프 등 중요 작가들의 독점 출판권을 가진 세계 최대의 클래식 음악 전문

출판사임.

155. The Aaron Copland Collection, Library of US Congress, American memory.

156. Peter Gutman, Classical notes, Appalachian Spring,
     http://www.classicalnotes.net/classics/appalachian.html
     * 연구자 주: Animism, 목석같은 물질·사물에도 영혼이 있다고 믿는 신앙

157. Robert Cornfieled & William Mackay, Edwin Denby Dance Writings, Alfred A Knopf, New York, 1986, p.318.

158. Helen Thomas, 앞의 책, p.154.

159. Helen Thomas, 앞의 책, p.230.

160. 송희복, 앞의 책, p.59.

161. 박용구, 세계화시대의 우리춤 거듭나기 - 세계로 향한 우리춤 뿌리찾기, '92 춤의 해 학술분과, 1999, p.279.

162. 박용구, 앞의 논문, p.279.

163. 김복희, 춤 표현과 상징의 사용, 대한무용학회 제24호, p.51.

164. 시인 서정주, 한국대표시인 101선집, 문학과 사상사, 2002, p.134.

165. 연구자 주: 물리적 용기, 사내다움, 여성에 대한 지배와 공격성 등을 강조하는 남성성을 지칭하는 용어.

166. 김복희, 현대춤에 있어서의 상징 - 한국적 움직임 언어개발과 한국적 이미지의 현대실험춤, 천년의 춤문화연구회, 2007, p.93.

167. 윤미라, 탈놀이의 표현기법을 통한 한국창작춤의 새로운 접근, - 한국적 움직임 언어개발과 한국적 이미지의 현대 실험춤 연구, 천년의 춤문화 연구회 세미나 자료집 2007, p.24.

168. 작품 〈흙의 울음〉 대본에서, 2009.

169. 김예림, 긴여운 남긴 〈흙의 울음〉, 춤과 사람들 2010년 1월호, p.85.

170. 고석림, 사실적 표현과 강한 은유를 통해 한국인·한국성을 표현, 춤과 사람들 2010 - 2, p.75.

171. Dance & Society, The dance anthology, p.237.

172. 證得: 바른 지혜로서 진리를 깨달아 얻음의 뜻 - 이희승 국어대사전 참조.

173. 미술세계, 1997 - 11.

174. 권영필 외, 한국미를 다시 읽는다, 도서출판 돌베개, 2006, p.21.

175. M. Christine Boyer, An Encounter with History: the postwar bedate between the english Journals of Architectural Design(1945~1960).

176. 안소니 이스트호프 1998 - Reaktion Books London, Englishness nd National Culture P Ⅸ.

177. 이희승 국어대사전 민중서관, 1982.

178. 이희승, 앞의 책, p.1327.

179. 조지훈, 한국 문화사설, 나남출판사, 1997, p.19.

180. 정신문화연구원, 민족문화대백과사전 권 8권, 웅진출판사, 1991, p.495.

181. 조지훈, 앞의 책, p.22.

182. 조지훈, 앞의 책, pp.26~27.

183. 조지훈, 앞의 책, p.28(표).

184. 한국전신문화연구원 앞의 책, 권 8권, p.496.

185. 조지훈, 앞의 책, pp.41~42.

186. 박재현, 현대한국사회의 일상문화코드, 한울미디어, 2004, pp.22~34.

187. 전신문화연구원, 앞의 책, p.497.

188. 조지훈, 앞의 책, p.83.

189. 조지훈, 앞의 책, p.97.

190. 조흥윤, 巫와 민족문화, 민족문화사, 2003, p.31.

191. 최준식, 한국미 그 자유분방함의 미학, 효형출판, 2003, p.84.

192. 문화관광부 홈페이지 한국의 문화상징.

193. 브리태니커 권 12권, 1989, p.37.

194. 박진태, 탈놀이 기원과 구조, 새문사, 2000, p.29.

195. 현택수, 한국학연구 20, 고려대학교 한국학연구소, 2004, pp.179~180.

196. 박영은, 현대와 탈현대를 넘어서, 역사비평사, 2004, p.123.

197. 조지훈, 앞의 책, p.209.

198. 조지훈, 앞의 책, p.213.

199. 조지훈, 앞의 책, p.291.

200. 박영은, 앞의 책, p.124.

201. 한국정신문화연구원, 1991.

202. Phyllis Hartnoll, 1998.

203. The Thames hudson, 2003.

204. 월간 춤과 사람들, 2004 - 5.

205. 퀸 모리슨 브라운 외(김현옥 역), 2003.

206. 월간 춤과 사람들, 2004 - 02.

207. 이숭무, 2003.

208. 최준식, 2003.

209. 퀸모리슨 브라운, 2003.

210. 강선학, 1998.

211. 레나토 포지올리, 1999.

춤으로 삶의 집을 짓다

1970

1971. 10.	제1회 현대무용발표회 〈법열의 시〉 外(창단 공연), 명동 예술극장
1975. 03.	제2회 현대무용발표회 〈춘향이야기 中에서〉
1977. 01.	프랑스 파리 'City University' 개인공연
1977. 11.	〈탑〉, 〈Three Dance Movement〉 外, 대구시민회관(MBC 주최)
1977. 12.	〈춘향 이야기〉, 〈Cafe〉 外, 국립극장 소극장
1978. 12.	〈덫〉, 〈Come out〉 外, 세종문화회관 소극장
1979. 08.	프랑스 Aix - en - Pce 개인공연
1979. 10.	제1회 대한민국무용제 참가 '우수상' 수상 〈창살에 비친 세계의 그림자〉, 〈탑〉, 세종문화회관 소극장
1979. 12.	〈Come out〉, 〈겨울 가지〉 外, 대구시민회관(MBC 주최)

1980

1980. 08.	브르셀, 암스테르담 개인공연
1981. 03.	〈문〉, 〈덫〉 (제3 연극제 특별초청공연), 세종문화회관 소극장
1981. 05.	〈아침 비〉, 〈Cafe〉, 〈문〉 外, 대전시민회관(대전일보 주최)
1981. 06.	〈아침 비〉, 〈Cafe〉, 〈문〉 外, 광주남도 예술회관(Unesco 전남지부 회원)
1981. 10.	제3회 대한민국무용제 참가 〈징깽맨이의 편지〉, 문예회관 대극장
1981. 11.	〈십간십이지〉 현대무용단 10주년 기념 공연, 문예회관 대극장
1982. 05.	〈앙상블〉, 〈창살에 비친 세계의 그림자〉, 〈Cafe〉, 문예회관 소극장(국제 문화회 제공 기획공연 무용 시리즈 I)
1982. 08.	미국 LA 개인공연(한국일보 미주지사 주최)
1982. 10.	〈호곡〉 外, 문예회관 소극장
1982. 11.	〈호곡〉 앙코르공연 外, 문예회관 소극장
1983. 06.	일본 "83무용작가 협회 특별공연"(동경 도라노몽홀)

1983. 11.	〈징깽맨이의 편지〉 外, 세종문화회관 대강당(서울시 예술제 참가)
1983. 11.	〈열마당 열두거리〉 外, 세종문화회관 대강당
1984~85	소극장운동 전개 〈국화 옆에서〉, 산울림 소극장
1984. 03.	〈하늘에 있는 친구에게〉, 〈열마당 열두거리〉
1984. 03.	84 MBC 걸작 현대 무용초청공연 세종문화회관 대강당
1984. 09.	〈하늘에 있는 친구에게〉, 〈열마당 열두거리〉 84 MBC 걸작 현대 무용초청 공연
1985. 11.	제23회 파리 국제무용제 참가(뽕뷔드 센터) 및 Lyon 등 지방 순회공연(문화예술진흥원 후원)
1986. 04.	〈비나리〉 外 호암아트홀 개관 1주년 기념
1987. 04.	〈흙으로 빚은 사리의 나들이〉(창작활성화 지원금수혜작품) 호암 아트홀
1987. 08.	〈흔적87〉현대미술관 개관 1주년 기념 공연 현대미술관 야외 공연장
1987. 11.	프랑스 파리 'Piere Cardin' 극장 개인 공연
1988. 08.	〈담배 먹고 맴맴〉 현대미술관 초청공연 현대 미술관 야외 공연장
1988. 10.	〈요석, 신라의 외출〉 문예회관 대극장(서울 국제 무용제 참가)
1988. 10.	제24회 서울 올림픽 개회식 안무 〈혼돈〉 올림픽 스터디움
1989. 10.	〈뒤로돌아 이 소리를〉 제11회 대한민국무용제 참가

1990

1990. 10.	제12회 멕시코 세르반티노 축제 참가 및 5개 도시 순회공연(문화예술진흥원 지원)
1990. 11.	신석초 詩 〈바라춤〉, 세종문화회관 대극장
1992. 03.	〈아홉 개의 의문, 그리고…〉 문예회관 대극장(문예진흥원 활성화 지원공연)
1992. 09.	Mexico City 축제공연 참가 및 5대 도시 순회공연(문화예술진흥원 후원)
1992. 10.	〈영혼의 노래〉 뮤지컬 안무(서울예술단 초청), 국립극장 대극장
1993. 03.	예술의 전당 개관기념 초청공연 참가 〈진달래꽃〉, 예술의 전당 토월극장
1993. 10.	우수 레파토리 지원공연 〈아홉 개의 의문, 그리고…〉, 〈진달래꽃〉, 구 시민회관, 광주 문화회관, 제주 문화회관 등

1993. 10.	〈꿈꾸는 철마〉 뮤지컬 안무(서울 예술단 초청), 국립극장 대극장
1994. 06.	〈환희〉 전국문인 대회 초청, 경주시 야외무대
1994. 09.	SPAIN MADRID LA VILLA 문화센터 초청공연
1995. 10.	광주 비엔날레 개막 축하 공연 〈꿈, 탐욕이 그리는 그림〉
1995. 11.	Thailand. 'Worldtech' 초청공연(태국국왕즉위50주년 기념초청공연)
1996. 02.	미국 Anchorege市 초청공연 참가(West High Auditorium)
1996. 12.	김복희 무용단 25주년 맞이 기념공연
	〈장승과 그림자〉, 〈반혼〉, 〈꿈, 탐욕이 그리는 그림〉
1996. 11.	Mexico(San Angel문화원 초청공연)
1997. 02.	Guatemala. 4th Antigua international festival 초청공연
1997. 06.	제4회 죽산 Dance Festival 〈삶꽃, 바람 꽃〉The flower of existence,
	The flower of Vanity
1997. 09.	이집트 수교 2주년 기념 공연 〈카이로 오페라 하우스〉공연
1997. 12.	〈꽃이여, 바람이여 – 피의 결혼〉 6일간 공연(정동극장 주최)
1998. 07.	〈피의 결혼〉 앙코르공연, 문예회관 대극장
1998. 10.	건국 50주년 기념맞이 초청공연 〈삶꽃 바람꽃〉 외, 용산 전쟁기념관
1998. 11.	이태리 대사관 초청공연 〈로마, 비떼르보〉 공연
1998. 12.	전국 중견무용인 초청공연 〈다른꽃 한송이〉
1999. 07.	한미문화재단 주최 미국순회공연
1999. 12.	〈天刑, 그 生命의 수레〉, 아르코 대극장(공연예술창작지원작)
1999. 12.	새천년맞이 국민대축제 〈2000 생일잔치〉

2000

2000. 01.	새천년맞이 민·관 합동시무식 〈희망의 새아침〉 세종문화회관 대극장
2000. 03.	새천년맞이 무용대공연 〈향〉 세종문화회관 대극장
2000. 07.	앙코르 〈天刑, 그 生命의 수레〉 공연, 예술의 전당 토월극장
2000. 10.	제9회 전국무용제 개막공연 〈天刑, 그 生命의 수레〉, 창원 성산아트홀
2001. 05.	2001년 서울 국제올림픽박람회 기념 공연 〈삶꽃, 바람꽃〉, 올림픽 역도경

기장

2001. 09. 인도네시아 ART SUMMIT 국제 예술제 초청공연 참가

2001. 10. 멕시코 TAMAULIPAS 2001 축제 초청공연 참가 땀피코 시 외 4개 도시

2001. 11. 김복희무용단 창단 30주년 기념공연 〈슬픈 바람이 머문 집〉, 예술의 전당
토월극장

2002. 05. FIFA의원 총회 기념 공연 〈인상〉, 〈영원한 만남〉 안무, 힐튼호텔 컨벤션센
터, 경복궁 근정전 특설무대

2002. 12. 〈달과 까마귀 – 이중섭이야기〉 공연, 문예진흥원 예술극장 대극장(서울시
무대 공연 지원작)

2003. 04. 제22회 The international choreographers' showcase
켄터키 공연센터 〈피의 결혼〉, 〈천형, 그 생명의 수레〉

2003. 05. 인도네시아 보로부드르 국제 페스티발 〈삶꽃, 바람꽃〉

2004. 04. 일본 오사카 영사관 초청공연 참가
국제교류센터 대홀 〈피의 결혼〉 외 작품 2개 공연

2004. 07. 〈우리시대의 새〉, 문예진흥원 예술극장 대극장

2004. 09. 아르헨티나 대사관 초청공연 참가, 세르반테스 대극장 〈우리시대의 새〉

2004. 10. 대전 예술의 전당 초청공연 공연 〈우리시대의 새〉, 대전예술의 전당 대극장

2006. 10. 베네수엘라 문화성 초청 세 도시 순회공연 〈삶꽃 바람꽃Ⅲ – 신부〉

2006. 12. 〈다시 새를 날리는 이유〉, 정부 예술의 전당 대극장 경기문화재단후원

2007. 03. 제5, 6회 에콰도르 국제 '춤에서의 여성' 축제초청공연
키토 및 3개 도시 순회공연

2009. 01. 광주 아시아 국제예술제초청공연 〈다시 새를 날리는 이유〉, 〈삶꽃, 바람꽃〉,
광주문예회관 대극장

2009. 06. 대구 국제 춤 페스티벌 참가 〈우리시대의 새〉, 오페라 하우스

2009. 12. 서울문화재단 후원 다년간 우수 집중사업 수혜작 〈흙의 울음〉, 세종 m씨
어터 극장

2010

2010. 07. 멕시코 릴라 로뻬스 국제 현대무용축제 초청공연

산루이스뽀또 시 외 4개 도시 공연

2010. 08. 상하이 세계 박람회 한중수교 기념 공연 〈다시 새를 날리는 이유〉

2011. 02. 김복희 무대 만들기 40년 - 레퍼토리 공연 〈흙의 울음〉, 〈꿈, 탐욕이 그리는 그림〉, 〈피의 결혼〉, 〈달과 까마귀 - 이중섭이야기〉

아르코예술극장 기획공연

2011. 05. 제12회 멕시코 국제 아방가르드 현대무용축제 참가 메리다 외 4개 도시 순회공연

2011. 09. 광주디자인비엔날레 개막식 주제공연 안무 〈無, 그리고…〉

2011. 11. X - Position 'O' Contemporary Dance Fiesta 2011
Singapore & Seoul Korea 〈삶꽃, 바람꽃 - 신부〉

2012. 09. 강동아트센터, 김복희 무용단 '춤 향기' - 강동아트센터 대극장 한강
〈삶꽃, 바람꽃 - 신부〉, 〈다시 새를 날리는 이유〉

2013. 06. 동북아 4개국 특별공연 참가 - 중국 장춘 〈다시 새를 날리는 이유〉 외 2개
작품

김복희

한양대학교 예술학부 학부장
한양대학교 무용학과 교수
현) 사단법인 한국무용협회 이사장

주요 수상 경력
2012년 은관 문화훈장 수상

주요 안무 작품
〈꿈 탐욕이 그리는 그림〉, 〈피의 결혼〉, 〈천형, 그 생명의 수레〉, 〈슬픈 바람이 머문 집〉,
〈달과 까마귀〉, 〈우리시대의 새〉, 〈다시 새를 날린 이유〉, 〈흙의 울음〉, 〈삶꽃 바람꽃 – 신부〉

해외 공연 경력
이집트 국립 오페라 하우스 초청공연, 멕시코 세르반티노 축전 초청공연, 스페인 떼아
트로 데 마드리드 초청공연, 아르헨티나 세르반테스 극장 초청공연 등 40여 회